Bauwelt Fundamente 66

Herausgegeben von Ulrich Conrads
unter Mitarbeit von Peter Neitzke

Beirat:
Gerd Albers
Hansmartin Bruckmann
Lucius Burckhardt
Gerhard Fehl
Herbert Hübner
Julius Posener
Thomas Sieverts

Philippe Panerai
Jean Castex
Jean-Charles Depaule

Vom Block zur Zeile

**Wandlungen
der Stadtstruktur**

Friedr. Vieweg & Sohn   Braunschweig/Wiesbaden

Titel der französischen Originalausgabe: *Formes urbaines: de L'îlot à la barre.* Dunod, Paris.

© Bordas, Paris, 1977

Übersetzung von Helga-Ellen Dietrichs

© für die deutsche Ausgabe:
Friedr. Vieweg & Sohn Verlagsgesellschaft mbH, Braunschweig 1985
Umschlagentwurf: Helmut Lortz
Satz: Satzstudio RES, R.-E. Schulz, Dreieich
Druck und buchbinderische Verarbeitung: Lengericher Handelsdruckerei, Lengerich
Alle Rechte vorbehalten. Printed in Germany

ISBN 3-528-08766-8   ISSN 0522-5094

Inhalt

Vorwort 7
1 **Das Haussmannsche Paris 1853 – 1882**
 Die bürgerliche Stadt: die Grands Travaux 13
 Die Arten der Eingriffe in die Stadt 17
 Der Haussmannsche Baublock 30
2 **Die Gartenstädte von 1905 – 1925**
 Die städtebaulichen Verhältnisse in London am Ende des 19. Jahrhunderts 45
 Hampstead Garden Suburb 49
 Welwyn Garden City 62
 Der Wohnhof: vom öffentlichen zum privaten Raum 70
3 **Die Erweiterungen von Amsterdam 1913 – 1934**
 Die Besonderheiten des Städtebaus in Amsterdam 74
 Spaarndammerbuurt: ein beispielhaftes Experiment 78
 Die südliche Erweiterung und der neue Städtebau in Amsterdam 90
 Der Amstelaner Baublock 97
4 **Das neue Frankfurt und Ernst May: 1925 – 1930**
 Wohnungspolitik und Städtebau in Frankfurt 109
 Die Siedlungen von Frankfurt 113
 Der Baublock in Frankfurt 126
5 **Le Corbusier und die Strahlende Stadt**
 Die Strahlende Stadt als Gegensatz zur Stadt 135
 Der vertikale Baublock 138
 Von Marseille nach Firminy 140
 Eine notwendige Reduktion 143
6 **Die Wandlungen des Baublocks und die Raumpraxis**
 Umwandlung der Praxisformen und Baublöcke 148
 Baublock und Unterschiede 151
 Die „Öffnung" des Blocks 152
 Der Niedergang des Baublocks und die desorientierte Praxis 156
 Indifferenz 157
7 **Erarbeitung und Übermittlung von Architekturmodellen**
 Geschichte und Architekturmodell 159
 Die klassische Tradition 161
 Die Versuchung des Malerischen 166
 Das Problem der Industriestadt: Ernst May und das neue Frankfurt 174
 Rationalisierung des Baublocks und rationalistische Architektur 181
 Auf dem Wege zu einer städtischen Architektur 183
 Anmerkungen 185

Hinweis

Die vorliegende Untersuchung wurde von der Direction de l'Architecture (CORDA 1974) in Auftrag gegeben und finanziert. Die Veröffentlichung erfolgt mit ihrem Einverständnis.
Die Durchführung oblag einem Team von Forschern der Architekturfakultät von Versailles (ADROS-UP 3). Es setzte sich zusammen aus

Philippe Panerai, Architekt und Projektleiter
Jean Castex, Architekt
Jean-Charles Depaule, Soziologe
Michel Veyrenche, Forschungsassistent
unter Mitarbeit von Denis Farge für die Illustration, unterstützt von Dominique Hubert und Aline Charransol für das Sekretariat, unterstützt von Claudine Rodes.
Bei der französischen Ausgabe wirkte leitend mit die Direction de l'Architecture et du Centre d'Etudes et de Recherches Architecturales (Ecole Nationale Supérieure des Beaux-Arts).

Die Übersetzung ins Deutsche besorgte Dr. Helga-Ellen Dietrichs, München.

Vorwort

Diese Untersuchung, wollte man ihren Gegenstand mit einem Stichwort kennzeichnen, handelt von einer Agonie. Es ist die Agonie des *Baublocks*, einer bestimmten räumlichen Organisation, die für die klassische europäische Stadt charakteristisch ist, im 19. Jahrhundert umgestaltet wird und im 20. Jahrhundert der Zerstörung anheimfällt. Indem wir uns mit dem Baublock befassen, soll gleichzeitig auch die jeweilige Konzeption der Stadt in ihrer Entwicklung herausgearbeitet werden.
Unser Anliegen ist, genauer gesagt, die physische Dimension der Stadt, die Logik der Räume, die im Ausdruck „städtisches Gefüge" enthalten ist und für die der Baublock ein bestimmendes Element darstellt. Dieses Element besonders herauszugreifen, ist deshalb gerechtfertigt, weil auf dieser Ebene die *Beziehung der Architektur zur Stadt* unter einem nicht nur monumentalen Blickwinkel konkret abgelesen werden kann.
Unsere Arbeit kann auch als eine Untersuchung der Veränderungen innerhalb der Beziehung Architektur – Stadt verstanden werden. Zu einem Zeitpunkt, in dem sich erneut eine Bewegung zur städtischen Architektur hin abzeichnet, erscheint uns dieser Rückblick um so notwendiger, als er uns vor Augen führen kann, wie sich die Architektur allmählich von der Stadt getrennt hat.
Die Frage ist, wie und nicht warum sich die Trennung vollzogen hat. Unter diesem Gesichtspunkt darf weder vernachlässigt noch verschleiert werden, daß die Architektur und die Gestalt der Stadt von der Gesellschaft abhängig sind, die sie jeweils hervorbringt. Zwar sind schon in zahlreichen Studien die historischen Ursachen der städtischen Krise untersucht worden, doch nur wenige haben sich mit den spezifischen Mitteln befaßt, deren sich die Architekten im Verlauf dieser Entwicklung bedient haben. Im ersten Teil unserer Arbeit geht es folglich darum, an fünf Beispielen, die sich wie Marksteine auf ein ganzes Jahrhundert Stadtentwicklung verteilen, die jeweilige physische Struktur und die Gliederung des Stadtraums zu analysieren, um dann beurteilen zu können, welche Folgen sich aus diesen Dispositionen für bestimmte Aspekte von Nutzungs- und Lebens-Praktiken der Bewohner ergeben. Der zweite Teil besteht im Nachweis bestimmter Konzepte und Bezüge, die den realisierten Bauten zugrundeliegen. Wir bezeichnen sie als architektonische Modelle und wollen sie kritisch überprüfen.

Hypothesen und Ziele

Der allgemeine Rahmen unserer Untersuchung stützt sich auf folgende Hypothesen:
- Der physische Raum kann objektiven Analysen unterworfen werden, die es ermöglichen, eine erste Bedeutungsebene herauszuarbeiten. Diese Ebene ist die für die Architektur spezifische. Sie kann die stabile Basis für weitere, über weitere Auslegungen zu erschliessende Inhalte bilden. Sie kann auch zu anderen (historischen, wirtschaftlichen und soziologischen) Analysen führen, indem sie Unterschiedlichkeiten, Diskrepanzen und Konflikte aufdeckt.
- Ein solches Vorgehen ist auf den städtischen Raum anwendbar, denn wir wählen unter den vielen Interpretationsmöglichkeiten diejenige, die die Stadt als Architektur sieht, als räumliche Konfiguration, die es in einzelne Elemente zu zerlegen gilt, um die Unterschiedlichkeiten hervorheben zu können.

Diese Unterschiede, die auf andere Bedeutungsebenen verweisen, sind im Lichte von Gegebenheiten zu interpretieren, die außerhalb der Architektur liegen. Wir werden uns insbesondere mit der Beziehung *räumliche Gliederung/soziale Praxis* befassen, die u.E. ein vorrangiges Forschungsgebiet darstellt.

Wir bedienen uns dabei des Begriffs *Modell*. Wir unterstellen, daß eine Geschichte des physischen Raumes durch die Darstellung von *Architekturmodellen* möglich ist, deren Erarbeitung, Übermittlung und Verformung im Verlauf eines bestimmten Zeitraums zu untersuchen sind. Diese Modelle gehören zum Produktionssystem der Architektur und sind insofern den allgemeinen Produktionsbedingungen unterworfen. Sie stehen jedoch in einem relativ autonomen Verhältnis zur Gesamtheit der wirtschaftlichen und sozialen Phänomene, die zu einen bestimmten Zeitpunkt den Zustand einer Gesellschaft im geschichtlichen Ablauf kennzeichnen. Wenn der verstädterte Raum – morphologisch gesehen – tatsächlich die Projektion einer sozialen Ordnung ist, so wird doch seine Entstehung durch eine Praxis mediatisiert, die ihrerseits auf einem spezifischen Wissen der Planer beruht. Es bleibt die Frage, wie sich dieses Wissen überträgt und verwandelt.

Hingegen ist die Anwendung der Architektur, ihre Praxis, auch auf *kulturelle Modelle* bezogen, die für eine bestimmte Klasse oder soziale Gruppe spezifisch sind, die ihrerseits über eine eigene Logik verfügt.

Unter diesen Voraussetzungen verfolgt unsere Untersuchung ein dreifaches Ziel:
- Auf rein dokumentarischem Gebiet sind durch die Auswahl der Untersuchungsgegenstände Elemente zum Verständnis des modernen städtischen Raums zusammenzutragen, wobei der Dialog zwischen der Stadt und der Architekturgeschichte wieder aufzunehmen ist.
- Auf dem Gebiet der Heuristik ist dazu beizutragen, den Begriff ‚Architekturmodell' und den Zusammenhang zwischen Gebautem und Erlebtem im engeren Bereich der Praxis, im „Umfeld" der Wohnung, besser einzukreisen.

- In methodologischer Hinsicht sind Analyseverfahren zum Architekturverständnis der Stadt einzubringen oder zusammenzuführen. (Diese Verfahren, deren Einsatz im folgenden dargestellt wird, waren Gegenstand einer gesonderten Untersuchung.*)

Auch *pädagogische Belange* sind in dieser Arbeit deutlich vertreten. Sie gehören für uns ganz wesentlich mit zur Fragetellung. Ebenso wesentlich ist das von uns aufgeworfene Problem aber auch für die aktuelle Architektur-Praxis, für die der Wunsch nach einer städtischen Architektur, nach Berücksichtigung der kulturellen Modelle der Bewohner und nach kritischer Einbeziehung von Geschichte erheblich an Gewicht gewonnen hat.

Begründung des Untersuchungsgegenstandes. Besondere Merkmale der Studie

Wir sahen uns veranlaßt, als erstes eine zeitliche Begrenzung vorzunehmen und uns auf die Periode zu beschränken, deren Beginn dadurch gekennzeichnet ist, daß Städtebau in der heutigen Bedeutung des Wortes erstmalig in Erscheinung tritt. Und das ist der Zeitpunkt, in dem sich in der durch die Industrialisierung zutiefst erschütterten Stadt eine erste Reihe von Phänomenen herausbildet, die eine vollständige Urbanisierung des Gesamtraums schon erahnen lassen.

Wir haben beschlossen, innerhalb dieses mehr als ein Jahrhundert umfassenden Zeitraums nur jene Verstädterungsformen zu behandeln, bei denen der Städtebau einer einzigen öffentlichen oder halb-öffentlichen Autorität unterstellt und so großräumig angelegt war, daß er einen Kontrollanspruch auf den städtischen Raum erheben konnte. So soll mit den ersten vier Beispielen, dem Haussmannschen Paris, den Londoner Gartenstädten, den Erweiterungen von Amsterdam und den Frankfurter Siedlungen, insbesondere die Architektur der Massenverstädterung berücksichtigt werden – eine Architektur, die von den Historikern bisher kaum behandelt worden ist und die nichts mit der Architektur anerkannter „Meisterwerke" zu tun hat. Der Fall der „Strahlenden Stadt" Le Corbusiers liegt etwas anders. Wir haben dieses umfassende Projekt, das nur mit Hilfe einiger verstreuter Fragmente rekonstruiert werden kann, aufgrund seines einschneidenden Charakters in die Studie mit einbezogen, aber auch wegen der exemplarischen Art, mit der es mitten im 20. Jahrhundert die Frage nach der Stadt und der Wohnung stellt. Es zeigt das vorläufige Ende einer Entwicklung an, die wir zu erfassen suchen.

---

* Philippe Panerai, Marcelle Demorgon, Jean-Charles Depaule, Michel Veyrenche: *Eléments d'Analyse urbaine,* Editions d'Architecture Moderne, Brüssel 1979.

Die Verknüpfung von Wirtschaftsentwicklung und Massenverstädterung erklärt, weshalb wir uns nicht für Beispiele aus einem einzigen Land entschieden haben, wenngleich die Bearbeitung einer homogenen Materie gewiß Vorteile geboten hätte. Aufgrund der historischen Verhältnisse hat sich die Entwicklung phasenweise bald in diesem, bald in einem anderen Land niedergeschlagen, und die offensichtlichen Verkettungen der verschiedenen Experimente untereinander verbieten es, sich auf ein einziges Land zu beschränken. Und wie könnte der europäische Städtebau in der Zeit zwischen den beiden Weltkriegen ohne Bezugnahme auf die Gartenstadt erörtert werden? Oder wie wäre die Charta von Athen zu verstehen, ohne die Erfahrungen der Weimarer Republik ins Gedächtnis zu rufen?

Da wir nicht den Anspruch erheben, ein Kapitel moderner Architekturgeschichte zu schreiben, sondern nur einige ihrer Aspekte beleuchten wollen, ließen wir in vielleicht willkürlicher Weise einige Experimente bewußt unberücksichtigt – obgleich sie die Entwicklung der architektonischen Auffassung von Stadt mitgeprägt haben. Es schien uns angezeigter, wenige Beispiele gründlich zu behandeln, statt eine große Anzahl nur zu streifen. Dies erklärt, warum die russischen Desurbanisten oder der Wiener Gemeindebau, der Cerda-Plan für Barcelona oder der skandinavische Städtebau, die Schule von Chicago, der Plan von Burnham und viele andere Beispiele, die das Konzept der Stadt allmählich gewandelt haben, nicht oder nur andeutungsweise berührt werden. Auch schien es nicht notwendig, an die städtischen Umwandlungen zu erinnern, die andernorts das Paris Haussmanns ankündigen und vorbereiten.

Die Arbeitshypothesen und der Untersuchungsgegenstand, für den wir uns entschieden haben, geben dieser Studie einen besonderen Charakter. Die Untersuchung ist nicht in die allgemein anerkannten Kategorien einzuordnen: Sie ist für den Theoretiker zu historisch, zu wenig mathematisch für den Methodologen und zu empirisch für den Geschmack des Historikers – eine solche Arbeit ruft die Vorbehalte der Spezialisten anerkannter Bereiche auf den Plan, die sofort bereit sind, jeden Theoretisierungsversuch auf einem Gebiet zu verdammen, das nicht in die traditionelle Einteilung der Disziplinen einzuordnen ist.

Beim gegenwärtigen fortschrittlichen Erkenntnisstand in der Architektur scheint es uns jedoch unmöglich, die Theorie als einfache Projektion der in anderen Bereichen erarbeiteten Konzepte auf Architektur zu sehen. Damit könnten zwar sicherlich äußerst genaue Ermittlungen angestellt werden, aber sie liefen Gefahr, ständig auf etwas anderes als auf den Raum zu verweisen. Ebensowenig kann sich die theoretische Forderung in einen Elfenbeinturm fernab von den Problemen der Lehre und Produktion verschanzen. Und wem sich der Eindruck von Mehrdeutigkeit in unserer Untersuchung aufdrängt, möge bedenken, daß es sich um eine morphologische Studie handelt; sie gründet jedoch auf historisch eingeordneten Beispielen. Deshalb ist sie zugleich auch eine architektonische Studie, allerdings auf den Maßstab des städtischen Gefüges bezogen. Und schließlich ist sie eine Studie des Räumlichen, die aber dem Sozialen Platz einräumen muß.

Die Notwendigkeit, von der morphologischen Analyse auszugehen, bedingt weitgehend eine unmittelbare Beobachtung. Auch sind die hauptsächlichen Bezugspunkte unserer Studie eher in den besichtigten Gebäuden und Stadtteilen als im Schrifttum zu finden.

Trotz unseres Bemühens, die morphologische Auslegung des Raumes mit anderen Ebenen zu verknüpfen, sind wir uns angesichts des Umfangs des gesteckten Rahmens bewußt, nicht alle Zusammenhänge mit der gleichen strikten Genauigkeit dargestellt zu haben. Wir hoffen indes, daß sich unsere Untersuchung als Darstellung der Gesamtproblematik anbietet und so als Ausgangshypothese für begrenztere Arbeiten dienen kann.

Philippe Panerai
Dezember 1975/April 1977

1 Das Haussmannsche Paris 1853–1882

Die Umgestaltung von Paris unter Haussmann gewinnt unser Interesse nicht nur durch die Tatsache, daß Paris damit sein heute noch geltendes Gepräge erhielt. Paris ist – mit Hilfe der III. Republik – zu einer Haussmannschen Stadt geworden; vor allem jedoch wird Paris zur „bürgerlichen Stadt" schlechthin. Mit Haussmann „konstituiert sich die Stadt als institutionelle Stätte der modernen bürgerlichen Gesellschaft"[1], und darin liegt ohne Zweifel die wesentliche Bedeutung der Haussmannschen Eingriffe. Diese schaffen einen bestimmten Stadttyp, einen Raum, der der Logik des zur herrschenden Klasse aufgestiegenen Bürgertums entsprechend gestaltet ist; sie bedingen ein spezifisches Raummodell, das auch nach dem Ausscheiden Haussmanns und dem Sturz des Empires Gültigkeit behält und den Städtebau in den Anfängen der III. Republik bestimmt.

Die bürgerliche Stadt: die Grands Traveaux

Am 29. Juni 1853 leistet Haussmann seinen Eid als Seine-Präfekt. Ausdrücklicher Zweck seiner Berufung nach Paris[2] ist die Umsetzung der von Napoleon III. angestrebten Politik der großen Bauvorhaben: Die Unterredung im Anschluß an die Vereidigungszeremonie bezieht sich hierauf sowie auf Mittel und Wege, dieses Ziel zu erreichen. Schon bald geht es darum, den Magistrat zu umgehen, der, obgleich von der Regierung ernannt, als nicht lenkbar gilt, und eine offiziöse Kommission einzusetzen, die die Leitung der Bauvorhaben übernehmen und als „eine Art privater Magistrat"[3] fungieren soll. Diese Kommission, die Haussmann selbst für unnötig erachtete, sollte nur ein einziges Mal zusammentreten; sie verdeutlicht jedoch die Art der Beziehungen, die sich zwischen den verschiedenen Instanzen – der Regierung, dem Magistrat und der Verwaltung – herausgebildet haben und die recht gut die bonapartistische Regierungspolitik beschreiben. Die Hauptaufgabe des Präfekten gibt diesem eine Ausnahmefunktion; sie wird als Sonderbereich definiert, betrieben über außerplanmäßige Kanäle, um ein Höchstmaß an Effizienz zu ermöglichen.

Schon bei Amtsantritt stellt sich Haussmann der Amtsführung seines Vorgängers, des Präfekten Berger, entgegen. Dessen Zurückhaltung gegenüber einem besonderen Aktionsprogramm verlängerte nur die Vorbehalte Rambuteaus, des Präfekten unter Louis-Philippe. Es geht aber nun nicht mehr darum, die Stadt „als guter Familienvater" unter Einhaltung der für private Angelegenheiten geltenden Vorsichts- und Sorgfaltsregeln zu verwalten. Zwischen den Methoden Haussmanns und denen seiner Vorgänger besteht die gleiche Beziehung wie zwischen dem neuen aggressiven Kapitalismus einer Effektenbank und dem von einer Pariser Großbank aus der ersten Hälfte des Jahrhunderts ausgeübten Kapitalismus. Haussmanns Methoden entsprechen nicht mehr „einer Periode mäßigen, aber ständigen Wachstums von Produktion und Einkommen, 1815–1852", das sich auf eine vergleichsweise noch archaische Struktur stützte, in der aller Zugewinn auf agrarischen und kommerziellen, aber noch nicht auf industriellen Handlungsvorstellungen gründete. Es sind diese neuen Methoden, die erst eigentlich das vom Empire angestrebte „Wohlstandssystem" stimulieren, sie werden Bestandteil des neuen Unternehmungsgeistes, der die „Aussicht auf schnelle Gewinne und die unbegrenzte Zukunft der Bank"[4] bietet und sich zeitlich mit einer bis dahin beispiellosen Kapitalanhäufung deckt (insbesondere von 1852 bis 1857 und, mit einigen Unterbrechungen, noch bis 1866).

Haussmann entwickelt die Theorie der produktiven Ausgaben (Defizit-Finanzierung) zum Verwaltungssystem. Ausgangspunkt ist der sich traditionell ergebende Überschuß des Pariser Haushalts, der zwar schwer zu beziffern ist, aber – bei 55 Millionen Einnahmen – nach Abzug des Schuldendienstes 10 Millionen Francs beträgt, sofern man den Darlegungen Haussmanns vor einem ablehnend eingestellten, wenn nicht gar feindseligen Rat glauben darf. In der Haushaltsberechnung für 1853 wird er auf 18 Millionen Francs hochgetrieben und erreicht am Endes dieses Haushaltsjahres nach Rechnungsabschluß ungefähr 24 Millionen Francs[5]. Die Theorie der produktiven Ausgaben oder Defizit-Finanzierung befürwortet, den Überschuß teilweise oder vollständig statt für kurzfristige direkte Projekte als Zinsen für sehr beträchtliche und langfristige Anleihen einzusetzen[6]. Aber das städtische Finanzwesen kann damit nur in Erwartung eines raschen und ständigen Wachstums der Ressourcen zurechtkommen. Vorbedingung ist eine Zunahme der Wirtschafts- und Geschäftstätigkeit sowie eine wachsende Bevölkerungszahl. Der Reichtum der Stadt liegt im Reichtum der Steuerzahler. Das beste Mittel, den Haushalt zu vergrößern, besteht im Ansporn der Steuerzahler, sich zu bereichern. Wirklich große Bauvorhaben und Haussmanns *Grands Traveaux* – zugleich Instrument und Produkt dieser Strategie. Die Stadt wird wie ein kapitalistischer Betrieb verwaltet. In 15 Jahren macht der für die „produktiven Ausgaben" eingesetzte Überschuß einen Sprung von 20 Millionen auf 200 Millionen Francs[7].

Mit Nachdruck muß auf die stimulierende Wirkung der *Grands Traveaux* von Paris für die Entwicklung und Perfektionierung des kapitalistischen Instruments nach 1852 hingewiesen werden. Bekanntlich wurden die Bauarbeiten des ersten Netzes

(1854–1858) zu einem beträchtlichen Teil in Eigenregie der Stadt durchgeführt, obwohl sie selbst noch in keiner Weise über ausreichende technische Untersuchungs- und Aufsichtsmöglichkeiten verfügte und eine schwerfällige Durchführung riskierte. Noch waren die privaten Unternehmer mangels Kapital und aufgrund fehlender Konzentration von Produktionsmitteln nicht in der Lage, Großbaustellen einzurichten. Es mußten nämlich der Stadt völlig fertiggestellte, gepflasterte Hauptverkehrsstraßen mit angelegten und bepflanzten Trottoirs geliefert werden. Haussmanns Programm ist folglich ein Appell zur Intervention großer Finanzgruppen, dem saint-simonistischen Prinzip der engen Verbindung zwischen Banken und Industrie entsprechend große Bauunternehmen zu gründen oder zu reorganisieren. Der 1852 gegründete Crédit Foncier Péreire (Kreditanstalt für Grundstückswesen), dessen Darlehen zu vier Fünfteln in den Bausektor fließen, ist das Instrument, das Haussmann zur Finanzierung der Umgestaltung von Paris wählt. Der Crédit Mobilier von Péreire, Morny und Fould, 1852 (Bodenkreditbank), ist zwar eine Industriebank, unterstützt aber ebenfalls große Immobiliengesellschaften, wie die Société de l'Hôtel et des Immeubles de la Rue de Rivoli (1854), die sich im Jahre 1858 zur Compagnie Immobilière de Paris entwickelt, bevor sie sich als Société Immobilière de France nach 1863 mit einer Investition in Marseille verspekuliert; sie setzte zu hohe Erwartungen in die erst 1869 erfolgte Eröffnung des Suezkanals. Es verblüfft, wie sehr sich die Methoden und Ziele der großen Bankgruppen und die Defizit-Finanzierung Haussmanns ähneln: Es gilt, das Kreditwesen zu aktivieren, weiträumige Märkte an sich zu ziehen, und zwar mit Hilfe großdimensionierter Institutionen, die langfristig Gelder verleihen – ein neues Verfahren im Jahre 1852; außerdem wird angestrebt, durch Gründung von Großunternehmen die Wirtschaft richtungweisend zu lenken – wiederum ein saint-simonistischer Gedanke. Haussmann kann alle diese Zielsetzungen übernehmen. Er beherrscht die Methoden und Möglichkeiten der Effektenbank in vollendeter Weise und wendet eben diese Methoden bei der Verwaltung von Paris an.
Natürlich wird das Projekt der „Verschönerung" von Paris durch Napoleon III. nicht unter diesem Aspekt präsentiert. Haussmann ist vielmehr für die Öffentlichkeit ein „Verehrer des Schönen, des Guten, der großen Dinge, der schönen Natur, die der großen Kunst als Inspiration dienen"[8].
Der ökonomische Mechanismus verschwindet hinter technischen Argumenten, die sich ihrerseits hinter ästhetischen Vorwänden verbergen. Noch immer und wieder wird alles auf die klassische Kultur bezogen, zumindest oberflächlich, wobei eklektizistische Einflüsse nicht weiter stören. Eine Formensprache aus Achsen und durch Monumente markierter Plätze greift in der Stadt die kodifizierten Figuren des klassischen Systems wieder auf, wobei die Monumente in netzartigem Zusammenhang stehen und deutlich erkennbar aufeinander verweisen. Was auch immer unser persönliches Urteil sein mag, es steht doch fest, daß das Image der Hauptstadt, das Haussmann Paris aufzuprägen verstand, das neue Bürgertum ästhetisch völlig zufriedenstellte. Mehr noch: die Schwärmerei kennt keine Grenzen. Zola läßt die Schlüsselfiguren aus „La Curée"

sagen, daß „die Liebenden das neue Paris liebten". Die von den Pariser Ausstellungen angezogenen Ausländer und Provinzbewohner kehren begeistert und voller Bewunderung heim.
Wenn es zu einer scharfen Kritik am Werk Haussmanns kommt, so rührt sie vor allem aus politischen Kreisen: Diese sehen in Haussmann „den typisch bonapartistischen Beamten"[9] und greifen in direkter oder indirekter Weise die Bedingungslosigkeit an, die ihn mit Napoleon III. und dem finanzpolitischen System des Empire verbindet. Für die „bürgerlichen" Republikaner indes genügt schon der Regimewechsel von 1870, um ihre Kritik umzustimmen und der III. Republik die Mühe zu überlassen, das Begonnene zu vollenden. Die Kritik der Orléanisten gesellt sich zur Mißbilligung der alten Bankhäuser, die ob der unorthodoxen Verwegenheit der Geschäftsbanken erzürnt sind; ihr Wortführer Thiers ist durchaus der richtige Mann, um diese Kritik von seinem Stadthaus an der Place Saint-Georges aus vorzubringen, von einem Haus aus, das mitten auf der Parzelle Dosne aus dem Jahre 1824 steht (Thiers ist der Schwiegersohn von Dosne), also den Mittelpunkt eines Spekulationsgeschäfts der Restauration bildet, deren Methoden von Haussmann noch vorangetrieben wurden. Die Kritik der Radikalen hingegen wird von der Kommune betrieben, die mehr durch Taten als durch Worte wirkt.
Das technische Argument: Modernisierung und hygienische Zuträglichkeit nimmt nun einen anderen Stellenwert ein und bedeutet: reinigen, befördern, ausstatten. Die tiefgreifendste Strukturveränderung erfährt die Stadt Haussmanns dadurch, daß sie zu einer „ausgestatteten" Stadt wird. Der Begriff des Verkehrsweges wandelt sich und ermöglicht die Diversifizierung und Vervielfachung der Verteilungsfunktionen zu einem komplexen Substrat: rasche Verteilung von Personen und Gütern, Wasser- und Gasversorgung, Kanalisation. Vor allem aber entstehen überall „infrastrukturelle Einrichtungen" in der heutigen Bedeutung des Wortes: Rathäuser, Verwaltungen, Ministerien, Schulen, Gymnasien, Märkte, Schlachthöfe, Krankenhäuser, Gefängnisse, Kasernen, Handelskammern, Bahnhöfe usw. Das Problem besteht darin, diese Infrastruktur auf die Stadtstruktur aufzuteilen, die wiederum an die wachsende Zahl der Einrichtungen anzupassen ist[10]. Mit der funktionalen Spezialisierung, die der Begriff ‚Infrastruktur' implizit voraussetzt, deckt sich eine Systematisierungs- und Kontrollzielsetzung, die diese Einrichtungen als Instrument in Bezug auf die Stadtstruktur einsetzt. Die Klarstellung der Ebenen erfolgt zugleich durch das Wegenetz und durch die darin verteilten infrastrukturellen Einrichtungen. Der Einbau dieser komplexen Vorrichtungen betont die Unterscheidungen, die für eine Ideologie der Trennung sprechen, eine Vorstellung, die in vielfacher Beziehung die Praxis der Zonierung bereits ankündigt und einleitet.
Diese Kontroll- und Trennungsstrategie – die überragendste Auswirkung der Haussmannisierung – wird verständlicher, wenn man sich bewußt wird, daß Paris zwischen 1835 und 1848 „zur größten Industriestadt der Welt geworden war"[11] und mehr als 400 000 Industriearbeiter bei einer Gesamtbevölkerung von 1 Million Einwohnern im

Jahre 1846 aufwies. Die „Verschönerungen" von Paris unter Napoleon III. entsprechen zunächst einem quantitatien Problem. Absolut gesehen, überschreitet die Stadt bereits 1846 die Millionengrenze; wachstumsmäßig verdoppelt sich praktisch die Bevölkerung innerhalb der gleichen Grenzen, nämlich innerhalb der Stadtmauern von Thiers, und wächst nach einer letzten Schätzung Haussmanns[12] von 1,2 Millionen im Jahre 1846 auf 1,97 Millionen im Jahre 1870 an. Doch entscheidender als der quantitative Aspekt – Paris ist von nun an als Großstadt zu behandeln – ist das Problem der Beziehungen der sozialen Partner, aus denen sich diese Menge zusammensetzt. Angesichts einer solchen Masse von Arbeitern und nach den Wechselfällen der II. Republik, die das Bürgertum bereitwillig zur „Zeit des Schreckens" hochstilisiert hatte, gewinnt das Problem des Verhältnisses zwischen herrschenden und beherrschten Klassen besondere Schärfe. Das Bürgertum – auf der Höhe seiner Macht – ergreift die Initiative und setzt alle ihm zur Verfügung stehenden Kontrollinstrumente ein. Es entsteht ein neuer städtischer Raumtyp, der sich zwar nicht vollständig vom früheren Raum unterscheidet, jedoch imstande ist, den alten Raumtyp neu zu interpretieren, dessen gestaltende Mechanismen zu reproduzieren oder auch davon abzuweichen und zu einem immer umfangreicheren und kohärenteren Projekt weiterzuentwickeln. Es gilt also zunächst, die Haussmannschen Raummodelle zu beschreiben. Dabei gehen wir nicht von einer erschöpfenden Analyse des gesamten Stadtkomplexes aus, sondern von einem zugleich charakteristischen und wesentlichen Element der städtischen Struktur, dem Baublock. Der Baublock wird unsere Perspektive bestimmen. Doch damit erhebt sich erst einmal die Frage, wie er entsteht und wie er sich in die Haussmannsche Stadtstruktur einfügt.

Die Arten der Eingriffe in die Stadt

Das Netz der Durchbrüche

Das Vorliegen eines Plans, der, wie zahlreiche Zeugen bestätigen[13], von Napoleon III. eigenhändig angefertigt worden war, würde auf einen umfassenden und zusammenhängenden Eingriff in die Stadt Paris deuten. Zahlreiche Kritiker[14] haben die Fähigkeit Haussmanns unterstrichen, die gesamte Stadt unter Kontrolle gebracht zu haben, ganz im Gegensatz zur früheren Praxis, die nur wenige großangelegte Aktionen vorsah und durchaus unfähig war, den Blick auf die gesamte Stadt, das Stadtganze, zu richten[15]. Der Einsatz eines entwickelten administrativen und technischen Instruments, der Direction des Travaux de la Seine, ist vielleicht der deutlichste Beweis für das volle Ausmaß des Haussmannschen Engagements.
Die Vorstellung, die von Haussmann ausgeübte Kontrolle habe sich lückenlos auf die ganze Stadt, auf alle Ebenen und durch alle Instanzen erstreckt, wäre jedoch irrig. Haussmann ist weit davon entfernt, eine Stadt von Grund auf neu zu schaffen: Er be-

Paris und Haussmann: Die Rue des Moineaux um 1860
(Klischee Marville); sie verlief in etwa wie die heutige Avenue de l'Opéra

Die Avenue de l'Opéra heute
*Die Arbeiten von Haussmann bestimmen eine neue Stadtlandschaft, in der
an die Stelle der Individualität eines jeden Gebäudes das Gesamtbild der Avenue tritt*

arbeitet einen bereits weitgehend strukturierten Raum; er wirkt nicht auf die gesamte Struktur, sondern nur auf bestimmte Elemente ein, und zwar selektiv und mittels spezifischer Eingriffsmethoden. Wie gerade der Inhalt des Plans Napoleon III. zeigt, setzt der Eingriff zunächst auf einer Handlungsebene an, die so bevorzugt wird, daß sie zuweilen als ausschließlich anzusehen ist, nämlich auf der *übergreifenden Ebene*. Zur übergreifenden Ebene gehört das Netz der Durchbrüche, die die Stadt durchschneiden und mit großen monumentalen Anlagen, wie Plätzen, Bahnhöfen, wichtigen öffentlichen Gebäuden usw., in Verbindung stehen. Zum Beispiel gewähren die Boulevards de Strasbourg und de Sébastopol, die zwischen 1852 und 1858 abschnittsweise freigegeben wurden, von der Gare de l'Est freie Sicht über 2,3 km bis zur Kuppel der Chambre de Commerce und teilen den Komplex offener Flächen auf, der am Kreuz von Paris vom Square Saint-Jacques und der Place du Châtelet mit ihren beiden symmetrischen Theatern gebildet wird.

Dieses doppelte Netz der Durchbrüche und monumentalen Anlagen hat ein dreifaches Ziel[16]:
- Die Monumente aufzuwerten, indem sie zwar isoliert, aber visuell miteinander verbunden werden;
- gegen Baufälligkeit und Gesundheitsschädigung anzukämpfen und überall Raum und Licht als Symbole der Modernität zu verbreiten;
- Verkehrsverbindungen zwischen den Bahnhöfen und den Stadtvierteln herzustellen.

Mit dem Netz wird faktisch eine strukturelle Korrektur vollzogen, indem die übergreifende Ebene der Stadtstruktur sichtbar gemacht wird – die Ebene also, die für die neue Ganzheit (die Großstadt, die Hauptstadt) repräsentativ ist, die die Dimension dieser Gesamtheit sichtbar macht und die für diese Größenordnung charakteristischen Einrichtungen einschließt. Inhaltlich und verfahrensmäßig steht das in Paris durchaus in der Kontinuität klassischer Kultur und rechtfertigt damit alle entsprechenden Bezüge. Die Aufdeckung übergreifender Bezüge in der Stadt ist in der Tat kennzeichnend für die barocke Stadt[17]: Sie deckt sich mit einer Entwicklungsstufe städtischen Wachstums, die zu struktureller Neuanpassung zwingt und neue strukturierende Elemente wie Boulevards und Avenuen auf den Plan ruft. Diese Elemente werden von einer im Visuellen verankerten Kultur konzipiert, die weitgehend Repräsentationsverpflichtungen unterliegt, und dies zu einem historisch kritischen Zeitpunkt, in dem ein ständiges Hin und Her zwischen Stadt und Umland (von der Stadt zur Villa, von der Villa zum Park und aufs Land, vom Park zur Stadt) üblich wird. Diese Elemente äußern sich im Visuellen, im deutlich Ablesbaren und in der Weite, d. h. in Antinomie zur verdichteten, abgeschlossenen und in sich verflochtenen Stadt[18]. Diese im Ursprung doppelsinnigen Elemente – mit Bäumen bepflanzte Alleen – liegen dem formalen Vokabular Haussmanns zugrunde. Wegen der leichten Ablesbarkeit und der besonderen Eigenschaft, nur bestimmte – vereinbarte – Werte lesbar zu machen, fungieren diese Elemente unablässig als Masken – als Masken der Unterscheidung zwischen

Stadtvierteln, zwischen sozialen Positionen oder zwischen Aktivitäten. Die Haussmannschen Durchbrüche sind von einer streng formalen, fast monotonen Konformität: Sie verhüllen die Identität der Stadtteile (das Zentrum, die Arbeiterviertel im Osten, die vornehmen Wohngegenden im Westen) zugunsten der durchgängigen Signifikanz eines hauptstädtischen Paris. Damit aber treten die sozialen Implikationen eines Mechanismus zutage, der als bloß formale Struktur nur unzureichend erfaßt wird: Wir bezeichnen diese gleichförmige, auf die Stadt und ihre Geschichte projizierte Maske als den Raum der Bourgeoisie des 19. Jahrhunderts.

Die Haussmannschen Durchbrüche sind praktisch auf drei Netze verteilt, doch deckt sich diese Kennzeichnung keinesfalls etwa mit einer hierarchischen Trennung. Der Grund der Teilung ist vielmehr die Art der Finanzierung:

Das erste Netz (1854–1858) umfaßt die allerwichtigsten Vorhaben, die der Staat durch Übernahme der Hälfte oder gar von zwei Dritteln der Ausgaben einzeln subventioniert (z. B. für die Freilegung des Louvre). So wird die Herstellung des „Kreuzes von Paris" tatkräftig vorangetrieben: Die von Osten kommende Rue de Rivoli wird in westlicher Richtung verlängert, die Nord-Süd-Achse wird durch die Boulevards de Sébastopol und Saint-Michel gebildet; die Sequenz der zentralen Flächen vom Châtelet bis zum Hôtel de Ville wird weitgehend mit Verlängerungen zu den künftigen „Hallen" und zur Cité in Angriff genommen; die Avenue de l'Impératrice wird mit einer Breite von 140 m zu einer für Paraden geeigneten Zufahrtstraße zum neugestalteten Bois de Boulogne.

Das zweite Netz (1858–1868 und später) wird aufgrund eines zwischen Stadt und Staat abgeschlossenen Gesamtabkommens festgelegt, das im April 1858 von der Legislative nur mit Mühe verabschiedet und unter dem Namen „Vertrag der 180 Millionen" bekannt wurde. Staat und Stadt teilen sich die Ausgaben im Verhältnis von 1 : 2 – tatsächlich jedoch von 50 zu 130 Millionen. Dieses Netz besiegelt die Zerschneidung von Paris durch die Anlage von Straßen, die sternförmig von einigen großen strategischen Knotenpunkten, wie der Place du Château d'Eau (de la République), dem Etoile de l'Arc de Triomphe und der Place du Trocadéro, ausgehen. Auf diese Weise werden geradlinige Verbindungen geschaffen, die die Umgestaltung mehrerer Stadtteile zur Folge haben: der Boulevard Malesherbes zwischen den Vierteln um die Gare de l'Ouest (Gare Saint-Lazare) und die Rue de Monceau; der Boulevard Saint-Marcel und Avenue des Gobelins, die die gesamte Flanke der Montagne Sainte-Geneviève ausmachen; die Avenue Daumesnil in Richtung Bois de Vincennes. Die Ausräumung der Cité gehört ebenfalls zu diesem Programm.

Das dritte Netz, das aufgrund der Annektion der Randgemeinden am 1. Januar 1860 kurzfristig beschlossen wird, ist in Wirklichkeit ein Sammelsurium aller aus dem zweiten Netz ausgeklammerten Aktionen; das Vorhaben geht jedoch allein zu Lasten der Stadt, deren Finanzverwaltung einige Erleichterungen eingeräumt wurden, so z. B. das Recht, die Caisse des Travaux Publics zu gründen (1858) – damit werden den Unternehmern 100 Millionen Francs kurzfristiger Kredite bewilligt – und schließlich zwei Jahre später, 1860, die Genehmigung, Anleihen in Höhe von 270 Millionen Francs aufzunehmen. Allerdings erweisen sich diese Finanzierungen als unzureichend, und Haussmann muß sich um mehr oder weniger orthodoxe Notbehelfe bemühen, wie z. B. die Zahlungen an Unternehmen in Form übertragbarer Obligationen („bons de délégation), einer regelrechten Privatwährung auf rechtlicher Basis. Das dritte Netz ermöglicht die Fertigstellung der sternförmigen Planung der Place du Château d'Eau und der Place du Trône; es umfaßt die Hallen, die Oper und deren Verbindung zu den Bahnhöfen über die Rue Lafayette, den Boulevard Saint-Germain und die Rue de Rennes am linken Ufer der Seine und – etwas abgesondert – den Parc Montsouris und die Buttes-Chaumont.

Die Interventionseinheit

Mit der Einbettung dieses strukturierenden Achsennetzes wird das städtische Wachstum verändert. Die Eingriffe Haussmanns setzen einen speziellen Wachstumsmodus voraus, dessen Auswirkungen sich im Stadtgefüge, in der Gestaltung der Viertel und Baublöcke niederschlagen. Im Plan von Paris lassen sich neben den durchbrochenen oder begradigten Straßen leicht ganze Viertel ermitteln, die von Haussmann geprägt sind: die Plaine Monceau, Chaillot, die Flanke der Montagne Sainte-Geneviève, die Buttes-Chaumont – wenn auch nur angedeutet – und, noch sehr unvollständig, Clignancourt. Zur Beantwortung der Frage, welchem Wachstumsprozeß diese Viertel ihr Gepräge verdanken, bedienen wir uns eines Differenzierungsverfahrens und vergleichen diesen Prozeß mit anderen, früheren oder auch ausländischen Wachstumsverläufen.
Das Paris der Restauration weist in Ermangelung eines anderen übergreifenden Netzes als dem der unvollständigen Boulevards und des Walls der Generalpächter, der ersatzweise selbst zum Boulevard wird, ein *fragmentiertes Wachstum* auf.
Jedes Bruchstück tendiert dahin, eine begrenzte wachstumsfähige Einheit, im Prinzip eine umfangreichere, zu bilden. Die Verbindung der Bruchstücke geschieht durch bloßes Aneinanderfügen: Die Strukturierung der Gesamtheit erfolgt nicht mehr durch spezifische Elemente der höheren Ebene, die den organischen Aufbau tragen; bestenfalls wird diese Aufgabe von den überkommenen, bereits vorhandenen Elementen recht und schlecht verrichtet. Die Stadt ist eine Ansammlung verstreuter oder aneinandergrenzender Bruchstücke, die sowohl „natürliche Bruchstücke als auch künstliche urbane Fragmente" umfaßt. Dies ist die Vorstellung des 18. Jahrhunderts, die in den Theorien Laugiers über die Stadt oder in den Piranesischen Gebirgen dargestellt wird und den urbanen Raum auf „eine Ansammlung von architektonischen Stücken in einem seltsamen und sinnlos gegliederten Gestaltungsspiel" reduzieren. Bath, Edinburgh und London sind im Georgianischen Zeitalter ausgesprochen bruchstückhafte Städte.

In Paris sind die Fragmente mit der spontan sich entwickelnden Bebauung entlang den Verkehrsachsen verflochten. Sie lassen sich jedoch jeweils als Parzellierungen ausmachen, die häufig rationalisierte Formen aufweisen. In die Regierungszeit von Charles X. fällt eine wahre Anhäufung spekulativer Vorhaben, wie
- die Gründung des Dorfes Beaugrenelle, eine durch Plätze schachbrettartig gestaltete Anlage; die Parzellierung hinter der Madeleine; die des ehemaligen Lustschlößchens Beaujon und des oberhalb von Notre-Dame de Lorette liegenden Quartiers Saint-Georges;
- die Parzellierung der Plaine de Passy im Jahre 1825 durch große strahlenförmige Trassen, die sich auf neu geschaffene oder vorhandene runde Plätze (Etoile, Maillot) stützt; die regelmäßige, rechteckige Rasterparzellierung der Batignolles, die sich von 1845 an auch auf das Gut Cardinet erstreckt;
- die sehr ambitiöse Parzellierung des Quartier de l'Europe im Jahre 1826 mit 26 trassierten Straßen, von denen einige strahlenförmig angelegt sind;
- im Jahre 1827 die Parzellierung der umschlossenen Domäne Saint-Lazare mit 13 Straßen auf einem recht knappen Grundriß, die um die Kirche Saint-Vincent-de-Paul als Zentrum verlaufen.

Wenn auch jede dieser Parzellierungen ein einheitliches, im Plan lesbares „Fragment" bildet, so geht doch das Bauen mit den im allgemeinen autonomen und verstreuten „Elementen" weiter und ist keiner strengeren Kontrolle unterworfen als die übliche spontane Bebauung, d. h. sie weist keine größere Ordnungsmäßigkeit auf als die, die im allgemeinen für einen Bautyp in diesem Zeitabschnitt bestimmend ist. Zwar läßt sich eine gewisse Beziehung zwischen dem Typus und der Form der Gesamtanlage herstellen aufgrund der vorher festgelegten Zerlegung in Parzellen. Es bleibt aber bei einem impliziten Verhältnis - es entsteht keine intermediäre „Interventionseinheit" wie der Baublock oder die Gruppierung von Gebäuden.

Im Georgianischen England war die Situation eine völlig andere. Dort war einerseits der Typus auf der Grundlage einer Bauordnung, „die die Beschreibung der Ausmaße und die Qualität jedes Bauteils minutiös regelte", voll genormt. Andererseits verfügte man über „Begriffseinheiten", die, miteinander verknüpft, als Einheiten für Projekte, für Finanzierungen und Baustellen eingesetzt werden konnten, so für das klassenspezifisch bestimmte Haus, die Wohnzeile, die Gruppe von Wohnzeilen, das „Estate"[19].

Haussmann bedient sich einer ganz anderen Methode: Sein Ziel ist in keinem Falle die Bildung autonomer Fragmente wie in den vorangegangenen Epochen oder in der englischen Stadt. Das vom übergreifenden Netz zu erfüllende Ziel einer strukturellen Neuanpassung beinhaltet geradezu das Gegenteil der Vorstellung von einer bruchstückhaften Stadt; auch in den Bereichen, in denen eine eigene kontinuierliche und konstante städtebauliche Entwicklung noch möglich wäre, erfolgt die Zerschneidung aus übergeordneten Gesichtspunkten, wenn auch nicht koordiniert und zusammenhängend, sondern eher in Form aufeinanderfolgender Wellen der Zerstückelung. Das Quartier Wagram, das in den Jahren 1858, 1862, 1866 und später noch zwischen 1884

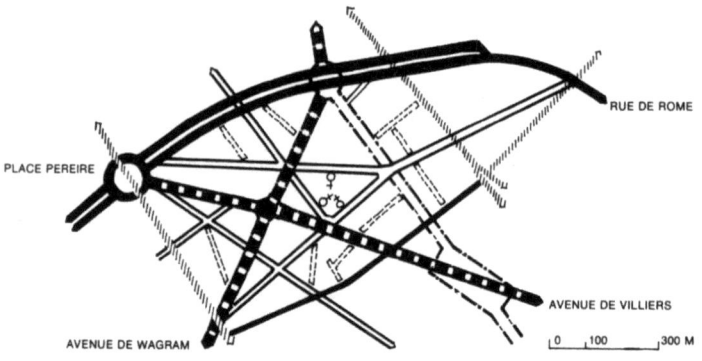

Mit Ausnahme der früheren Baublöcke, die auf den Plänen durch schraffierte Streifen begrenzt sind, wurden nach 1850 keine oder fast keine Blöcke angelegt, deren Außenseiten im Rahmen der gleichen Aktion geplant wurden. Es kann daher behauptet werden, daß der Baublock, der schließlich der Vorstellung der Stadt vorgegeben ist, von Haussmann nicht als operatives Mittel gesehen wird. Vielmehr ist es zweckmäßig, in den Begriffen ‚Straßen' und ‚Randbereiche' zu denken

und 1899 in mehreren Schüben entsteht, ist letztlich nur das Ergebnis einer Aufeinanderfolge von Trassen, die auf der übergeordneten Ebene konzipiert wurden und das Gebiet des Quartiers zerschneiden. Die Haussmannsche Stadt ist nicht wie London auf eine Summierung von Fragmenten ausgerichtet, vielmehr werden hierarchisierte Maschen übereinandergeschichtet, die jeweils zu einem sternförmigen Netz gehören; es entsteht damit eine hierarchische Neuverteilung. Dieses Verfahren führt aber nicht wie in England zu einer Skala von „Eingriffseinheiten". Am einen Ende steht eine zentrale Behörde, die, wie erwähnt, auf große Finanzgruppen zur Bereitstellung „großer vollständiger Verkehrsadern" zurückgreift; außer vielleicht für die Erschließungsarbeiten wird aber dadurch keine Eingriffseinheit festgelegt. Am anderen Ende wird die Parzelle weiterhin als akzeptable Eingriffseinheit für den Bau von Gebäuden anerkannt. Der gleiche Eigentümer kann im Besitz einer bestimmten Anzahl von eher verstreuten Gebäuden sein; sie bilden damit aber keineswegs eine physische Eingriffseinheit. In „La Curée" besaß Saccard „acht Häuser auf den Boulevards. Vier davon hatte er vollständig fertiggestellt – zwei in der Rue de Marignan und zwei am Boulevard Haussmann; die vier übrigen Häuser am Boulevard Malesherbes waren noch im Bau."
Das Verhältnis zwischen diesen beiden Eingriffsebenen, die an den jeweiligen Endpunkten der Hierarchie liegen, wird nirgends erläutert, etwa durch eine Verknüpfung operativer Instanzen, die korrekt und ordnungsmäßig als gleichartige Projekt-, Finanzierungs- und Baustelleneinheiten einzusetzen wären.
Ganz generell entstehen mit den *Durchbrüchen* längsseitige Randbereiche (den Fall der einfachen verbindenden Baublöcke einmal ausgeklammert); das von der III. Republik

◁ Freigabe der Straßen
des Quartier de Wagram

/////	vor 1850
▬▬	1852 und 1853
▬■▬	1858
══	1862
≡≡≡	1862–1866
	Blvd. Malesherbes
⊏══⊐	1881, 1884, 1896, 1899

▷ Freigabe der Straßen
des Quartier de Chaillot

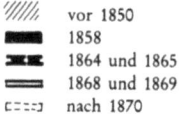

/////	vor 1850
▬▬	1858
▬■▬	1864 und 1865
═══	1868 und 1869
⊏══⊐	nach 1870

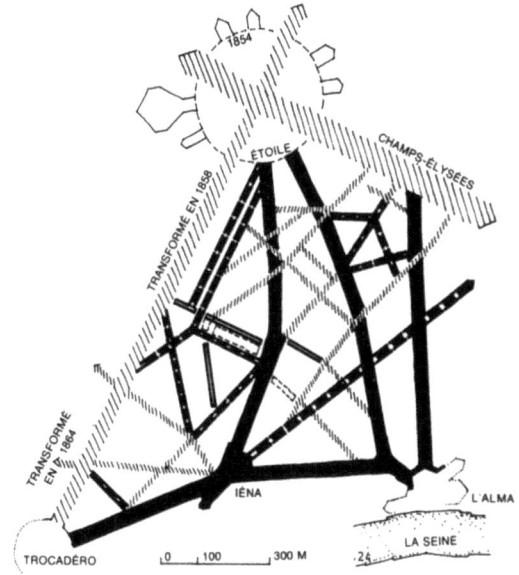

geänderte Enteignungsgesetz berechtigt zum Erwerb aller von den Durchbrüchen betroffenen Parzellen; sobald die Straße eingerichtet ist, bleibt beidseitig ein Streifen übrig, der nach einem neuen Parzellenplan aufzuteilen ist. Hier besteht eine direkte Beziehung zwischen dem Eingriff auf der übergreifenden Ebene, dem Durchbruch, und dem Eingriff in die Parzellen. Der Baublock wird nicht zur Bestimmung einer Konzeptions- oder intermediären Realisierungseinheit herangezogen; wird die Beziehung durch den Gebäudetyp mediatisiert, so steht man einem untergeordneten Typus gegenüber, dessen zufällige Gegebenheiten oft verzerrt oder bis zur Pfuscherei angepaßt sind. Der Beschluß zum Durchbruch hat Vorrang: Jedem Gebäude kommt nur insoweit eine Fassade zu, als sie sich durch die Aufteilung des – durch ein Abkommen und eine Verordnung gesicherten – Gesamtkomplexes in kaum voneinander zu unterscheidende Einheiten ergibt, wobei die Einheiten unfähig sind, für sich allein zu bestehen. Markierungspunkte wie Ecken und Rundbauten sind Teile der Monumentalachse und dienen keineswegs zur Festlegung einer „Baublockfassade", die auch nur entfernt an die Einheitlichkeit der Häuserzeile erinnern würde.

Im Rahmen der *extensiveren städtebaulichen Entwicklungen* entstehen sowohl Randbereiche als auch Baublöcke. Der Bau dieser Blöcke ist mitunter Schwankungen unterworfen und geht mühsam voran; in nicht seltenen Fällen werden sie viel später erneut einer Teilung unterzogen. Eine solche Entwicklung vollzieht sich in den Jahren 1882 und 1899 im Quartier Wagram. Zweifellos waren zunächst die Ecken und die Außenfront mit der besten Ausrichtung im klassischen Stil erbaut worden, wobei ein Blockkern und die Rückgebäude, die sich für eine erneute Teilung anboten, offen blieben.

Der Baublock fungiert nicht anders als in der traditionellen Struktur: Er bildet eine implizite Einheit. Dennoch ist er den Folgen der auf übergreifender Ebene verfügten Durchbrüche wie auch dem kapitalistischen Gebot der Verdichtung ausgesetzt, die sich beide im Gebäudetyp herauskristallisieren und im Parzellenplan sichtbar werden. Diese Art des Baublocks stellt jedoch keine feststehende Eingriffseinheit dar.
Schließlich gibt es *konzentrierte Verfahren*, bei denen eine kleine Anzahl von überaus streng gestalteten Baublöcken entsteht: Dazu zählen einige Adreaskreuze und eine Anzahl von diagonal durchschnittenen Rechtecken, wie z. B. die durch die Straßen Perdonnet, Louis-Blanc und Cail gebildete Kreuzung zwischen der Rue du Faubourg Saint-Denis, dem Boulevard de la Chapelle und der Rue Philippe de Girard (1866); oder später die Kreuzung der Straße Eugène-Sue und Simart zwischen den Straßen Ordener und Marcadet (1882–1885). Seltener sind die reduzierten Figuren der monumentalen Rhetorik, wie der von den Straßen Bassano, Euler und Magellan gebildete Dreizack auf dem Gelände des im Jahre 1865 parzellierten Klosters Sainte-Périne de Chaillot. Hier wird auf einem relativ bescheidenen Niveau, das der Verflechtung der großen Netze entschlüpft, der Baublock eindeutig zur Eingriffseinheit. Es kann sich dabei durchaus um mehrere Einheiten handeln, doch besteht ein sehr enger Zusammenhang dieser Einheiten untereinander. Ein präzises Koordinierungsverfahren wird eingesetzt, in dem ein Modell erkennbar wird, dem sich alle aufgrund ihrer Lage weniger geordneten und komplexeren Interventionen anpassen. Somit wird der Haussmannsche Baublock zunächst als Modell deutlich sichtbar.
Wenn es in Paris – zum Unterschied von London hundert Jahre früher – nicht gelingt, die Interventionseinheiten in eine geordnete Sequenz einzufügen, d. h. eine präzise Beziehung zwischen Eigentum, Finanzwesen und Gliederung der Zerschneidung innerhalb der städtischen Struktur herzustellen, so ist dies auf zwei Arten von Beweggründen zurückzuführen. Die erste Ursachenkategorie erklärt sich – trotz des Parallelismus, der zwischen den beiden Bauphasen des industriellen Kapitalismus zu bestehen scheint – aus dem Entwicklungsstand der Banken und der Unternehmen sowie aus dem Rechtsstand des Eigentums und der Rolle der Bourgeoisie. In Frankreich besteht noch keine dauerhafte Organisation oder eine stabile Konzentration. Die zweite Art von Beweggründen ist aus der Stadt selbst abzuleiten oder vielmehr aus der Beziehung zwischen den neuen Eingriffen und der bestehenden Stadt – einer lockeren Vereinigung von Fragmenten einerseits und einem angeblich organisch gegliederten Projekt übergreifender Neuinterpretation andererseits.

Die Beziehung zur bestehenden Stadt – Einfügung und Ausschluß

Der Baublock ist eine von der traditionellen Stadt übernommene implizite Gegebenheit. Das Ziel, das mit dem Netz der großen Durchbrüche verfolgt wird, besteht nun darin, die Struktur eines ungenügend entwickelten Gesamtkomplexes durch Ausstat-

Das Haussmannsche Gefüge

*Die Kreuzung der Straßen
Perdonnet und Louis-Blanc
im 10. Arrondissement.
Vier homogene Baublöcke sind
das Ergebnis der im Jahre 1866
diagonal geführten Zerschneidung
eines früheren viereckigen
Maschennetzes, das sich zwischen
der Rue du Faubourg Saint-Denis,
der Rue Philippe de Girard
und dem Boulevard de la Chapelle
herausgebildet hatte*

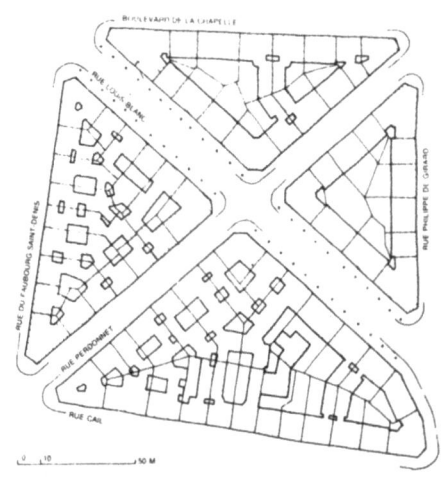

Der Haussmannsche Durchbruch

*Durchbruch Boulevard Voltaire
von der Place de la République.
Die Diagonale des Boulevards
wirkt sich störend
auf das Gefüge aus,
das durch die Parzellierung im
18. Jahrhundert entstanden war.
Beiderseits des Durchbruchs
enstehen neu gewonnene Parzellen
mit willkürlichen Formen, die
im Vergleich zum Parzellenplan
viel irrationaler erscheinen.
Dennoch hat sich die Verbindung
zwischen Alt und Neu
nahtlos vollzogen:
Die Kontinuität der Baustruktur
wird mit peinlicher Genauigkeit
wiederhergestellt*

tung mit einem neuen Raumtyp zu korrigieren. Hinter diesen Eingriffen steckt, wie schon erwähnt, eine bürgerliche Strategie. Es besteht somit – zumindest vor dem Hintergrund unserer bisherigen Erkenntnisse – eine doppelte Beziehung zwischen Haussmanns Eingriffen und der alten Stadt: Sie stellt sich dar zugleich als Konformität und Korrektur, Fortsetzung und Zerstörung, Anerkennung und Gewaltanwendung. Es wurde bereits gezeigt, wie sich das Projekt, Paris mit einem übergreifenden Netz auszustatten, in seinem Bezug zur klassischen Kultur deuten läßt; eben diesen Bezug gilt es nun zu präzisieren und auszuweiten, weil die Beziehung zur bestehenden Stadt u. E. vollständig durch das Verhältnis zur klassischen Kultur mediatisiert wird. Unschwer lassen sich Elemente oder Figuren der ‚klassischen' Klassik in Haussmanns Plan wiedererkennen. So entlehnen die Haussmannschen Netze z. B. dem Rom-Plan des Sixtus Quintus sogar die funktionelle Motivation, nämlich entfernte Pole des Stadtgebietes miteinander zu verbinden: Waren es damals die römischen Basiliken, so sind es jetzt die Bahnhöfe und einige große strategische Knotenpunkte. Die Langgezogenheit der Straßen ist die gleiche; jede Straße läuft zwar auf ein Bauwerk oder einen monumentalen Markierungspunkt zu; der unterbricht jedoch als Abschluß nur kurz die Weitläufigkeit, ohne daß sich irgendeine Beziehung zwischen Architektur und städtischem Raum herstellen würde. Die Nomenklatur der Dreizacke und Sterne nimmt überhand, sie reicht von Rom über Versailles bis zu den Trassen von Le Nôtre; selbst zwischen der Kirche Saint-Augustin, die von zwei Boulevards umschlossen wird – bei einem blieb es beim Entwurf –, und der Planung, die Christopher Wren für die St. Pauls Cathedral im Rahmen des gesamten Wiederaufbaus von London vorgesehen hatte, ist eine Affinität zu erkennen.

Aber wir stellen sehr bald fest, daß die meisten Pläne, die sich zum Vergleich anbieten, Neugründungs- oder Erweiterungspläne sind, während Haussmann innerhalb eines stark strukturierten Raumes durch tiefe Einschnitte einen völlig anders gestalteten Raum trassiert. Sein Vorgehen erinnert eher an die stadtbezogenen Eingriffsmethoden der Frührenaissance, insbesondere an die Verfahren, die auf eine „Revision des Plans der alten Stadt durch die Anlage neuer Straßen und geräumiger und regelmäßiger Plätze" ausgerichtet waren[20]. Diese Revision wollte sich weder bestehende Wachstumsmechanismen zunutze machen, noch Faktoren weiterentwickeln, bei denen eine Verstärkung bereits innewohnender Eigenschaften schon genügt hätte; vielmehr sollte – als sei die Zeitgeschichte unterbrochen – ein völlig neues System innerhalb der Stadt und ohne Rücksicht auf das bestehende Gefüge eingerichtet und „ein neuer Verhaltenskodex, eine neue, zugleich komplexe und dialektische Rationalität in der Konfiguration des Raumes menschlicher Aktivitäten hervorgebracht werden"[21]. Die Revision stützte sich somit auf ein Prinzip des Ausschlusses, eines Ausschlusses der Geschichte, der sozialen Inhalte, der Praxis und ihrer Spuren und war zumindest anfangs „für die Zeitgenossen substantiell unannehmbar"[22]. Mit der Revision war beabsichtigt, für den an die Macht gekommenen neuen Adel bestimmte städtische Gebiete mit Beschlag zu belegen, auf daß er sich dort niederlassen konnte, um die ideologischen Werte, auf denen seine Macht beruhte, zu manifestieren. Die Beschlagnahme dieser Bereiche (meistens in der Innenstadt) lief darauf hinaus, den Raum der wissenden Autorität dem Raum der arbeitenden Klassen (dem Stadtrand) entgegenzusetzen. In der Folge gewann die Vorstellung einer Zerschneidung der Stadt durch Ausschluß in dem Maße an Bedeutung, wie sich die Eingriffsmethoden in einer besser konstituierten klassischen Kultur entwickelten. Bestimmte Viertel am Stadtrand, in denen alles neu war, und zwar von den Annehmlichkeiten über die ausgeprägte Öffnung der Stadt zu einer Kulturlandschaft, die sie in sich aufzunehmen begann, bis hin zur Eigentumsstruktur und zu den Bautypen, wurden im 17. und 18. Jahrhundert zu exklusiven Wohnsitzen der herrschenden Klassen: Waren das in Rom die Hügel des Quirinal und Trinità dei Monti, so in Amsterdam die drei Kanäle und in Paris der Faubourg Saint-Germain gegenüber den Tuilerien und den großen, landschaftlich angelegten Straßen, die entlang der Seine in westlicher Richtung verlaufen (Cours la Reine, Champs-Elysées usw.).

Haussmann verwirklicht diesen Ausschluß dadurch, daß er die Interventionstypen der klassischen Kultur entlehnt und sie vor allem zu einem System weiterentwickelt, das weit wirksamer zu kontrollieren ist: Er beschlagnahmt nicht nur die Innenstadt (die Cité, die Sequenz Châtelet bis Hôtel de Ville) und erschließt bürgerliche Außenbezirke (die Plaine Monceau, Chaillot, ja, sogar die Buttes-Chaumont), sondern schiebt sogar in das alte Gefüge ein kontinuierliches Netz, dessen Maschen einen gleichmäßigen Zusammenhang ermöglichen. Das Ausschlußverhältnis bleibt nicht auf die Innenstadt und einige örtliche Bereiche beschänkt, sondern ist schließlich überall dort anzutreffen, wo der neue bürgerliche Raum und der von ihm maskierte Innenbereich der Stadtviertel aneinandergeraten. Daraus entsteht ein Angrenzungsverhältnis, oder besser eine Konfrontation dieser beiden Raumtypen, die in sinnvoller Unterschiedlichkeit unablässig aufeinander verwiesen sind. Mit diesem Ausschluß, der sogar gewalttätig durch Abriß[23] und die Umsetzung von Bevölkerungsteilen vollzogen wird, ist keinesfalls beabsichtigt, das alte Gefüge zu zerstören, sondern es soll tatsächlich, nun im Rahmen eines Herrschaftsverhältnisses, erhalten werden.

Die Konfrontation äußert sich konkret durch ein Ineinandergreifen: Die Haussmannschen Randbereiche sind untrennbar mit dem bestehenden Gefüge verhaftet. Zwar ist nichts mehr sichtbar, und so besteht die Gefahr, die Bedeutung der Beziehungen, bzw. des Beziehungsgeflechts, das sich im Parzellenplan niederschlägt, zu verkennen. Doch der Parzellenplan führt genau Buch über das Verhältnis zwischen den neuen Randbereichen und den alten Baublöcken; er weist Nahtstellen aus, die wahre Glanzleistungen darstellen, er zeigt Nachsicht gegenüber den archaischen Elementen und läßt umgekehrt das Neue in das Alte unmerklich eindringen. Es genügt, den Boulevard Haussmann von einem Ende zum anderen abzugehen, um die Geschicklichkeit bei der Einfügung zu erkennen, die der ältere Teil des Grand Boulevard (z. B. zwischen der Rue de Richelieu und der Porte Saint-Denis) nirgendwo aufweist. Hier besteht ja auch das Problem eines Einschlusses nicht, das Gefüge ist ringsherum völlig homogen, und die Regeln für die Zerlegung der Parzellen am Boulevard wie in den benachbarten

Baublöcken sind überall gleich. Am Haussmannschen Boulevard entlang hat der überaus kunstfertige Einschluß eine ganz bestimmte Bedeutung: Er stellt die Kehrseite der eben beschriebenen Beziehung zwischen Ausschluß und Bewahrung dar. Er ist auch der Beweis einer Gewaltanwendung.

Die strukturelle Rolle des Haussmannschen Baublocks läßt sich gerade an diesem Verhältnis zwischen Ausschluß und Eingliederung verständlich machen. Eine Vielzahl von Baublöcken ist von Haussmann ausgeräumt worden; es handelt sich da um Blöcke, die einem Komplex angehören, der in seiner funktionellen Einheit von der zugrundeliegenden Strategie einer Flächenaufteilung strukturell und auf die Dauer sogar physisch bedroht war. Eigentlicher Kernpunkt aber ist die reduzierbare Neuinterpretation des Baublocks, die erst in den Blöcken rein Haussmannscher Prägung verwirklicht wird, und die, wie bereits festgestellt, als Modelle für eine ganze Reihe von Verfahrensabläufen anzusehen sind. Die Konformität des Haussmannschen Baublocks mit der städtischen Kombinatorik ist indes nur augenscheinlich: Er unterliegt in der Folge einer langen Kette von Systematisierungen, die diese Konformität schließlich entstellen; zu guter Letzt hat sich die Idee von der Stadt selbst verändert.

Der Haussmannsche Baublock

Seine Morphologie

Der Block, der durch eine erneute Zerschneidung der sternförmigen Maschen des Haussmannschen Netzes entsteht, ist fast zwangsläufig dreieckig und hebt sich deutlich vom traditionellen Pariser Baublock ab, der fast ausnahmslos als Viereck angelegt ist. Es gibt aber auch rechteckige Haussmannsche Blöcke; auf einige von ihnen wird im weiteren Verlauf unserer Untersuchung zu verweisen sein.

Die Ausmaße des geläufigen dreieckigen Baublocks sind stark unterschiedlich und scheinen eine optimale Vorprofilierung, die fast überall von Nutzen gewesen wäre, auszuschließen. Allerdings scheinen die riesigen, von den vorangegangenen Epochen bevorzugten Baublöcke ausgegliedert worden zu sein; so war das Couvent des Filles-Dieu zwischen dem Faubourg Saint-Denis und dem Faubourg Poissonière von 1772 bis 1792 für Baublöcke einer Größenordnung von 30000 bis 50000 m² parzelliert worden. Jetzt wirkt der dreieckige Block aber eher kompakt und weist aufgrund seiner Dreiecksform eine geringere Tiefe auf: Rund um das Collège Chaptal und in dem von Haussmann begradigten nördlichen Teil des Quartier de l'Europe (1867 bis 1881) erreicht die Tiefe der Blöcke höchstens ca. 60 bis 65 m und in seltenen Fällen 90 m auf einer Gesamtfläche von 3400, 6300 und 20000 m².

Der rechteckige Block ist häufig ein mit einem Durchbruch verbundener Restblock, der das ursprüngliche Raster der Straßen nicht beeinträchtigt. In den meisten Fällen

Dreieckige Baublöcke
im Quartier de l'Europe
Die Jahreszahlen beziehen sich
auf die Daten der Straßenanlagen

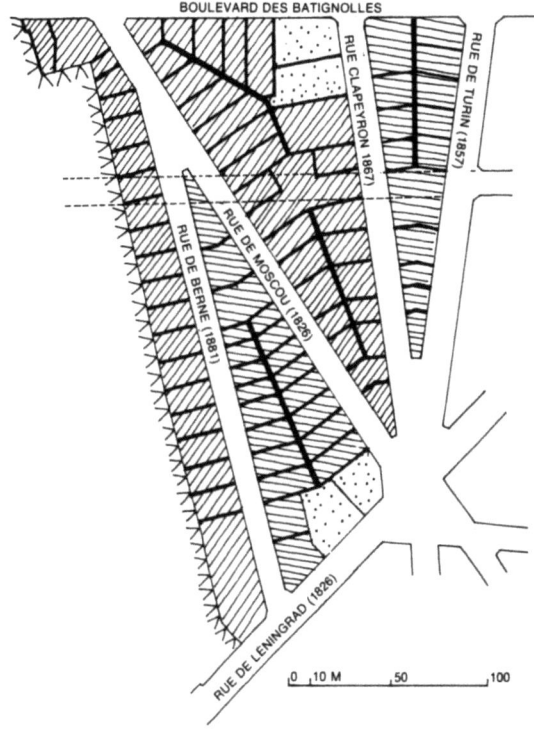

∨∧ Einschnitt
(Graben der Eisenbahn)
----- Teil der Rue de Florence,
die im Jahre 1859
beseitigt wurde
⋰⋰ Reste einer früheren
Strukturierung
━━ Mittelachse des
Haussmannschen Baublocks

Rechteckige Baublöcke
entlang dem Boulevard Pereire
und dem Boulevard Sébastopol

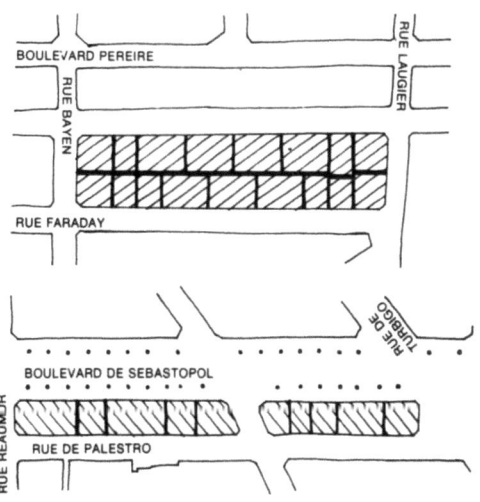

Die kleinen viereckigen
Gebäudekomplexe, die den Anschluß
an die frühere Trassierung
ermöglichen, sind bisweilen
auf einfache ‚Stangen' reduziert:
voll bebaute durchgehende
Parzellen, die aber
die Unterschiedlichkeiten
der angrenzenden Straßen
berücksichtigen

Struktur der dreieckigen Baublöcke

Berne-Moscou

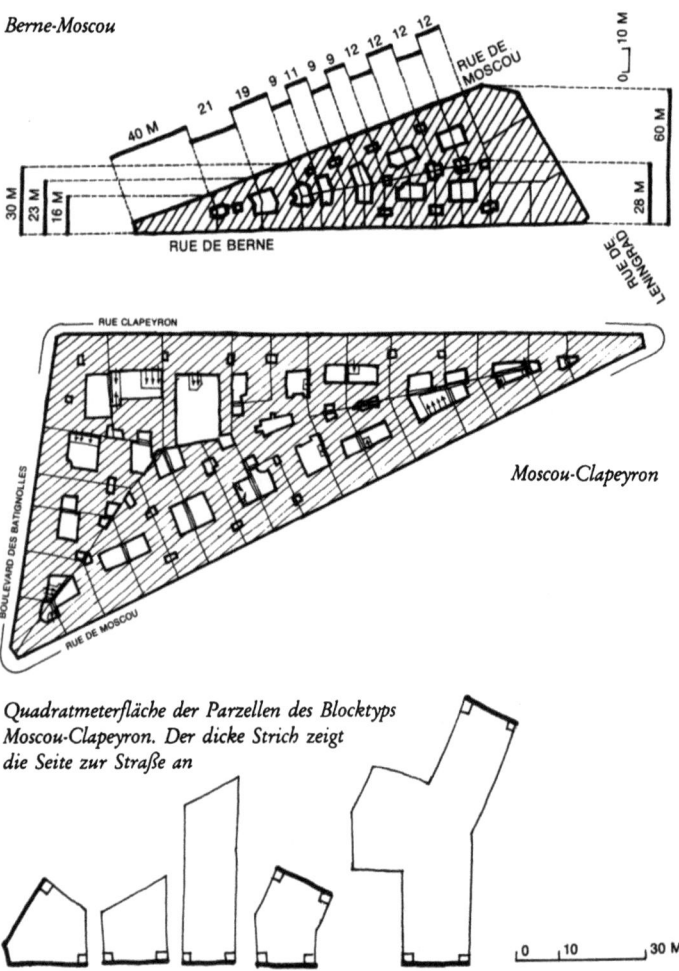

Moscou-Clapeyron

Quadratmeterfläche der Parzellen des Blocktyps Moscou-Clapeyron. Der dicke Strich zeigt die Seite zur Straße an

Die dreieckigen Baublöcke als morphologische Überreste der Zerschneidung der Stadt durch die großen strahlenförmigen Figuren der Haussmannschen Geometrie sind in zweifacher Hinsicht betrachtenswert.
Sie veranschaulichen einerseits, wie sich die Verteilung der Parzellen ändert, wenn ihre Tiefe zunimmt. Zum anderen wird das Problem der Parzellenzerschneidung im Winkel und der Variationsmöglichkeiten um die Winkelhalbierende herum aufgezeigt

ist er eher langgezogen als breit: Am Boulevard de Sébastopol beträgt das Verhältnis zwischen Breite und Länge 1 : 7, am Boulevard Péreire 1 : 4, wobei die Breite im einen Fall nicht mehr als 16 m, im anderen nicht mehr als 36 m beträgt. Von diesen überaus kompakten rechteckigen Baublöcken bis zu den von Straßen eingezwängten „Stangen" ist es nicht mehr weit.

Die Aufteilung des Baublocks in Parzellen

Die Aufteilung des Baublocks in Parzellen (wir betrachten hier den dreieckigen Baublock) unterliegt einer Reihe von klar erkennbaren Prinzpien:
1. Jede Parzelle wird konsequenter senkrecht zur Straße trassiert.
2. Die Teilungslinie innerhalb des Blocks verläuft als Winkelhalbierende des von den Straßen gebildeten Winkels.
3. Jede Parzelle hat ein durchschnittliches Ausmaß, das sowohl in die Tiefe gehende Parzellen als auch Parzellen mit langgestreckten Fassaden ausschließt.

Der Haussmannsche Baublock scheint somit zunächst einer Generalordnung zu gehorchen, sodann einer gewissen Rationalisierung und schließlich sogar bestimmten Vorschriften. Diese ersten Schlußfolgerungen bedürfen aber einer weitgehenden Relativierung. Die Betreuung der Gesamtanlage wird zwar von einer Immobiliengesellschaft übernommen, die Bauausführung hingegen, bei der Privateigentümer und kleine Einzelunternehmen zugezogen werden, wird fast niemals in einem Zug abgewickelt; der Block wird parzellenweise gebaut, manchmal werden einige Parzellen zu Einheiten zusammengefaßt. Bei den schon erwähnten Großvorhaben ist ein einzelner Eingriff selten; nur die Regelmäßigkeit der Blöcke ist auffällig: Der Block zwischen der Rue de Moscou und der Rue de Berne besteht aus zwei symmetrischen Hälften, die entlang der Winkelhalbierenden aufeinandergeklappt werden können; in der Rue de Berne stehen diesem Block 19 völlig identische Doppelhäuser in einer Reihe gegenüber, die auf einer Länge von 250 m an den westlichen Schienenstrang angebaut sind[24]. Im allgemeinen paßt sich jedoch die schrittweise Bebauung den Regeln an: Ist an einer Stelle die Teilung entlang der Winkelhalbierenden nicht durchführbar, so arrangiert man sich, und der Umriß bestimmter Parzellen nimmt regelwidrige Formen an[25].

Sowohl die Rationalisierung als auch die daraus logisch folgende Regelmäßigkeit bedürfen einer sachgemäßen Bewertung. Der dreieckige Umriß kann natürlich nur Ungleichförmigkeiten hervorbringen. Zwangsläufig entstehen spitze Winkel, die insbesondere für den Wohnungsgrundriß gestalterische Schwierigkeiten mit sich bringen. Wie immer man es auch anstellen mag: Die Parzellen fallen letztlich alle unterschiedlich aus. Zielvorstellung ist also nicht eine schöne Gleichförmigkeit nach englischer Art. In zahlreichen Fällen (allerdings nicht überall) befinden sich große Parzellen an den Ecken und im Zentrum des Baublocks. Im schmalsten Teil trifft man auf durchge-

hende Parzellen, die bei Überschreitung einer bestimmten Breite (etwa 30 m) nur nach einer Seite ausgerichtet sind. Diese Parzellen weisen vielfältige, manchmal sogar ungewöhnliche Formen auf, die vom extrem spitzen Dreieck bis zu V- und Trapezformen reichen und alle daraus zu entwickelnden Kombinationen umfassen, was mitunter zu komplizierten Vielecken führt.

Mehr noch als die Formen variieren die Flächen der Parzellen, die die verschiedenartigsten Stückelungen aufweisen. Im Block Moscou-Clapeyron des Quartiers de l'Europe bewegen sich die Parzellengrößen zwischen 200 und 1100 m², im Block Moscou-Berne zwischen 135 m² – einer besonders kleinen Fläche – und 360 m². Nicht nur die Tiefe der Parzellen variiert mit der Dreiecksform des Blocks, sondern auch die straßenseitige Fassade: Der Block Moscou-Berne weist Fassaden von einer Länge von 9, 11, 12, 1, 21, 28 und 40 m auf, wobei die längsten im spitzesten Teil des Blockwinkels liegen; in der Nähe des Collège Cheptal haben sie eine Länge von 8, 10, 11, 12, 15, 19, 20 und 23 m. Die rechteckigen Blöcke sind größenmäßig ebenso zerstückelt. Der mit dem im Februar 1867 eröffneten Marché des Ternes verbundene Block Laugier-Faraday-Bayern umfaßt längs des Boulevards Péreire sechs kleine Parzellen von jeweils 115 m² und elf große Parzellen von jeweils 300, 400 und 460 m². Der Plan des Gesamtkomplexes wird trotz einer nicht gleichzeitigen Bauentwicklung des Boulevard Péreire und der Rue Faraday außergewöhnlich streng eingehalten. Die winkelförmigen Endparzellen weisen eine Fläche von 300 m² bei einer Fassadenlänge von 18 m an jeder Straße auf; dazwischen ist ein Streifen von nur 12 m Breite eingescho-

Struktur des rechteckigen
Baublocks Bayen-Faraday-Laugier
am Boulevard Pereire entlang

◁ *Komposition der Fassaden
am Boulevard Pereire*

*Ausgehend von einem L-förmigen
Grundelement, das die vier
kleinsten Parzellen aufweisen,
werden (am Boulevard Pereire)
U-förmige Kompositionen und
(in der Rue Faraday) T-förmige
Kombinationen verwirklicht,
ebenso eine Eckenanpassung,
die dem Block aufgrund
der Zusammenlegung von jeweils
drei oder vier Höfen
eine besonders rationale
Gestaltung verleiht*

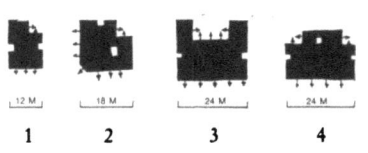

1 L-Element
2 Eckanpassung
3 U-Kombination
4 T-Kombnation
→ Öffnungen und Kombinationen

*Gemeinsamer Hof für drei Parzellen.
Die Parzellengrenze wird
von kleinen mit Gittern
versehenen Mauern gebildet.
Der Hof eignet sich nur
für kleine Abstellplätze
und einige Anbauten, wie dieser
Unterstand für Fahrräder*

*Die zur Hofseite liegenden Mauern
sind nur verputzt;
die Unregelmäßigkeit
der Fensterformen ist nur schwer
in Einklang zu bringen
mit dem Bemühen
um klare Komposition,
das sich aus dem Mauerwerkgefüge
des Sockels herauslesen läßt*

ben, wodurch zwei kleine Parzellen, mit dem Rücken gegeneinander gekehrt, untergebracht werden können; der Mittelteil ist gegeneinander versetzt mit einer Fassadenlänge von 24 m pro Parzelle, eine Ausnahme bilden zwei Restfassaden von 12 m Länge an der rückwärtigen Rue Faraday. Der ganze Komplex ist nahezu symmetrisch. Diese Anordnung gibt zu erkennen, daß allein die Obrigkeit die Unterteilung vornimmt, zeugt aber auch von den unterschiedlichen Interessen der Bauherren, denen die Parzellen von der einfachen bis zur vierfachen Größe angeboten werden.

Struktur der Bebauung

Der koordinierte Plan des soeben beschriebenen Blocks Péreire-Laugier-Faraday-Bayern geht mit einer streng durchgeführten Bebauung einher. Es kann sogar behauptet werden, *daß die Grundstücksaufteilung durch die zukünftige Gestaltung der Bauten bestimmt wird und nicht umgekehrt.* Auf 17 Grundstücke entfallen nur sechs große Innenhöfe von gleicher Größe und einfachem quadratischem Grundriß. Drei bis vier Parzellen verfügen über einen Innenhof. Innerhalb der Gebäude sind Luftschächte angeordnet, die ebenfalls paarweise an den Parzellengrenzen miteinander verbunden sind. Hier kann der Eindruck entstehen, es handele sich bei dem Baublock um ein einziges Gebäude, um einen homogenen Block, aus dem die Innenhöfe ausgespart worden sind. In Wirklichkeit ist dieser Block aber aus der Zusammensetzung identischer Elemente entstanden, d. h. identisch nur insoweit, als dies in Ermangelung einer genauen Parallelität der Straßen möglich ist. Das Grundelement ist ein L-förmiges Gebäude, das nur für kleine Parzellen verwendet wird; zwei L bilden jeweils ein für große Parzellen geeignetes U oder T; an den Ecken wird der offerenen Lage durch eine leichte Anpassung der L-Form, d. h. eine größere Tiefe einer der Längsseiten, Rechnung getragen. Somit geht die gesamte Bebauung von diesem L-förmigen Element aus, das so zu L-, T-, oder U-Formen angeordnet wird, daß jeweils immer vier Innenhöfe miteinander verbunden sind. Daher rühren die Besonderheiten des Parzellenplans (schmale Streifen von 12 m Breite mit einer Fünferanordnung auf der Mittelachse). Auch in den weniger streng angeordneten Baublöcken ist eine gemeinsame Anlage von Luftschächten und Innenhöfen zwischen zwei Parzellen festzustellen: Die Parzelle stellt also nicht mehr eine hinreichend eigenständige Einheit dar, so daß eine gewisse Strukturierung auf halbem Wege zwischen Parzelle und Baublock entsteht. Es ist dies ein Zugeständnis an die Zwänge, die eine so hohe Verdichtung und Rentabilität des Bodens nach sich ziehen. Die Parzellen sind im Verhältnis zu den Bautypen zu klein geworden und können daher nicht mehr als einfache Einheiten behandelt werden. Der gemeinschaftliche Raum des Innenhofs deckt sich nicht mehr mit der geschlossenen Einheit Parzelle. Und da dieser Raum nicht mehr allein der Parzelle angehört, aber auch noch nicht dem gesamten Baublock, nimmt er eine Zwitterstellung ein. Vor allem hat dieser unbestimmte Raum seine Befähigung zur Identifikation ver-

Baublöcke des Quartier de l'Europe in Paris
Fassade zur Rue de Moscou

Ein Gebäude des Blocks Berne-Moscou

Die Architektur des Innenhofs ist sorgfältig ausgeführt: Stockwerksgesimse, Kranzgesimse an den Fenstern, Bossenmauerwerk. Mit dem Gitter auf der Mauer, an die sich ein Brunnen anschmiegt, erinnert diese Architektur an eine schöne Fassade aus früheren Zeiten. Das dem Haussmannschen Raum eigene Übergewicht des ‚Öffentlichen' tritt hier deutlich zutage: Wenn der Hof alle Eigenschaften einer Fassade aufweist, muß die Fassade ihrerseits alle Eigenschaften eines Monuments vorzeigen:
Dieser Faktor belastet die Komposition mit erdrückender Penetranz

loren, weil gleichzeitig der Wert des (vor anderen) verborgenen Raumes verschwunden ist; zwar trennt im Erdgeschoß eine oft abweisende Mauer weiterhin die Häuser voneinander, aber nach oben ist der Hofraum allen gemeinsam, er kann von anderen eingesehen werden, zu denen keine Nachbarschaftsbeziehungen bestehen, weil er von dieser Seite für sie nicht zugänglich ist. Dies wird nur dadurch erträglich, daß „die Anderen" in einer anonymen Vermischung der sozialen Stellungen als „gleichrangig" angesehen werden. Offensichtlich setzt diese Lösung eine Verflachung des sozialen Spektrums voraus, eine Konvention, die wie eine Maske zur Aufhebung der Unterschiedlichkeiten wirkt. Fortan spielt sich kein Privatleben mehr im Hof ab, es besteht kein Bereich, in dem sich soziale Beziehungen entwickeln könnten, auch keine verborgenen und gerade noch geduldeten Aktivitäten. Die Parzelle verfügt über keine andere Stätte, die diese nunmehr verwaisten Rollen übernehmen könnte: Sie hat ihre Tiefe verloren, und die Aufeinanderfolge der nach innen führenden Räume ist abgebrochen. Das Gebot der Verdichtung unterwirft den inneren Raum des Hofes zwei Kriterien, die den öffentlichen Raum der Straße mit der Eindeutigkeit einer Gesetzmäßigkeit heraufbeschwören, nämlich: der Konvention und der Sterilität. Der Hof ist „gepflegt", bzw. „sehr gepflegt"; jeder Lagerung von Gegenständen oder Fahrzeugen wird mit Entschiedenheit entgegengewirkt, wie auch jeder qualitativ abwertenden

Markierung. Sofern es zu irgendwelchen Umgestaltungen kommt, etwa durch ausreichend gut gestaltete Schuppen, Veranden oder große Verglasungen, so sind sie Angelegenheit des Eigentümers; die Veranlassung ist zweckgebunden (z. B. ein Büro); jedenfalls handelt es sich immer um eine genehmigte und gebilligte Verbesserung.
Zwar wurde die Sequenz der inneren Räume abgebrochen, doch bleibt weiterhin eine, wenn auch bedeutend abgeminderte Hierarchie der Örtlichkeiten bestehen. Bisweilen folgt ein zweiter Hof dem ersten, ist aber dann nur über eine der Wohnungen im Erdgeschoß oder einen Lieferanteneingang zugänglich; von jedem Durchgangsverkehr ausgeschlossen, ist er jedenfalls der Stille verschrieben. Die Morphologie des Baublocks zeigt einen kontinuierlichen Außenbereich von überall gleicher Dicke sowie einen Innenbereich, der zunächst weniger geordnet erscheint. Im Außenbereich gelten Strenge und Korrektheit; hier befinden sich die regulären und am besten geschnittenen Wohnungen, deren gestalteter Teil der Straße zugewandt ist; die Wohnungen sind unmittelbar über den Hausflur zugänglich, ohne daß der Hof, dieser ungewisse Ort, der von mehreren Gebäuden aus zu deutlich einsehbar ist, durchquert werden muß. Der rückwärtige Teil der Parzelle, der der Geometrie des Dreiecks oder des Trapezes geopfert wurde, ergibt weniger gut geschnittene Wohnungen mit häufig einseitiger Ausrichtung. Aus diesen Unterschieden ist deutlich eine soziale Hierarchie herauszulesen, die sich unter der subtilen Maske einheitlicher Konventionen verbirgt.

Polyfunktionalität und substitutive innere Eigenschaften

Die Raumaufteilung des Baublocks, die sich heute darbietet, muß zu der des traditionellen Pariser Baublocks in Vergleich gesetzt werden, um die Folgen der Reduzierung, die ihm zugrundeliegen, besser beurteilen zu können.
Es geht keinesfalls darum, die Baublöcke von Paris aus der Zeit vor Haussmann auf einen einzigen Typus zurückzuführen; dennoch sind einige allgemeine Betrachtungen hierzu durchaus angebracht. Der Baublock ist, im Ganzen gesehen, in einen Randbereich und in einen Innenbereich unterteilt. Der dichte Randbereich ist unmittelbar mit der Straße verbunden, die ihrerseits als Ort des Austausches und als ein Regelungen unterworfener Raum der Darstellung zu verstehen ist. Der Innenraum des Baublocks dagegen ist ein von der Straße abgelegener und abgeschnittener Bereich, der durch das Merkmal der Nicht-Einsehbarkeit bzw. der nicht unbedingten Einsehbarkeit, ja, sogar der Verborgenheit geprägt ist; er übt nicht mehr alle Repräsentationsfunktionen aus, er ist flexibel, wandlungsfähig und nur durch lockere Regelungen geprägt, die im Gegensatz stehen zu den Vorschriften, die für die öffentliche Seite gelten; er bietet sich zur Aneignung dar.
Der Gegensatz zwischen Rand- und Innenbereich im Baublock ist als System von Unterschiedlichkeiten zu verstehen. Dieses System ermöglicht, eine bestimmte Komplexität (des Gefüges) zu ordnen. Es ist ein Modell zur Integration unterschiedlicher Ak-

tivitäten, zur Aufteilung und Zuordnung vielfältiger Funktionen. Die Aufgabe dieses leistungsfähigen Systems besteht nun nicht darin, die wechselnden und relativen Funktionen zu bestimmen, sondern die Beziehungen der Vereinigung oder des Ausschlusses zwischen Funktionen und Orten festzulegen. Es handels sich also um Integrationsregeln, die nicht verbieten, eine Funktion durch eine andere zu ersetzen, so daß der historische Wandel, die Modifizierung von Funktionen, das „Herumbasteln" (d. h. die Wiederverwertung einer sich anbietenden leerstehenden Struktur), ja, sogar die völlige Abkehr mit einbezogen bleiben.

Im Außenbereich, der direkt mit der Straße als dem Ort der Austauschbeziehungen verbunden ist, ist der Baugrund oft knapper bemessen, so daß die entstehende Verdichtung das Innere des Blocks zum Bereich weiterreichender Einwirkungsmöglichkeiten und einer weniger gedrängten Parzellenaufteilung werden läßt. Im Blockkern ist oft genug ‚Platz' vorhanden, so daß dort Werkstätten, kleine Gewerbebetriebe, Garagen, Schuppen und Lager untergebracht sind, ebenso auch Gärten oder der Park eines herrschaftlichen Stadthauses oder eine öffentliche Einrichtung von mitunter beträchtlicher Größe (früher ein Kloster mit Kreuzgängen oder ein Kollegium – heute eine Grundschule, ein Gymnasium oder ein Verwaltungsgebäude). Alle diese Elemente sind nicht gleichzeitig vorhanden, nehmen jedoch die gleiche Stellung innerhalb der Struktur des Baublocks ein. So können in einem Block ganz verschiedene Bereiche wie die für das Wohnen, für die Austauschbeziehungen, für das Arbeiten und recht häufig auch für die Gemeinschaftsbeziehungen in einer Anordnung miteinander vermischt sein, die die gegenseitige Vereinbarkeit all dieser Funktionen im Raum sichert.

Der Baublock weist also eine innere Komplexität auf; sie ist zwar nicht in Normen fixiert, kann aber anhand der Anpassungs- und Korrekturmechanismen, die durch besondere Zwänge ausgelöst werden, untersucht[26] und überprüft werden. Die ins Innere des Blocks gerichtete Hierarchie entwickelt sich oft als Sequenz (erster Hof, Einschnitt, zweiter Hof, Einschnitt usw.), und die Verschachtelung der verschiedenen Lokalitäten nötigt zu ausgeklügelten Einfügungen. Zu der horizontalen Hierarchie kommt noch eine vertikale, die den Abmessungen und Teilungen des Blocks entsprechend mehr oder weniger auseinandergezogen ist, komplizierend hinzu. Der Komplex ist schließlich voll und ganz vom Statut der angrenzenden Straßen abhängig, von deren Stellung innerhalb der symbolischen und praktischen Hierarchie der Verkehrswege der Stadt oder des Stadtteils, die der „öffentlichen" Seite des Baublocks ihre besondere Bedeutung verleiht. Der Baublock „reagiert" sehr stark auf hierarchische Ungleichgewichte. In einem Viertel, in dem die mittlere Ebene kaum oder überhaupt nicht vertreten ist, gleicht der Block diesen Mangel durch eine Erweiterung seiner inneren Hierarchie aus: Er ist von Passagen, inneren „Straßen" und zahlreichen Höfen durchbrochen.

In der Haussmannschen Stadt verfügt der Baublock nur noch über eine geringe Polyfunktionalität. In überaus bezeichnender Weise bemerkt César Daly[27] bei der Beschreibung des „privaten" Wohnens, daß „Handel und Gewerbe ebenfalls Erfordernisse sind, die zu *berücksichtigen sein werden:* In diesem Teil der Stadt überwiegen die vornehmen Geschäfte und der Handel mit Luxusartikeln, die *Anordnung* der hierfür erforderlichen prachtvollen Geschäfte wird sich notwendigerweise von der Einfügung der kleinen Läden für den Handel mit Gegenständen des täglichen Gebrauchs unterscheiden." Dieser Text zeigt, wie die funktionale Integration in den Bereich des Architekten eindringt: Sie muß „berücksichtigt" werden, und zwar mit Hilfe eines Verfahrens, das das Wort „Anordnung" besser zu umschreiben scheint als der logisch daraus folgende und fast entgegengesetzte Ausdruck „Einfügung". Die Auswahl von Daly beweist trotz der zusammenfassenden Darstellung in Form vergleichender Tafeln, daß die Anordnung häufig nichts anderes ist als eine geschickte Ausnutzung von äußerst restriktiven und wenig Möglichkeiten bietenden Bautypen, mit denen der Architekt fallweise nur durch immer neue Kompromisse und Kunstgriffe zurechtkommt. Es wäre zu erwägen, wieviele Dispositionen sich als nicht klassifizierbar erweisen, wie oft gegen den logischen Aufbau des Typs verstoßen wurde; es wäre dann interessant zu wissen, wieviel Gehalt dem Typus in diesen schwierigen Fällen verbleibt, bis man schließlich feststellen muß, daß der Typus verkümmert, weil er bei räumlichen Operationen, die einen organisch wirkenden Aufbau erkennen lassen, nicht mehr zur Anwendung kommt. Für die Kreise, die sich gelehrt geben, bedeuten Glaskonstruktionen, Eisenflächen, gußeiserne Säulen, Metallverstrebungen und Keramikverkleidungen das Eindringen eines gewissen Positivismus in den Block der Konventionen, die vom Haussmannschen Gebäude gewahrt werden.

Kaum wird auf die Polyfunktionalität verwiesen (Handel und Gewerbe), so wird schon ihr Gehalt auf eine soziale *Konvention* zurückgeführt: Das dem „Handel" nahe „Gewerbe", das sogleich in die Sphäre des „Prunkvollen" umgelenkt wird, soll nicht an die Welt der Arbeit und der Produktion, sondern vielmehr an folgende Konventionen erinnern: Man „behandelt" (architektonisch gesehen) nicht die private Wohnstätte des Bürgers – auch wenn er dem Gewerbe entstammt – und die Produktionsstätte im gleichen Gebäude. Diese Regel ist oberstes Gesetz für die „besseren Kreise"; im übrigen verfügen die Bergwerke und Produktionseinheiten seit Beginn der industriellen Revolution über eigene Gebiete, die aus der Stadt ausgeschlossen sind. Es verbleiben kleinere Werkstätten und Büros, für die die Architekten bestimmte Raumaufteilungen vorschlagen: Nutzung des gesamten Erdgeschosses, das seine Helligkeit von großen Verglasungen in den rückwärtigen Teilen der Höfe bezieht. Und sogar hier herrscht die Konvention vor: Die Identität der Funktion wird soweit wie möglich maskiert.

Auf der Ebene des Baublocks, der keine anerkannte Eingriffseinheit darstellt, ist die Polyfunktionalität nicht angezeigt. Nur mit Mühe läßt sie sich für die Ebene des Typus behaupten und wird auf der Ebene der Stadt völlig abgelehnt. In der Haussmannschen Stadt ist die Arbeitsstätte aus dem „privaten" Wohnblock ausgeschlossen. Dafür kommt es zur Spezialisierung bestimmter Wohnviertel: Es entwickeln sich Wohnvierte, die von jeder Produktionsstätte freigehalten sind; es gibt andere Viertel, die pauschal als „Arbeiterviertel" bezeichnet werden können und in denen das Prinzip der Trennung von Wohnung und Arbeit noch nicht gilt. Paris bleibt weiterhin eine Stadt, in der das Gewerbe in kleine Werkstätten aufgesplittert ist; dadurch wird das alte Strukturgefüge lebendig erhalten, soweit es von Haussmann nicht angetastet wird. Dem alten Raumgefüge (dem aufgeteilten Raum der Substitution) steht das neue Raumgefüge (der funktionalisierte Raum der Trennung) entgegen. In diesem Raum gelten die funktionalen Kombinationsmöglichkeiten, die im alten Baublock nur für den Randbereich galten, für den Bereich also, der am öffentlichsten ist (Wohnen, Gewerbe, Büros, freiberufliche Tätigkeiten). Es kann behauptet werden, daß der Haussmannsche Baublock im Vergleich zum alten Block nur noch als *verdichteter Randbereich* fungiert. Seine Form ließ schon darauf schließen: Beim Dreieck nimmt der zur Straße gewendete Perimeter den größten Bereich auf Kosten der geschützten und verborgenen Innenfläche ein, die fortan weniger zählt. Mit dem Haussmannschen Block beginnt der Innenbereich des Blocks mit seinen funktionalen Eigenschaften und vielfältigen Verflechtungsmöglichkeiten zu verschwinden.

Der Baublock in der städtischen Kombinatorik

Der Haussmannsche Baublock fungiert weiterhin als das zur Strukturierung der Stadt unerläßliche Element: Er ist wie der alte Block eine kombinierbare Einheit, während die Stadt nur als eine Kombination von Blöcken anzusehen ist. Der Haussmannsche Block und der Baublock aus der Zeit vor Haussmann sind trotz ihrer Unterschiedlichkeiten kompatibel; die erste Folge dieser Vereinbarkeit besteht darin, daß eine strenge Kontinuität der Stadtlandschaft gewahrt bleibt. Wenn das Image der Stadt mit einer Kontinuität gleichzusetzen ist, mit einer ununterbrochenen Abfolge von Fassaden auf beiden Straßenseiten, so trägt der Haussmannsche Baublock zu einem überaus städtischen Image bei. Dieses bis zur Karikatur vereinfachende Bild ist oft nur eine Reduzierung des überaus vieldeutigen Images, die die alte Stadtlandschaft bietet. Wie dem auch sei: Nirgends besteht eine Lücke oder ein gähnendes Loch. Die angeschnittenen Baublöcke werden sofort wieder geschlossen, ohne daß eine Spur des Schnitts bleibt. Der öffentliche Raum wird lückenlos von der Front der Fassade eingezäunt, er wird von einem genau festgelegten steinernen Gehäuse umschlossen. Unter Haussmann besteht sogar die Tendenz, das „Öffentliche" auf Kosten des „Privaten" überzubewerten (wobei wir selbstverständlich von den Außenbereichen und nicht vom privaten Wohnen sprechen); einige Angaben wiesen bereits darauf hin. Der gesamte öffentliche Raum, einschließlich der Straßen auf lokaler Ebene, flüchtet sich in die Monumentalität. Wie zahlreich sind doch diese Wohnstraßen mit aufdringlichem Äußeren und einer erdrückenden Achtbarkeit, die den Fassaden durch eine Anhäufung verfeinerter Bezüge auferlegt wird! Ihre Monumentalität ist jedoch vor allem auf ihre Undurchdringlichkeit zurückzuführen: Die Geschäfte sind verdrängt worden (außer an den beiden Straßenenden – und auch hier bleiben sie nicht immer bestehen), die Straße ist ohne jede Unebenheit und frei von jeglichem Eindringen alltäglicher Unruhe. Der Straßenname ist erstaunlich abstrakt, gleichförmig der Zeit und dem Licht (generell?) entzogen, endgültig in seiner Form und Praxis; er kennt keine Veränderung. Eine karikierende – von Rückgewinnung zu Rückgewinnung schreitende – Wandlung des klassischen Raums: Die Auswirkungen sind sehr bedenklich: Im Innenbereich ist der Haussmannsche Block nicht mehr imstande, die Unterschiedlichkeiten organisch zu gliedern, aber auch nach außen steht der Block zu den Straßen in einem Verhältnis, das die Unterschiedlichkeiten nur festschreibt. Der gesamte urbane Raum wird in einem langfristig angesetzten Projekt homogenisiert – natürlich weit über die sichtbare Monumentalisierung hinaus, die er unter Haussmann erfährt. Mit diesem Einschnitt in die Stadt, der zugleich die Verwerfung des ganzen Restes bedeutet, ist der als dominierend eingesetzte Raum in der Tat dieser schwach gegliederte Raum – oder zumindest in diesem Stadium seiner Einführung – der Raum, der den überkommenen und zur Einbettung in die Stadt unabdingbaren Verflechtungen kaum noch Spielraum gewährt.

Da der Haussmannsche Block nicht mehr in der Lage ist, die Mannigfaltigkeit der Funktionen im Innern zu gliedern, treten monofunktionale Blöcke – vor allem Versorgungs- und Monumentalblöcke – auf. Der Monumentalblock – oft schon ein freistehendes Gebäude – ist am häufigsten vertreten. Es ist unnötig, auf die von Haussmann propagierte Freilegungspolitik zurückzukommen, die ihre Vollendung in der Ile de la Cité findet, mit Monumentalblöcken wie dem Handelsgericht, der Polizeipräfektur, dem Hôtel-Dieu und Notre-Dame, die durch ihre jeweilige Isolierung und die inhaltslose Neutralität ihres Bezugs zum Raum der Straßen und Plätze – d. h. zum Vorplatz von Notre-Dame und zum Marché aux Fleurs – praktisch auf einer Ebene liegen. Seiner Beziehung zur Ordnung beraubt, verliert das Monumentalsystem seine ganze Bedeutung. Aber ebenso wie die Kirchen freigelegt werden, wird das College Chaptal „isoliert" (1867); die Kaufhäuser des Bon Marché (Boileau 1879) entwickeln sich zum Block; das Kaufhaus Printemps von Sédille (1882) bildet zwei Baublöcke; das Hôtel des Postes von Guadet (1880) ist durch einen Lieferantendurchgang von den Gebäuden, die es südlich begrenzen, vollkommen getrennt. Der Infrastruktur-Block tendiert in die Richtung eines freistehenden Gebäudes.

In Paris werden Fortführung und Abschluß dieses Klassifizierungs-, Trennungs- und Spezialisierungsprozesses, der sowohl die Gliederung des Blocks als auch ihre Kombinatorik betrifft, zu der sich der Baublock als Minimaleinheit der städtischen Aufteilung anbietet, aufgrund der hohen Resistenz des Stadtgefüges nicht vollzogen werden. Der Baublock gerät in eine kritische Phase, ja, sogar in eine Krise; aber die Lähmung der Bautätigkeit in Prais während der 40 deflationistischen Jahre, die dem Empire folgen, verschleiert die akuten Merkmale einer Krise, die verschärft im städtischen Bankrott wiederaufflammt, in einem Fiasko, das sich in der Unfähigkeit bekundet, die Außenbezirke zu gestalten.

2 London: Die Gartenstädte von 1905–1925

„Sollte ich je ein Königreich regieren,
so wäre mein Begehren,
dort ein Cottage zu besitzen."

Warum Welwyn und Hampstead?
In England wurde die Trabanten- oder Gartenstadt für den Verstädterungsprozeß und als Wachstumsträger zu Beginn des 20. Jahrhunderts von neuem erfunden und erprobt. Wie auch immer dieser Verstädterungsprozeß und seine Rahmenbedingungen entstanden sein mögen – seine „theoretische" Einführung erfuhr er im Jahre 1898, dem Erscheinungsjahr von Howards Buch *Tomorrow, a peaceful path to real reform*. Von diesem Zeitpunkt an ist es ein leichtes, den geschichtlichen Ablauf dieses Prozesses chronologisch genau abzustecken:

1904: Letchworth – erste Gartenstadt, errichtet auf der Grundlage von Howards ökonomischem Modell und erste bedeutende Verwirklichung von Unwin und Parker.

1909: Hampstead – erste Gartenvorstadt, errichtet mit dem Gestaltungsinstrumentarium von Unwin.

1919: Welwyn – erste Gartenstadt, der gleichermaßen die Theorien von Howard und die praktischen Methoden von Unwin zugrunde gelegt wurden.

Letchworth wird deshalb von der Betrachtung ausgeschlossen, weil die gleichen Produktionsmethoden, wenn auch durch frühere Erfahrungen verbessert, in Welwyn wieder aufgegriffen wurden.

Hampstead ist eine Experimentalstadt, ein Versuch, städtische Gestaltungsformen zu kodifizieren. Dieses Experimentieren wird auch Welwyn zugute kommen, insofern die weiterentwickelten Methoden hier nun systematische Anwendung finden.

Die städtebaulichen Verhältnisse in London am Ende des 19. Jahrhunderts

Zwischen 1840 und 1901 kommt es zu einer Verdoppelung der Bevölkerung Londons und zu einer Verdreifachung der Bevölkerung Groß-Londons[28]. Dieses Wachstum spricht für die Vitalität bestimmter Industriezweige in der britischen Hauptstadt, insbesondere der Bekleidungs- und Lederindustrie, es beweist aber auch die Lebenskraft des Finanzzentrums London, der Drehscheibe des Kapitalismus im 19. Jahrhundert. Auch der Hafenhandel nimmt zu, desgleichen die Attraktivität der Stadt für die Landbevölkerung. Bis 1870 ist das Wachstum Londons im wesentlichen auf Zuwanderungen aus der Provinz und aus dem Ausland zurückzuführen, also von Bevölkerungsteilen, die auf dem Land keine Arbeit finden oder, wie die Iren zwischen 1820 und 1850, durch die Hungersnot vertrieben werden. Nach 1870 hält der Zuwanderungsstrom zwar noch an, doch ist nun ein Geburtenüberschuß zu verzeichnen.

Im selben Zeitraum führt die Zunahme der Finanz- und Gewerbetätigkeit zur Abdrängung der in der City lebenden Bevölkerung an den Stadtrand. Die Vorortzone wird somit zum zwangsläufigen Wohnsitz dieser riesigen Bevölkerung (im Jahre 1901 zählt Groß-London 6 581 000 Einwohner, von denen 2 045 000 in den Vororten leben).

Bereits von der Mitte des Jahrhunderts an wird die Ausdehnung des Vorortgürtels durch die Einrichtung sehr leistungsfähiger Nahverkehrsmittel gefördert: Ab 1863 wird der Ausbau der Bahnverbindungen mit Nachdruck betrieben, wie auch später der Bau einer U-Bahn, die bald über eine einfache innerstädtische Verkehrsverbindung hinausgeht und den Aufschwung von Hampstead und Golders Green bewirken wird. Der Radius des verstädterten Londoner Raums erweitert sich so zwischen 1820 und 1914 von 5 auf 15 km. Dieses Wachstum wird teilweise durch den Bau von „Estates", das sind von Bauspekulanten geschlossen errichtete Wohnanlagen, unterstützt, die bereits in der Georgianischen Epoche als städtebauliche Entwicklungsmaßnahme entwickelt worden waren[29]: Es werden in recht systematischer Bauweise Reihenhäuser eines genau bestimmten und kodifizierten Typs errichtet, was die Anlage großer städtischer Gebiete fördert. Während die Estates der gutsituierten Vororte durchaus vornehm wirken, trifft dies für die Estates der Arbeiterviertel, die von skrupellosen Spekulanten errichtet wurden, nicht zu. Der Vorortgürtel von London wächst unerbittlich, systematisch und unheilvoll weiter.

Im Jahre 1888 werden in London mit der Bildung des „London County Council" Instrumente eingesetzt, die es ermöglichen, über die private, spekulative und philantropische Initiative hinaus wirkungsvoller[30] auf Gemeindeebene einzugreifen. In diesem Rat besteht schon zu Anfang eine sozialistische Mehrheit. Er stürzt sich denn auch gleich auf den Bau riesiger Estates. Doch trotz aller Bemühungen gelingt es dem LCC nicht, die städtebauliche Entwicklung des Vorortgürtels zu meistern.

Eine bis zum Beginn des Jahrhunderts zurückreichende leidenschaftliche Debatte unter Intellektuellen und Künstlern hatte sich auf die Stadt London und ihren Vorortgürtel konzentriert, aber das Thema Großstadt auch allgemein ins Auge gefaßt. Sie ging in die populäre Literatur und die dramatischen Beschreibungen von Dickens ein, führte zur Verherrlichung der Natur und der Schönheiten der Mittelalterlichen Stadt und veranlaßte die Essais von William Morris und der Arts und Crafts-Bewegung über Handwerk und Industriearbeit. Diese ruralistische Bewegung stützt sich auf eine bereits hundert Jahre alte architektonische Kultur. In der Tat war die ländliche Architektur, vor allem ihre Wiedererstehung in Form der Cottages, seit ungfähr 1780 von den Architekten systematisch entwickelt worden[31]. Die Arbeiterwohnung hatte von dieser Schwärmerei für das Landleben „profitiert". Man hatte sie bereits typisiert und, wie auch die Arbeitgeberwohnung, zum Gegenstand vereinzelter Experimente gemacht. Es bedurfte nur noch ihrer Einbeziehung in den ausgedehnten Verstädterungsprozeß.

Die Idee der Gartenstadt als Lösung des Londoner Problems wächst insofern auf soliden Grundlagen, und unter diesen Bedingungen kann Howard seine Schrift „Tomorrow" 1898 veröffentlichen[32], ein theoretisches und zugleich persönliches Werk, mit dem er einen speziellen Wachstumstyp, nämlich die Trabantenstadt, zur Diskussion stellt. Howards Vorschläge sind im wesentlichen ökonomischer Art, sie setzen sich mit den Problemen der Kommunalverwaltung und der Finanzierung des Städtebaus auseinander, wobei er die Gartenstadt als wirtschaftlichste und gesündeste Lösung zur Sicherung des Wachstums einer Großstadt vorstellt.

Von der Richtigkeit seiner Theorien überzeugt, leitet Howard die Verwirklichung einer ersten Gartenstadt ein. Da er sich nicht als Städtebauer ausgeben will, zieht er zwei junge Architekten, Raymond Unwin und Barry Parker, hinzu. Im Jahre 1904 beginnen in Letchworth die von einer Aktiengesellschaft finanzierten Bauarbeiten. Diese Siedlung wird zwar finanziell und städtebaulich zu einem Erfolg, ihr zukunftsweisender Wert aber wird von Howards Zeitgenossen völlig verkannt. Howard sieht sich in der Hoffnung, sein Beispiel werde sich allmählich durchsetzen, enttäuscht. Der junge Architekt R. Unwin hingegen macht sich diese negative Erfahrung zunutze und erarbeitet eine auf Stadtpläne gestützte Theorie, die er dann in Hampstead erprobt und die dem englischen Städtebau bis zum Zweiten Weltkrieg als städtebauliches Instrumentarium dienen wird.

Im Jahre 1905 tritt das Town Planning Act[33] in Kraft, das die Dichte der Baublöcke und den Bau von Wohnungen kodifiziert. Dieses Gesetz wird im Jahre 1909 in der Weise revidiert, daß den Gemeinden bei den städtebaulichen Maßnahmen mehr Befugnisse eingeräumt werden. Hierzu veröffentlicht Unwin *Town Planning in Practice*[34].

Die Gartenstadt-Bewegung und die Idee der Trabantenstädte nehmen, wie man sieht, zu Beginn des Jahrhunderts eine zentrale Stelle in der Diskussion der englischen Stadtplaner ein. Das Klima ist Forschungen und Experimenten förderlich, 1910 findet in London wie auch in Berlin und Düsseldorf eine internationale Ausstellung über Stadtplanung und Städtebau statt. Abgesehen von den Begegnungen, zu denen diese Ausstellung Anlaß gibt, wird hier nun die Stichhaltigkeit der Theorien Unwins und die Aktualität der von ihm angeschnittenen Probleme über die Grenzen hinweg bekundet und damit auch der Grund für ihre rasche Verbreitung gelegt.

Der Städtebau verfügt nunmehr über die legislativen und theoretischen Instrumente für eine verbesserte Kontrlle des Londoner Wachstums. Es wird jedoch bis zum Ende

des zweiten Weltkriegs dauern, bis man gelernt hat, diese Instrumente systematisch für die Praxis handhabbar zu machen.
Die Zeit zwischen den beiden Weltkriegen erweist sich als die entscheidende Epoche für das Wachstum der Vorstadt. Der riesige Londoner Vorortgürtel, der die durch die Wirtschaftskrise ausgelöste massive Abwanderungswelle aufnehmen wird, ist hinreichend gut strukturiert, um annehmliche und gesuchte Wohnstandorte bieten und damit attraktiv werden zu können. Unterdessen wird das Finanz- und Handelszentrum in der Innenstadt immer menschenleerer. Der Stadtentwicklungsplanung Londons bleiben nach wie vor die Probleme des Wachstums insgesamt aufgebürdet.
Die Verkehrsmittel spielen aufs neue eine entscheidende Rolle. Zunächst ist es die U-Bahn, die mit weit in den Vorortgürtel hineinreichenden Linien um jede Station herum Wachstumspole verursacht; diese Pole waren u.a. auf die Konzessionsgesellschaft zurückzuführen, die sogar Siedlungen errichtete und den zukünftigen Anwohnern ermäßigte Tarife einräumte (vgl. „metroland").
Daneben steht der Durchbruch großer Entlastungsstraßen, die das Wachstum linear strukturieren, ehemalige Marktflecken miteinander verbinden und den Vorortgürtel als charakteristische Folge von Zentren und weniger dichten Wohngebieten erscheinen lassen. Obgleich für dieses Wachstum zwei Finanzierungsarten in Anspruch genommen werden – Einsatz des durch Spekulanten bereitgestellten Privatkapitals einerseits, Investition öffentlicher Gelder durch die Gemeinden über die *Housing estates*[35] andererseits –, weist der Vorortgürtel aufgrund der genauen Bauvorschriften und der für Einfamilienhäuser fixierten Normen (Typisierung) eine beruhigende Einheitlichkeit auf. Jenseits des Vorortgürtels wird jedoch die Idee der Trabantenstadt und der Gartenstadt keineswegs aufgegeben.
Seit 1919 bemüht sich Howard verbissen um die Verwirklichung einer zweiten Gartenstadt: Es geht um die Gründung und Verwirklichung der Welwyn Garden City. Welwyn gehört zu einer Gruppe von Städten, die London ringförmig umgeben und zu Wachstumsträgern werden sollten. Dank ihrer guten Anbindung an die Hauptstadt durch die Eisenbahn gewannen diese Städte eine gewisse produktive Autonomie.
Die besondere Bedeutung von Welwyn liegt darin, daß sich hier die Idee der Trabantenstadt, Howards Idee einer Gartenstadt (Selbstverwaltung, Verbindung zum Land) und die gestalterische Umsetzung der Vorstellungen Unwins überlagern. Unwins Ziel ist eine von anderen zu vollziehende systematische Gestaltung. Konkret wurde allerdings nur ein Teil seiner Ideen verwirklicht: Weder die damalige Geisteshaltung noch die Technik waren darauf vorbereitet, Unwins Vorstellungen voll und ganz übernehmen zu können. Die von der Privatwirtschaft oder von Gemeinden im Umland von London errichteten 25 Gartenstädte sind sämtlich mehr oder weniger von dieser Einschränkung geprägt. Dennoch münden die Experimente nach 1945 in die Politik der Neuen Städte und Grüngürtel.

Hamstead Garden Suburb

Hampstead ist heute integraler Bestandteil des Londoner Vorortgürtels. Da die umliegenden Gartenvorstädte im Wachstum aufgeholt haben und Hampstead selbst sich stark erweitert hat, läßt sich das experimentelle Kerngebiet von Unwin und Parker heute nur noch mit Mühe aus dem Gesamtgefüge herauslösen. Verläßt man die Londoner Innenstadt (Marble Arch) in Richtung Hatfield, um anschließend auf der Finchley Road (eine Fortsetzung der Wellington Park Avenue) nach Oxford weiterzufahren, so ist inmitten einer Aufeinanderfolge von dichten Geschäftszentren und Wohngebieten das Tor zu erkennen, das die Einfahrt von Hampstead markiert: zwei symmetrische Gebäude als malerische Replik mittelalterlicher Bauten, vom Rathaus (Wahrzeichen) bis zum befestigten Tor.

Die Gartenvorstadt Hampstead verdankt ihre Existenz sowohl der historischen Gartenstadt-Bewegung als auch dem Wirken von Henrietta Barnett. Henrietta Barnett war die reiche Erbin einer Kosmetikfirma. Als Gattin des Pastors Canon Barnett verbringt sie 30 Jahre ihres Lebens unter den Armen in Whitechapel; während dieser Zeit gründet ihr Mann mehrere Wohltätigkeitseinrichtungen. Im Jahre 1896 erfahren Henrietta und Canon Barnett vom Projekt einer Erweiterung der U-Bahn bis Golders Green und von der Einrichtung einer Station im Norden des Parks von Hamstead Heath, in unmittelbarer Nähe ihres Landsitzes. Anfang 1905 kauft Henrietta Barnett dem Eton College ein Grundstück von 80 Morgen ab und schenkt es dem LCC zur Anlage einer öffentlichen Grünfläche.

Die Jahre, die Henrietta Barnett in wohltätigen Kreisen verbrachte, hatten sie zu der Auffassung gebracht, daß jedes Gemeinwesen auf Nachbarschaftsbeziehungen und einer Vermengung der sozialen Klassen beruhen müsse. Sie träumt von einer idealen Gemeinschaft. Sie liest einen oder mehrere Artikel von Raymon Unwin, trifft mit ihm in Letchworth zusammen und diskutiert ihr Gemeinschaftsprojekt mit ihm. Sie erbittet von Unwin einige Entwürfe (Plan Raymond Unwins vom Februar 1905) und kauft dann vom Eton College zwei weitere Grundstücke, um den Bau der Gartenvorstadt zu ermöglichen. Sie gründet am 6.3.1906 den Hampstead Garden Suburb Trust unter Auflage folgender Regelungen:

1. Personen aller Gesellschaftsschichten und Einkommensstufen können sich hier niederlassen; Behinderte sind willkommen.
2. Auf einem Morgen Land sind im Durchschnitt nur 8 Cottages und Häuser (20 Wohnungen pro Hektar) unterzubringen.
3. Die Straßen haben eine Breite von 40 Fuß (13,2 m), die Fassaden der Häuser einen Abstand von mindestens 50 Fuß (16,5 m) voneinander; dazwischen liegen Gärten.
4. Die Parzellen werden nicht durch Mauern, sondern durch Hecken, Büsche oder Drahtzäune voneinander getrennt.
5. Alle Straßen sind mit Bäumen zu säumen, deren Farben mit denen der Hecken möglichst in Einklang stehen sollen.

R. Unwin und B. Parker: Hampstead Garden Suburb
Erster Plan für die Gartenvorstadt (Februar 1905).
*Die Anordnung der Gebäude, insbesondere um Hampstead Heath, ist so geplant,
daß von jedem Punkt die beste Aussicht auf den Park gewährleistet ist*

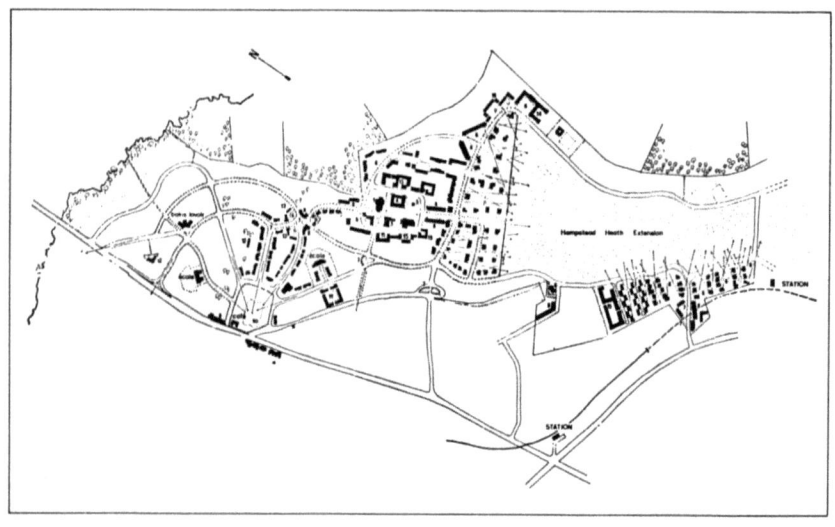

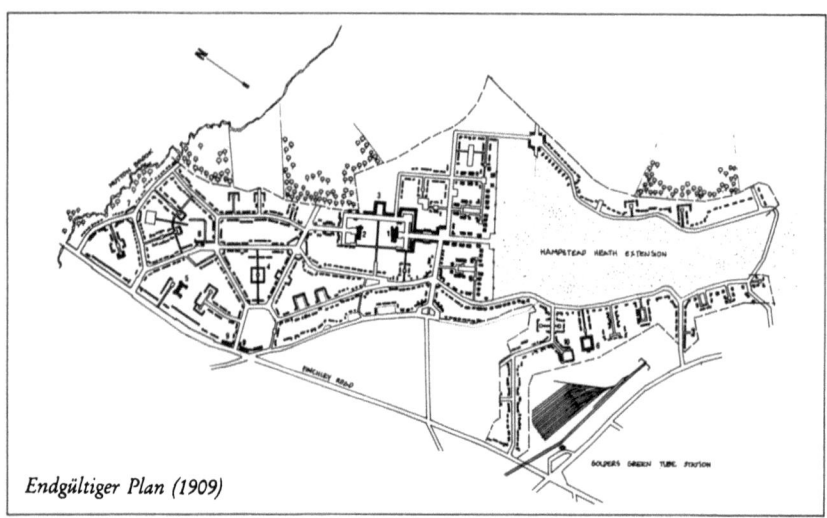

Endgültiger Plan (1909)

6. Waldstücke und öffentliche Gärten stehen allen Einwohnern, ohne Rücksicht auf die erhobene Miete, unentgeltlich offen.
7. Jeder Lärm ist zu vermeiden, auch das Glockenläuten der Kirchen und Kapellen.
8. Es sind Niedrigmieten vorzusehen, damit auch die wöchentlich entlohnten Arbeiter in der Vorstadt wohnen können.
9. Die Häuser sind in der Weise zu konzipieren, daß sie einander nicht die Aussicht verstellen oder sich gegenseitig in ihrer Schönheit beeinträchtigen.

Henrietta Barnett ernennt Raymond Unwin und Barry Parker zu Chefarchitekten und Edwin Lutyens zum beratenden Architekten.

Da Hampstead nur 8 km vom Londoner Zentrum entfernt liegt, war seine Verwirklichung als Gartenvorstadt durch die für den Vorortgürtel geltenden Rechtsvorschriften äußerst gefährdet. Während die vorangegangenen Verwirklichungen Unwins, nämlich Letchworth und zuvor New Earswick für die Familie Rowntree, weit draußen auf dem Land keinen Verwaltungsvorschriften unterworfen waren, hatten sich in dem von Cadbury im Vorortgürtel von Birmingham errichteten Bourneville erhebliche Schwierigkeiten ergeben. Daher legte Henry Vivian im Namen des Hampstadt Garden Suburbs Trust dem Parlament im Jahre 1906 einen Gesetzentwurf als Änderungsvorschlag vor. Dieser Entwurf wurde angenommen und als Hampstead Garden Suburb Act verabschiedet. Dessen Prinzipien wurden im übrigen wieder aufgegriffen, als es – unter Beteiligung von Unwin – um die Grundzüge des Housing and Town Planning Act von 1909 ging.

Raymond Unwins Entwurf vom Februar 1905 trägt dem Wunsch von Henrietta Barnett Rechnung, „... von jedem Punkt der Vorstadt einen Rundblick oder einen Einblick in das umgebende Land zu gewähren". Die meisten Häuser sind daher um den Park von Hampstead gruppiert und in der Weise angeordnet, daß Sicht auf den Park möglich ist[37]. Während Unwin die meisten übergeordneten Infrastruktureinrichtungen in einem dichten Zentrum konzentriert, bilden die Einrichtungen der Stadtviertel jeweils kleine lokale Zentren. Der Entwurf kommt jedoch nicht über das Stadium der Lokalisierung hinaus, weil Unwin unentschieden zwischen seinen eigenen Theorien und den Wünschen seiner Klientin laviert.

Der Plan von 1909

Nach einigem Hin und Her einigt man sich auf einen neuen Plan. Die Gesamtlage ist nun viel stärker strukturiert. Die Grundthemen Unwins treten zutage: eine übergreifende Struktur, ein dichtes Zentrum und vielfältig gestaltete Wohngebiete; es gibt eine Hierarchie des Raums und eine Definition der Grenzen, da ist einmal der Park von Hampstead als Pufferzone zum Londoner Stadtrandgebiet, dann die Mauer zwischen Park und Stadt, schließlich die recht deutliche und spezifische Markierung der Einfahrten. Über diese Hauptstruktur hinaus werden bei der Behandlung der Details

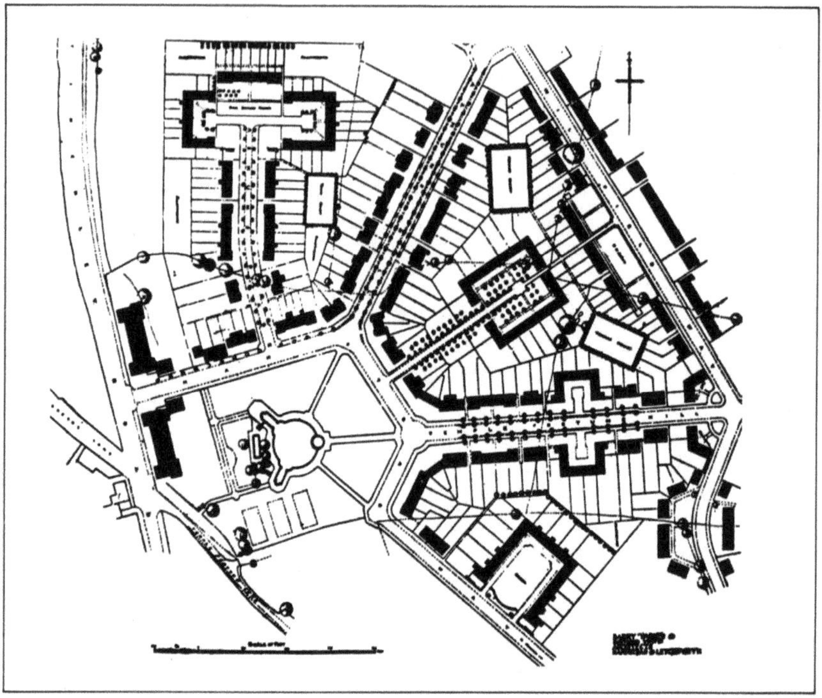

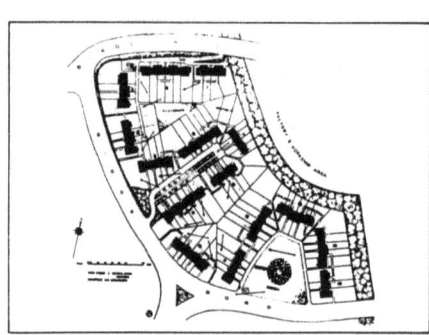

R. Unwin: Die Rolle der Aussicht
bei der Entstehung des Wohnhofs

*Oben: Hampstaed,
Zufahrtsplatz an der Finchley Road
Darunter: Letchworth,
der Landsitz Bird's Hill*

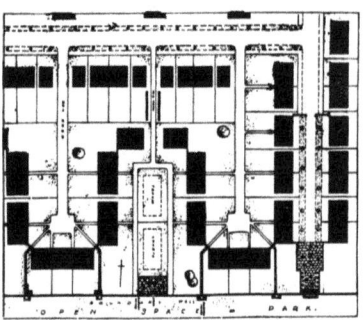

*Theoretischer Plan,
der die Möglichkeit aufzeigt,
durch eine besondere Anordnung
die Aussicht auf einen Freiraum
oder einen Park für eine große Anzahl
von Häusern zu gewährleisten
(nach ‚Town-Planning in Practice')*

dem Malerischen mehr Zugeständnisse eingeräumt (Zugeständnisse, die die Unterschiede zwischen den Analyse- und den Projektierungsebenen geradezu ausspielen). Hampstead ähnelt so einem Katalog malerischer Gestaltung. Die Vielfalt der Behandlungsarten und die verschiedenen Auffassungen, mit denen die Architekten die Pläne umsetzen, zeugen vom Leitgedanken Unwins, daß allein schon das Vorhandensein unterschiedlicher und hierarchisierter Struktur- und Auslegungsebenen ein Beweis für städtische Realität sei. Unwin stützt sich auf die Analysen mehrerer europäischer Stadtstrukturen und schreibt präzise Regelungen vor: eine klare Gesamtstruktur, die aus dichten und leicht erkennbaren Zentren und morphologisch differenzierten Vierteln besteht, eine Begrenzung und Schranke für das städtische Wachstum, eine Achse, ein Hauptanziehungspunkt (ausnahmsweise eine Einfahrt usw.), schließlich ein mehr malerisches Ortsbild, wobei auf dieser Stufe die Vorstellungen von Camillo Sitte wieder aufgegriffen werden.
Der Plan von 1909 wurde in seiner Gesamtheit verwirklicht. Aufgrund der Finanzierungsprobleme geriet jedoch die projektierte Sozialsiedlung zu einem vornehmen Wohnquartier[38]. Wenngleich diese Diskrepanz aus der bloßen Planlektüre vielleicht nicht ersichtlich ist, so bestimmt sie doch entscheidend den Gesamteindruck des Besuchers und den Alltag der Bewohner Hampsteads.
In der Folge hat sich Hampstead in nordöstlicher Richtung kräftig weiterentwickelt und ist über den ursprünglichen Plan hinausgewachsen. Hier ist der systematische Einsatz von Unwins Instrumenten festzustellen: Wohnhof, Versetzungen, Staffelungen ... das Malerische wird jedoch erheblich reduziert, wodurch das System an Maßstäblichkeit gewinnt.
Allerdings führt die latente klassische Monumentalität am Central Square, einer Dreiwege-Kreuzung, zu einer majestätischen Komposition, was angesichts des Maßstabs der kleinen Reihenhäuser, die diese Komposition säumen, lächerlich wirkt. Dafür aber wurden deutlich alle Bezüge zum Achsenverlauf und zur Symmetrie des Central Square aufgenommen. Zweifellos werden hier die unterschiedlichen Konzeptionen von Unwin und Lutyens sichtbar.

Heathgate: vom Park zum Zentrum

„... Viele alte Städte verdanken ihre außergewöhnliche Schönheit den Schutzwällen oder Mauern, die sie umschließen; der begrenzte Raum zwang zur sorgfältigen Nutzung jeden Meters bebaubaren Bodens; viele malerische Effekte, die diese Städte bieten, sind nur darauf zurückzuführen. Diesem Umstand ist auch das Fehlen von nur halbwegs bebauten und unregelmäßigen vorstädtischen Gebieten zu verdanken, die einen so häßlichen und bedrückenden Gürtel um die modernen, sich entwickelnden Städte bilden." Raymond Unwin fügt hinzu: „... es müßte auf reizvolle Weise eine Linie geschaffen werden, bis zu der sich Stadt und Land jeweils ausdehnen könnten

Hampstead Garden Suburb: Central Square
Zeichnung von E. Lutyens

Kataster von 1975, der über die Grenzen des ursprünglichen Plans hinaus die Dreiwegekreuzung in Fortsetzung der klassischen Komposition des Platzes zeigt

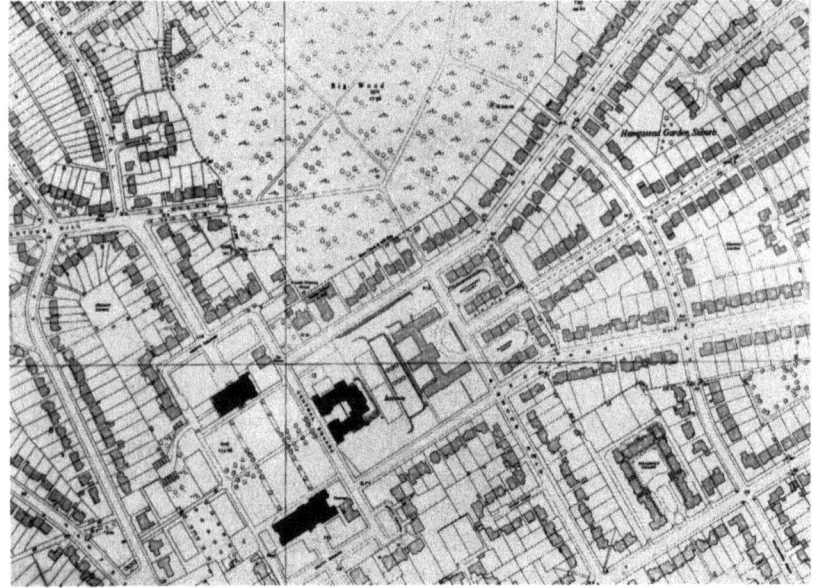

bzw. im Wachstum deutlich aufgehalten würden." In Hamstead verläuft eine lange Mauer zwischen Park und Stadt. Hier beginnt und endet die Stadt. Diese symbolische Nachbildung der Befestigung ist die steinerne Allegorie der Notwendigkeit einer Grenze oder Schranke. Hier wird ganz klar der Unterschied zwischen Stadt und Land formalisiert. Und wenn es auch nur eine Allegorie ist (nicht die Mauer, sondern die Parksatzung gebietet der Stadt Einhalt), so verweist doch die so geschaffene Zone auf Spaziergänge in den Boulevards oder Befestigungsanlagen. Die Botschaft ist klar und deutlich.

Entlang der Mauer verläuft eine mit Bäumen bepflanzte Allee, ein letzter Übergriff der Stadt auf das Land. In dieser mehrdeutigen Zone, wo man nicht weiß, ob man sich drinnen oder draußen befindet, präsentiert die Stadt ihre Struktur und das Land seine Bäume.

Vom tiefer gelegenen Park aus ist die Stadt durch ein Tor zu betreten. Einige Stufen, ein Vorplatz, eine Vertiefung und eine Einengung – und Heathgate ist erreicht. Sorgfältig bedachte Straßenführung und Platzfolgen. Vom Tor bis zum Central Square schließlich: eine subtile Skala von Rücksprüngen und versetzten Gruppierungen mit der Kirche von Lutyens als Achsenabschluß.

Eine Stadt wie ein Garten: Hampstead Garden Suburb
Die Umfassungsmauer des Parks

Heathgate stellt somit einen reizvollen Beleg für die Theorien Unwins dar: Die Stadt als Ganzes sehen (Grenze, Schranke, Tor, Achse ...) und malerische Detailbehandlung.

Zum Central Square hin nimmt die Baudichte zu: Häuserreihen, durchlaufende Fassaden; die Zentralität unterliegt eigenen morphologischen Gesetzen: ein Spiel mit Unterschiedlichkeiten, geschichtlicher Tradition; das außergewöhnliche Aussehen des Zentrums verrät Lutyens Einfluß: Die Behandlung des Platzes hat einen klassizistischen Beigeschmack (mit der Kirche entrinnt er jedoch nicht dem malerisch-mittelalterlichen Vorbild – sie wird zu einer romanischen „Arts and Crafts". Zur Hierarchisierung der Gestaltung: Die Gesetze der Stadtgestalt decken sich nicht mit denen der lokalen Gestaltung.

Abgesehen vom pädagogischen Bravourstück Heathgate mit Central Square, erweist sich Hampstead als ein Katalog von Lösungen vor allem zweier Probleme: Straßenführung und Einheitlichkeit der Nachbarschaft – für beides bietet der Wohnhof eine formale Antwort.

Der Versuch, das erste Problem systematisch zu beantworten, ist von Camillo Sitte angeregt: Die Anlage der Straßen, Plätze und Kreuzungen ist stets dem Gesetz des Malerisch-Mittelalterlichen zu unterwerfen, wonach ein Ausblick immer begrenzt und ein entsprechender Abschluß signifikant sein muß.

Der Wohnhof ist die Gruppierung von Häusern um eine Sackgasse. Diese Sackgasse mündet im allgemeinen in eine Straße; auch die zur Straße gelegenen Häuser, die den Anfang oder den Abschluß des Wohnhofs bilden, sind als dessen Teil anzusehen. Auf der Grundlage dieses so festgelegten Musters sind unendlich viele Varianten von Wohnhöfen möglich; Hampstead erscheint als ein konkreter Typologisierungsversuch, zumindest aber als ein Versuch der Gestaltgebung.

Der besondere Raum eines Wohnhofs oder die Besonderheiten des Wohnhofs

Die systematischen Experimente Unwins an *Wohnhöfen* in Hampstead führten zu einer großen Anzahl von Variationsmöglichkeiten dieses speziellen Systems von Baublöcken. Die Spannweite reicht von Waterloo Court, einem sehr geschlossenen und einheitlichen Wohnhof, bis zum komplexeren Wohnhof, Asmuns Place, an der Grenze zwischen Straße und Sackgasse.

Von den drei Wohnhofprojekten, die der Architekt Bailly Scott realisiert hat, präsentiert sich Waterloo Court als eine einzige bedeutende Verwirklichung eines geschlossenen Hofes in Hampstead. Er wird aus den zu einem einzigen Gebäude zusammengeschlossenen Häuserreihen gebildet. Dieser einen Hofraum begrenzende Komplex ist indes eher ein Rückgriff auf Bauformen der ländlichen Architektur denn die Neugestaltung eines Baublocks.

Hampstead:
Vom Park zum Central Square,
die Sequenzen von Heathgate

*Die aufgelockerte Anordnung
der Gebäude, die den Straßenraum
nicht wirklich bestimmen,
beeinträchtigt
die Intentionen des Plans.*

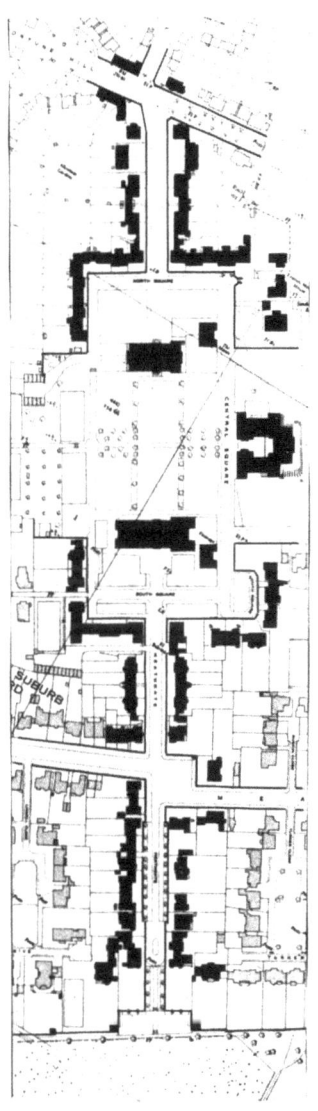

*Die Subtilität der Markierungen
und die stufenweise
Zurücknahme
der Fluchtlinien verschwindet
im Grünen.
Der Garten hat die Stadt
ausgemerzt*

R. Unwin: Typologische Variationen
zum Thema Wohnhof

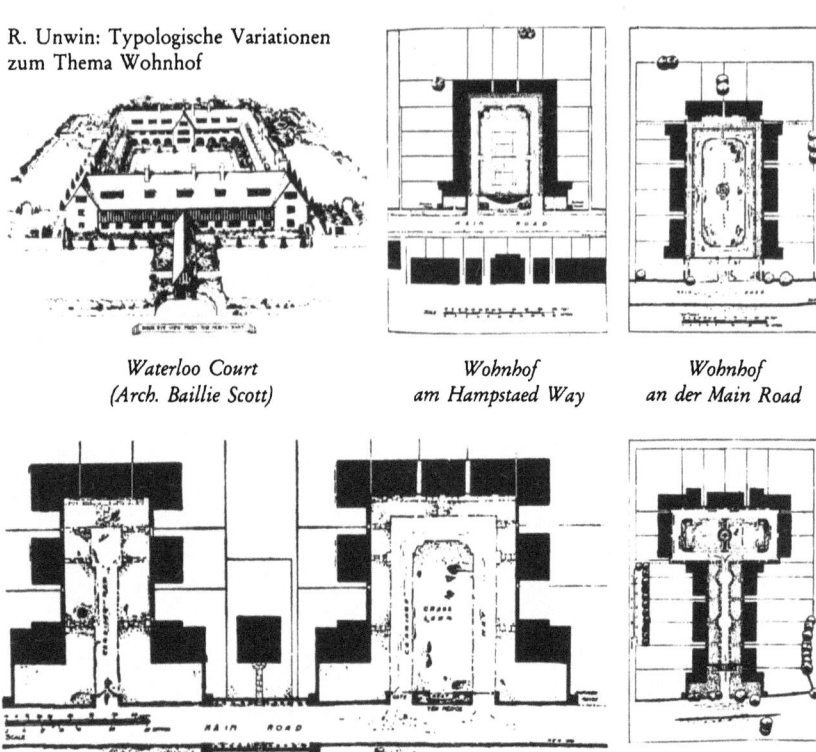

*Waterloo Court
(Arch. Baillie Scott)*

*Wohnhof
am Hampstaed Way*

*Wohnhof
an der Main Road*

Verbundener Wohnhof an der Main Road (Morland Close und Romney Close) und: Nicht ausgeführter, T-förmiger Wohnhof, dessen Grundprinzip in Asmun Place wieder aufgegriffen wird (aus: ‚Town-Planning in Practice')

Die von Unwin erprobten und veröffentlichten Anordnungen bilden die Gestaltungsmittel für englische Vororte bis zum II. Weltkrieg

Der Wohnhof am Hampstead Way präsentiert sich als ein auf drei Seiten von Gebäuden begrenztes Rechteck. Die beiden Häuser, die die zur Straße gekehrten Seiten abschließen, sind um 90 Grad gedreht, um den Wohnhof zu öffnen und die Seiten zu versperren. Auf der gegenüberliegenden Straßenseite wird der Wohnhof durch eine besondere Gruppierung von 10 Häusern signalisiert (drei Häuser, ein alleinstehendes Haus, zwei in der Achse des Wohnhofs mit einem leicht vorspringenden Teil, dann ein alleinstehendes Haus und wiederum drei Häuser). Dieser Wohnhof zeigt einen zur Straße geöffneten Innenhof als Variante zum Thema „Bauernhof", das für Waterloo Court aufgegriffen wurde.

Diese Variationen setzen sich in einem nicht verwirklichten Wohnhof fort: das gleiche, auf drei Seiten geschlossene Rechteck, wobei die Häuserreihe jedoch nicht mehr kontinuierlich durchläuft, sondern aus Gruppen von jeweils zwei zusammengestellten Häusern gebildet wird. Im Morland Close und im Romney Close wird das Rechteck dann immer unschärfer, doch stellt hier eine Mauer zwischen den Häusern die Kontinuität der Hoffassade her, bewahrt somit den Gegensatz zwischen dem vorderen und rückwärtigen Raum. Auch durch das Bild des Innenhofs hindurch wird die architektonische Beziehung aufrechterhalten[39].

Es folgt eine Typenvariante, bei der das Rechteck zugunsten der T-Form aufgegeben wird. Ein gleiches, allerdings nicht verwirklichtes Projekt zeigt, von der Straße her gesehen, zwei L-förmige und von der Straße zurückgesetzte Häuser. Dadurch ist die Anlage eines kleinen Platzes und einer Einfahrt in der entstandenen Verengung möglich. Sechs Gruppen von paarweise zusammengestellten Häusern bilden dann eine Straße, die in einen rechteckigen, auf drei Seiten von paarweise zusammengestellten Häusern begrenzten Hof einmündet. Eine zwischen den Häusern verlaufende Mauer wahrt die Kontinuität des Wohnhofs. Dieser Typ des Wohnhofs – viel länger als die vorangegangenen Beispiele – scheint dem Hofraum ein Mehr an privater Sphäre zu verschaffen, da der Innenraum beträchtlich von der Straße zurückgesetzt ist.

Asmuns Place stellt sich als Variante dieses Typs dar. Zur Straße hin (dem Hampstead Way) signalisiert ein Zurückweichen der Häuserreihe den Wohnhof. Die Sackgasse steigt leicht an und macht nach zwei aneinandergestellten Häusern einen kleinen Knick. Erst dann betritt man wirklich den Wohnhof. Der senkrechte Teil des T wird von zweimal zehn Häusern gesäumt, die in zwei Gruppen von jeweils sechs bzw. vier Häusern zusammengefaßt sind. Die Unterbrechung in der Reihe weist auf den Innenhof hin, dem die letzten zwei mal vier Häuser zugewiesen werden. Dies führt zum rückwärtigen Teil des Wohnhofs in Form eines dreiseitig eingefaßten Rechtecks, wobei die der Einfahrt gegenüberliegenden Seite zurückgesetzt ist. Eine Mauer wahrt hier die Kontinuität der Fassade. Diese Fassade scheidet zwei Räume voneinander: den vorderen, zur Sackgasse liegenden Raum und den rückwärtigen Raum, der beim bloßen Vorübergehen nicht eingesehen werden kann.

Der vordere Raum: Die Sackgasse ist, wie bereits der Name besagt, ein Ort, den niemand zufällig durchquert, denn er führt ausschließlich zu privaten Örtlichkeiten. Die-

Hampstaed:
Asmun Place
*Plan des Wohnhofs,
veröffentlicht
von R. Unwin
in ‚Town-Planning
in Practice'*

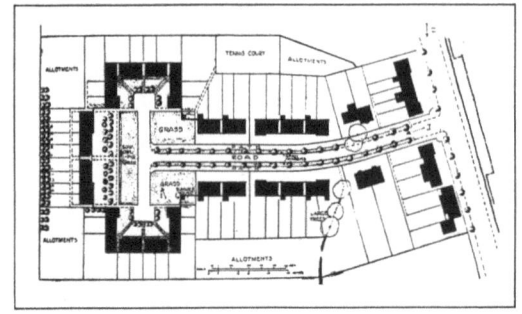

*Schematischer Schnitt
senkrecht zur Straße;
die Anordnung
unterstreicht klar
den Gegensatz
zwischen Vorder-
und Rückseite*

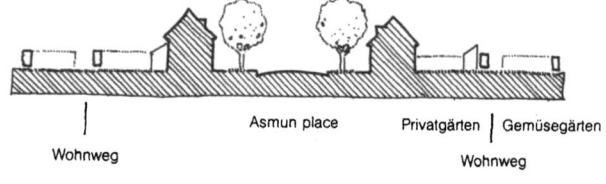

*Schematischer Schnitt
auf der Straßenachse,
der den Einschnitt
zeigt, der auf der
Rückseite durch den
gemeinsamen Durchgang
zwischen den Cottages
und ihren Gärten
entsteht*

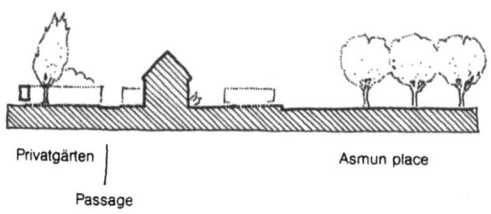

*Eingang
der rückwärtigen
Durchgänge*

*Das Innere des Wohnhofs
während des Baus*

se Einschränkung, die die Straße auf einen Erschließungsweg reduziert, ist ein spezifischer Unterscheidungsfaktor dieses vorderen Raums: Er ist den Anwohnern eigen und verweist auf keine andere übergeordnete Ebene. Man könnte versucht sein, diesen Raum als halb-öffentlich zu bezeichnen, weil die Öffentlichkeit, die ihn nutzt, auch dort wohnt. Gleichwohl ist innerhalb dieses vorderen Raumes eine weitere Unterscheidung zu treffen: zwischen Straße und Bürgersteig einerseits und dem in direktem Kontakt zum Haus stehenden Raum andererseits. Für einen Streifen in Parzellenbreite ist der Bewohner selbst verantwortlich. Doch ist es einer Eigentümlichkeit der englischen Kultur zuzuschreiben, daß nur schwer zu ermitteln ist, wo das einzelne Grundstück beginnt und wo es aufhört. Es besteht eine Globalaneignung, eine Aneignung also, die diesen vorderen Raum in einen gemeinsamen Garten verwandelt, in dem subtile Markierungen zu erkennen geben, wo man wohnt. Diese Sozialisierung der Aneignung ist nicht überall verbreitet und richtet sich nach den Wechselfällen und Wandlungen in der komplexen Geschichte der sozialen Gruppe, die die englische Kultur kennzeichnen. Der vordere Raum ist der blumenreiche Schauplatz, wo das geschulte Auge die Geschichte der Verständigungen und Zerwürfnisse innerhalb dieser Gruppen abzulesen vermag.

Der rückwärtige Raum: Die rückwärtigen Gärten sind zumeist deutlich vom vorderen Bereich abgesondert. Manche Gärten sind nur über die Häuser zugänglich; bisweilen ist es auch möglich, über einen kleinen Weg, der zu den Gemüsegärten führt (die an die Stelle der früheren Tennisplätze getreten sind), nach hinten in den Garten zu gelangen oder sogar zwischen Haus und Garten hindurchzugehen.

Im ersten Fall ist der Weg durch ein kleines Tor in der Mauer zugänglich (Privatisierung des Ortes); dieser Weg ist von hohen Hecken umgeben, die gelegentlich von einer kleinen Pforte unterbrochen werden; die Gärten sind durch Hecken voneinander getrennt. Die Differenzierung vorderer Teil/rückwärtiger Teil ist hier leicht zu erkennen: zum Trocknen aufgehängte Wäsche, kleine Schuppen, ein Abstellplatz mit altem Gerümpel, eine Gartenecke mit einem kleinen Rasenstück für Tisch und Stühle. Im vorderen Raum, dem der Sozialisierung, vereinigen sich alle familiären Funktionen des Gartens. Das Schema ähnelt dem, das in den Arbeiten der I.S.U. für Frankreich über das Wohnen in Einfamilienhäusern beschrieben ist[40], unterscheidet sich davon aber insofern, als der vordere Teil weniger auf einen Raum privater Repräsentation als auf einen Raum kollektiver Repräsentation verweist.

Im zweiten Fall erhalten die rückwärtigen Gärten durch einen hinteren Durchgang, der die Gärten durchquert, ein kollektives Gepräge. Die Aneignung ist unauffälliger und zumindest gemeinschaftlichen Regelungen unterworfen. Im übrigen fällt auf, daß die kleinen vorderen Parzellenstücke viel stärker privat geprägt sind als die Häuser mit privaten Rückgärten. Somit verweisen diese Beobachtungen alle auf die Beziehungen zwischen den unterschiedlichen Räumen und auf die unterschiedlichen Praktiken dieser Räume. Wenn auch der Wohnhof die Straße als öffentlichen Raum, als Raum vor dem Wohnblock leugnet, so eignet ihm doch wenigstens der für den traditionellen

Baublock geläufige Gegensatz vorne/rückwärtig, selbst wenn der vordere Teil hier nicht auf die Straße, sondern auf eine „Nachbarschaftsgemeinschaft" verweist. Dem räumlichen Gegensatz, der sich in einer häuserverbindenden Mauer und einer subtilen Folge von Zugängen zu den rückwärtigen Wegen ausdrückt, entspricht ein Gegensatz in den Praktiken. Hält man an dieser Hypothese fest, dann wird deutlich, wie in dieser Gruppierung der rückwärtige Weg insofern eine Umkehrung des Schemas bewirkt, als der angeeignete Raum nun im vorderen Teil des Wohnhofs liegt und die Gärten den Repräsentationsraum bilden. Ein neutraler öffentlicher Raum gewährleistet, daß der *Wohnhof* das Gepräge eines zusammenhängenden Komplexes erhält.

Welwyn Garden City

Welwyn liegt 22 km von London entfernt direkt hinter Hatfield New Town und ist auf der A 1 in nördlicher Richtung zu erreichen. An das Bahnnetz angeschlossen (Bahnhof King's Cross Station in London), gehört Welwyn zum Kranz der Neuen Städte, mit denen die Stadtentwicklungsplanung von Groß-London das Wachstum der englischen Hauptstadt unter Kontrolle bringen wollte.
Nach dem I. Weltkrieg starteten Howard und seine Freunde Osborn, Purdom und Taylor[41] einen Feldzug für die Gründung neuer Gartenstädte, die diesmal von der Regierung finanziert werden. Die Argumentation dieser Kampagne gründet auf dem Erfolg von Letchworth (1904) sowie auf der Notwendigkeit einer zügigen Herstellung von Wohnungen rund um London. Im Jahre 1919 genehmigte das Parlament die Kredite für den Wiederaufbau als Rahmen für die künftige Finanzierung der neuen Gartenstädte. Aber das Ministerium war zwar von der Notwendigkeit überzeugt, möglichst viele Häuser zu bauen, zeigte jedoch kein Interesse für die Gartenstädte.
Da es für Howard feststand, daß der Bau einer zweiten Gartenstadt eingeleitet werden müsse, ohne auf die Hilfe des Staates zu warten, begann er im Spätsommer 1919, die notwendigen Grundstücke aufzukaufen. Mit Hilfe von Freunden erwarb er 1 458 Morgen zum Preis von 51 000 £. Da dieses Gelände nicht zu genügen schien, gründete er am 15. Oktober 1919 die Aktiengesellschaft Second Garden City Limited, die es ihm ermöglichte, das noch fehlende Gelände, insbesondere Sherrards Woods, zu erwerben.
Am 29. April 1920 wird die Welwyn Garden City Limited mit einem Aktienkapital von 250 000 £ gegründet, deren Aktien im wesentlichen an Industrielle verkauft werden. Crickmers entwirft den ersten Plan, doch Howard zieht es vor, ein von der Gesellschaft abhängiges Baubüro zu gründen. Er ernennt Louis de Soissons, einen jungen Architekten, der unter den Talenten der jungen Generation an der Spitze steht, zum Chef-Architekten. Der Bau beginnt unmittelbar darauf. Die Straßen- und Wegenetzarbeiten werden auf den schon vorhandenen Wegen durchgeführt, die breite Allee sowie einige andere Straßen werden neu trassiert, das Industriegebiet wird erschlossen.

Die ersten Häuser für die Arbeiter, errichtet im Rahmen des Addison Act von 1919 werden Weihnachten 1920 bezogen. Im November 1922 folgen 20 Häuser, weitere 95 Häuser im Mai 1924 usw.[43], für die der Housing Act von 1921 den größten Teil der Finanzierung sicherstellt[43].

Der Gesamtplan

„... Wenn der Planer über das Gelände wandert, für das er sein Projekt entwirft, wird er sich selbst ein Bild davon machen, in welcher Weise das natürliche Wachstum der Stadt ... vor sich gehen wird, wenn sie sich über dieses Gebiet hin ausdehnt. Er wird sich die Richtung zu vergegenwärtigen suchen, welche die Hauptbahnlinien unvermeidlich nehmen werden, welche Teile des Gebiets besonders anziehend für das Wohnen sein werden, für die Errichtung von Wohnvierteln, die ihrerseits Anlaß geben werden zur Entwicklung von Läden, Geschäftshäusern oder Industrien ... allmählich wird in seinen Gedanken ein Bild des zukünftigen Gemeinwesens entstehen mit seinen Bedürfnissen und Zielen ..." (Raymond Unwin).
Diese Einstellung gegenüber dem Grund und Boden als Träger von Elementen, die das Wachstum zu strukturieren vermögen, kommt in Welwyn recht deutlich zum Ausdruck. Sie zeigt sich zunächst in der Nutzung vorhandener Wege wie Handside Lane und Bridge Road – anfangs nur beschotterte Feldwege –, an denen die ersten Bauten angesiedelt werden (historisch getreue Nachbildung des Wachstums), oder in der Verwendung bestimmter Bäume, wie z.b. der beiden Bäume, die die Achse von Guessen Walk abschließen, oder in der wundervollen Kastanie, um die der von Louis de Soissons entworfene Quadringle gestaltet wird. Vor allem aber ist es eine umfassende Untersuchung des gesamten Geländes, die die jeweiligen Standorte von Wohn- und Industriegebieten bestimmt und schließlich auch den Bogen der Eisenbahnlinie, der Louis de Soissons zu seinem meisterlichen Achsenaufbau verhilft[44].

Der Begriff des Stadtteils

Schon aus der einfachen morphologischen Analyse des Plans werden die Unterschiede zwischen den Stadtteilen ersichtlich: das dichtbebaute Geschäftszentrum mit einer orthogonalen, maschenförmigen Gliederung; das Verwaltungszentrum als Zugang zur Monumentalachse; der Bahnhof, der den Eindruck von Breite mit einer in die Stadt eindringenden Straße vermittelt; die Wohnviertel, Stadtteile mit freistehenden Häusern, die dem Instrumentarium Unwins entsprechend in Form von Wohnhöfen gruppiert sind; nicht zuletzt die Ausformung optischer Sequenzen. Die Lektüre des Plans von einem der vier Gebiete, der die Bahnlinie in Welwyn besonders deutlich zeigt, macht auch das Ganze vorstellbar: Dieses Gebiet entpuppt sich dann als Zentrum, dar-

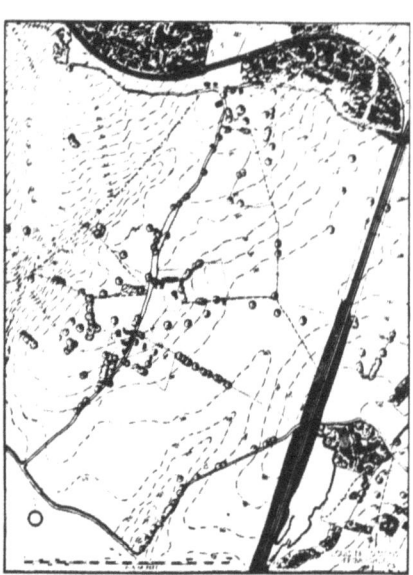

Welwyn Garten City:
Die Berücksichtigung des Standortes
im Plan von Louis de Soissons

*Das ursprüngliche Gelände zeichnet
sich aus durch den Einschnitt
der Eisenbahn im Osten, den Bruch
in der Oberflächengestaltung im Westen,
die Wälder und den Kreisbigen-
abschnitt der Straßen im Norden.
Ein Weg führt zu zwei Bauernhöfen*

an schließen sich ein Industriegebiet und zwei weitere Wohngebiete am Stadtrand an. Die Vorstellung von einer Hierarchie ist auch hier befolgt, allerdings um den Preis eines mehr oder weniger trennend wirkenden Plans: Die große Idee einer Gemeinschaft verschwindet zugunsten der Effizienz urbaner Logik.

Schranke, Grenze, Absperrung

Wie in Hampstead ist auch hier die Stadt abgegrenzt. Der Übergang vom Land zur Stadt vollzieht sich über spezifisch gestaltete Zugänge: eine Baumreihe, die die Nähe

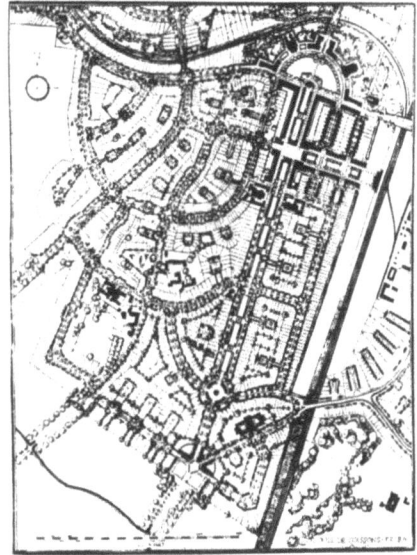 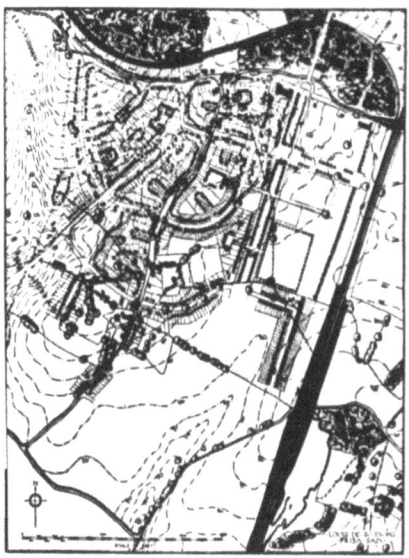

Der Plan von Louis de Soissons. Die große Komposition im Stil der ‚Beaux-Arts', geprägt durch die Sequenz Stadttor/Rondell/ Parkway/Zentrum, die im Osten zum Bahnhof zurückführt, verbindet sich den Prinzipien Unwins entsprechend mit der malerischen Anlage der Nebenstraßen und Wohnhöfe. Der Verlauf der früheren Wege, die Baumreihen und die Gebäude wurden erhalten und in die Gartenstadt eingegliedert

Die Verwirklichung im Jahre 1924. Vom Beginn der Bautätigkeit an wird die Unfähigkeit offenbar, das Zentrum zu behandeln wie auch das Abgleiten von der Hauptachse, die immer noch nicht die strukturierende Rolle spielt, die ihr die ursprüngliche Komposition zugedacht hatte

bewohnter Stätten ankündigt, ein Platz und dichte Bebauung, die die Stadt signalisieren. Louis de Soissons setzt systematisch die Instrumente der Stadtgestaltung ein, die Unwin in Hampstead erprobt hatte. Um eine Häufung malerischer Effekte und willkürliche Versuche mit Wohnhöfen zu vermeiden, schichtet er zwei Vorstellungen von der Stadt übereinander: die Idee der „mittelalterlichen" Stadt mit ihrer großen Vielfalt und die der „klassischen" Stadt mit ihrer Strenge und beruhigenden Einheitlichkeit. Diese Überlagerung führt zur notwendigen Hierarchie zwischen Zentrum und Wohnvierteln. Das südwestliche (am Bahnhof gelegene) Viertel formalisiert ganz deutlich dieses Zusammenspiel von zwei urban-diskursiven Denkarten und die daraus erwachsenden Konflikte: die zentrale Avenue (the Parkway) als grüner Einschnitt in

Elemente, die nicht über die gleichen Bezugssysteme verfügen, wird zur Pufferzone, zum Bereich der Beziehung oder des Gegensatzes zweier „Stadtteile" zueinander. Dieses Gegensatzsystem wäre möglicherweise durchgreifend gewesen, hätte nicht ein Maßstabsfehler die Allee in einen Park verwandelt. Dadurch sind nun mehrere Städte entstanden oder vielmehr eine Stadt, die sich aus zersplitterten Elementen zusammensetzt. Die rücksichtslose Anwendung des Schemas, die eine Überlagerung der „Gebiete" verbietet (es handelt sich bereits um ein „zoning"), macht jedes Bemühen um eine morphologisch klare Hierarchie illusorisch.

Bei der Baudurchführung ergibt sich noch eine andere wichtige Reduzierung: Durch die Ausdehnung über die von Louis de Soissons und Howard festgelegten Grenzen hinaus, eine Erweiterung, die aus wirtschaftlichen Gründen rasch vorangetrieben wird, ohne die ursprüngliche Logik zu wahren, wird die Vorstellung einer Schranke und Einfahrt hinfällig. Am bedauerlichsten ist jedoch, daß im Verlauf der Verwirklichung durch die allzu systematische Verwendung des Wohnhofs als Interventionseinheit eine Gestaltungsstufe völlig verschwand. Mangelnde Beachtung der lokalen (privaten) Sphäre macht den Wohnhof zu einer bloßen Sackgasse. Indem der Wohnhof einer starren geometrischen Behandlung unterworfen wird, beraubt man ihn meist seines wesentlichen Merkmals, nämlich über einen halb-öffentlichen Raum zu verfügen, der sich vom öffentlichen und privaten Raum deutlich abhebt. Der Wohnhof bezeugt nur noch das Verschwinden der Straße.

Der Wohnhof: Weiterführung und Reduktion eines Typus

Im folgenden sind zwei von Louis de Soissons entworfene Wohnhöfe zu behandeln: Handside Walk und The Quadringle. Die zwei Wohnhöfe bilden zusammen mit dem kleinen dreieckigen Platz, in den sie einmünden, eine Anlage, die in Welwyn den malerischen Aspekt am meisten berücksichtigt. Das Malerische ist darauf zurückzuführen, daß Louis de Soissons den vorhandenen Weg und die Bäume mit einbezogen hat.
– Handside Walk ist ein rechteckiger Wohnhof, der sich weit zur Straße hin öffnet. Er besteht aus paarweise zusammenstehenden Häusern und wird im rückwärtigen Teil von zwei Häusern abgeschlossen, die sich zu beiden Seiten der Mittelachse befinden. Die Häuser sind durch Gärten voneinander getrennt.
– The Quadringle ist ein Rechteck mit einem sehr schönen Baum als Mittelpunkt, der dort schon vor der Errichtung der Gartenstadt stand. Dieses Rechteck besteht aus freistehenden und durch Gärten voneinander getrennten Häusern und wird von zwei Gruppen paarweise zusammenstehender Häuser abgeschlossen.

Im Gegensatz zu Hampstead, wo der Differenzierung in vorderer Teil/rückwärtiger Teil starke Beachtung zukam, war hier anfangs eine gewisse Durchlässigkeit des Raums vorhanden. In der Tat bestand keine verbindende Mauer zwischen den Häu-

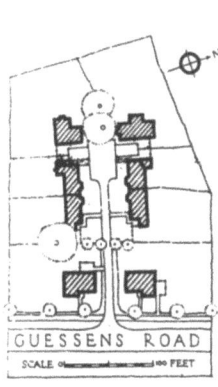
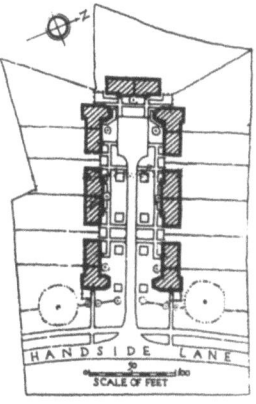
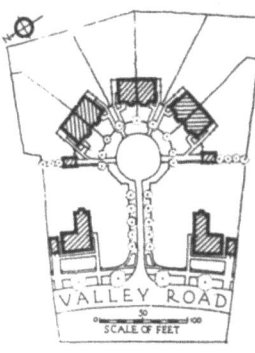

Eine kleine Sackgasse mit
Baumbestand als Abschluß

Vorn geöffnete, viereckige
Anlage von paarweise
angeordneten Häusern

Geöffnet wirkende
kleine Sackgasse

T-förmige Sackgasse auf
einem höher als die Straße
gelegenen Grundstück,
bei der malerische Effekte
beabsichtigt sind

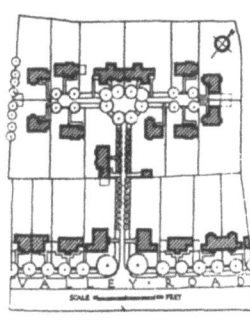
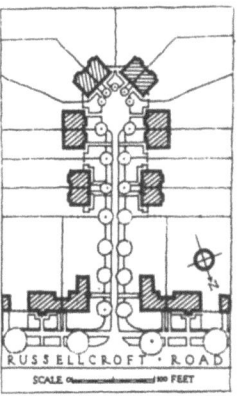

Welwyn Garden City:
Typologische Variationen zum Thema ‚Wohnhof'
*Der Vergleich mit den von Unwin vorgelegten
Variationen verdeutlicht die Auflösung
des Mittelraums. Der Wohnhof ist nicht
eine Neudeutung des Innenhofs eines Landsitzes
oder eines Bauernhofes, sondern vielmehr
eine Methode zur Gruppierung einer Reihe
von Doppelhäuschen.*
(Nach C.B. Purdom: The Building of Satellite Towns)

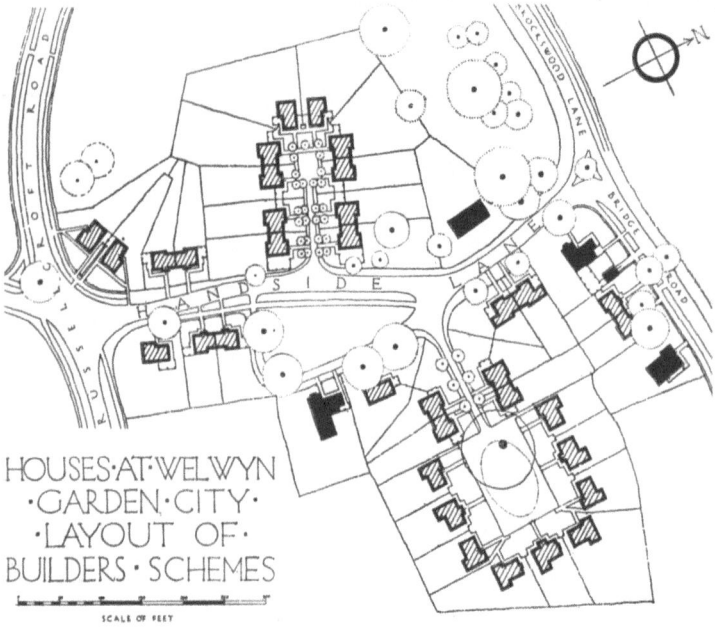

Welwyn Garden City:
The Quadringle and Handside walk

*Der ursprüngliche Plan
(Nach C.B. Purdom, a.a.O.)*

*The Quadringle,
Innenansicht des Wohnhofs*

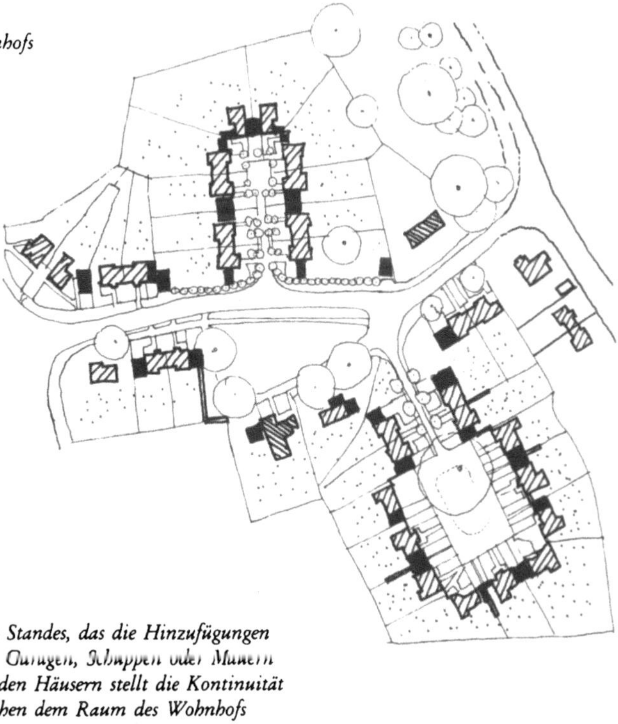

*Schema des derzeitigen Standes, das die Hinzufügungen
aufzeigt. Der Bau von Garagen, Schuppen oder Mauern
(in schwarz) zwischen den Häusern stellt die Kontinuität
der Umzäunung zwischen dem Raum des Wohnhofs
und den rückwärtigen Gärten wieder her*

sern in The Quadringle, und in Handside Walk konnten sogar die rückwärtigen Gärten der ersten beiden Häuser von der Straße aus eingesehen werden. Die Veränderungen, die durch diese „Lücken" ausgelöst werden, sind u.e. bestimmend.
The Quadringle: Sämtliche nach innen gerichteten Fassaden sind durch nachträglichen Bau von Garagen, Schuppen und Mauern durchgängig verbunden. Zwar ist der Bau von Garagen durch das Aufkommen und die allgemeine Verbreitung des Automobils in der gesamten englischen Bevölkerung leicht zu erklären, für die Schuppen und insbesondere die Mauern aber trifft das nicht zu. Mit gewissen Abweichungen – sie ergeben sich aus den unterschiedlichen Schichten der Bewohner – scheint sich in dem so abgegrenzten Raum die gleiche Form kollektiver Aneignung abgespielt zu haben, die bereits in Hampstead zu beobachten war. Dies tritt in Handside Walk noch deutlicher zutage[45].
Handside Walk: Das gleiche Phänomen des Raumabschlusses wie in The Quadringle ist in Handside Walk zu beobachten. Es ist sogar bemerkenswert, wie eine Buschecke jede visuelle Kommunikation zwischen der Straße und den rückwärtigen Gärten der beiden Häuser, die den Eingang des Wohnhofs bilden, zu hindern vermag. Eine sekundäre Wirkung dieser Hecke besteht darin, den gesamten Wohnhof abzuschließen, so daß der Innenraum zu einer Stätte sehr starker kollektiver Aneignung zu werden scheint (anekdotisch sei erwähnt, daß der Autor dieser Abhandlung nicht wagte, in diesen Wohnhof einzudringen, weil er fürchtete, eine sehr private Stätte zu stören). Diese Feststellung ist mit der Beobachtung Wilmotts für Dagenham vergleichbar, als er auf gewisse kollektive Praktiken innerhalb bestimmter Wohnhöfe hinwies[46]. Es böte sich an, die besondere Morphologie des Wohnhofs zu diesem Typus kollektiver Praxis in Beziehung zu setzen. Der geschlossene Raum des Wohnhofs ist zumindest eine tragende Basis, die besonders geeignet ist, die in der englischen Kultur latenten Gruppenpraktiken zu bündeln (siehe hierzu die Untersuchungen von Wilmott zur Matrilokalität).
Was hier deutlich wird und die Beobachtungen in Hampstead bestätigt, ist die Notwendigkeit einer räumlichen Differenzierung, die eine differenzierte Praxis (privater oder öffentlicher Natur) ermöglicht. Wenn der Raum dieser Notwendigkeit nicht Rechnung trägt, verändert ihn der Bewohner, sofern dies möglich ist. Dies bedeutet auch, daß einer der Vorzüge der in Welwyn dargebotenen Raumgestaltung in der Eröffnung solcher Änderungsmöglichkeiten liegt.

Der Wohnhof: vom öffentlichen zum privaten Raum

Den Baublock auf einen Wohnhof zu reduzieren, mag willkürlich erscheinen: Tatsächlich bleibt in Welwyn wie in Hampstead der Baublock neben dem Wohnhof bestehen. Der Wohnhof leitet jedoch im Vergleich zum traditionellen Baublock eine neue Hierarchie ein: Der halböffentliche Raum der Sackgasse erzeugt eine Beziehungs-

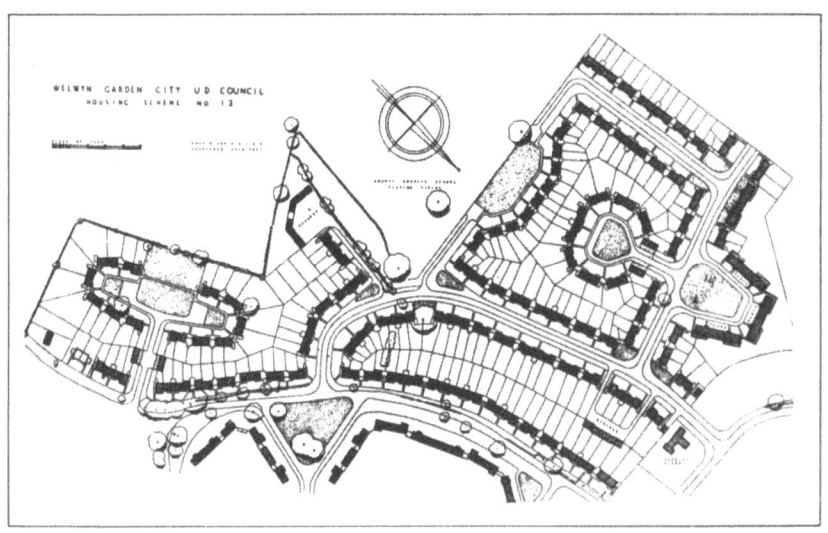

Welwyn Garden City: Der Wohnhof, Weiterführung und Reduzierung des Typus
*Durch die zunehmenden Dimensionen und die wiederholte Gruppierung
von identischen Häusern in den Wohnhöfen wie auch in den benachbarten Straßen
verliert der Wohnhof seinen spezifischen Charakter. Die Gartenstadt gleitet allmählich
in eine malerische Doppelhaussiedlung ab*

ebene und Praktiken, die bisher ungewohnt waren. Der Abstand, den der vordere Raum gegenüber der Stadt einnimmt, ist von grundlegender Bedeutung. Der Wohnhof verfügt über eine gewisse Eigenständigkeit – man ist versucht, ihn als Einheit zu sehen. Sowohl in Hampstead als auch in Welwyn besteht der Baublock aus einer Kombination von Einzelparzellen und Wohnhöfen. Diese Kombination ist in erster Linie allgemeinen Regeln unterworfen, wie denen der Baudichte und der Erschließung. Zweitens versucht sie die Differenzierung öffentlich/privat einzuhalten. Auf dieser Ebene vollzieht sich im Wohnhof die Spaltung: Der Innenraum des Wohnhofs stellt sich als Einheit dem spezifisch öffentlichen Raum der Straße durch einen Abschluß entgegen, z.B. durch eine Verengung, eine Hecke oder sogar durch ein Tor. Der Gegensatz öffentlich/privat wirkt sich wiederum innerhalb des Wohnhofs aus, jedoch mit den Einschränkungen, die eine kollektive Aneignung dieses Innenraums vorschreibt. Somit entzieht der Wohnhof der Straße eine ganze Reihe sinifikanter Praktiken und beläßt ihr nur noch die technische Rolle der Verkehrsorganisation (im übrigen beziehen sich die Instrumente, die Unwin für die Straßengestaltung entwickelt, im wesentlichen auf Möglichkeiten der Fortbewegung und Annäherung: Versperrung der Sicht, Rücksprünge, Belebung der Straße; meist wird der vordere Raum in einen Gesamtaufbau einbezogen). Wenn diese Einschränkung auch keine Folge des Wohnhofs ist, so ist sie doch sein sichtbarstes Merkzeichen. Durch die Inanspruchnahme bestimmter Praktiken, durch Reduzierung und Umwandlung der Straße formalisiert der Wohnhof die Privatisierung des Raumes, die sich sowohl in England als auch in Frankreich nach der Privatisierung der Lebensweisen richtet. Die durch den Wohnhof induzierten Umgruppierungen – vor allem in den am meisten benachteiligten Schichten, für die die Gruppe eine praktisch und kulturell lebenswichtige Erweiterung der Familie darstellt – stehen nicht im Widerspruch zu dieser Behauptung: auf den Wohnhof beschränkt, spiegeln sie vielmehr dessen spezielle Eigengesetzlichkeiten wider.

Über den Wohnhof hinaus oder vielmehr mit dem Wohnhof werden in Welwyn und Hampstead die traditionellen Schemata des Gegensatzes gewahrt: Der Raum ist noch differenziert, er kann noch angeeignet und modifiziert werden.

Die Gartenstadt ist ein ausgezeichneter Übergang von einem Raumgefüge mit vorzugsweise öffentlichem Gepräge, in dem das Private starker Strukturen bedarf, zu einem Raumgefüge, in dem die privaten Räumlichkeiten bevorzugt werden und das Öffentliche geordnet werden muß.

Durch eine kulturelle Gestaltung, die – eingebunden in den für die englischen Kulturtypischen Kult der Natur, und sei es auch nur in der Beschränkung auf den Garten (das ‚Gärtnern') – das Verhältnis zur Natur übersteigert und zugleich die Vitalität kleiner Gruppen auf die Nachbarschaftsgemeinschaft überträgt, entspricht die Gartenstadt den Bedürfnissen, die die kapitalistische Verstädterung erzeugt hat. Sie ist zugleich eine technische Lösung für das städtische Wachstum und eine soziale Lösung für die notwendige Nachbildung der bürgerlichen Kulturmodelle.

3 Die Erweiterungen von Amsterdam 1913–1934

„Der Hausbau fällt in den Bereich der Serienfertigung.
Um eine brauchbare Lösung zu finden,
muß erneut auf die Wohnblöcke
– aber in größerem Umfange als bisher –
zurückgegriffen werden." *H.P. Berlage*

Mit der Entscheidung, nun den Blick auf Amsterdam zu lenken, verfolgen wir ein doppeltes Ziel: Einerseits soll einer der letzten Höhepunkte des traditionellen Städtebaus festgehalten und andererseits ermessen werden, welchen Platz die Architektur innerhalb dieses Städtebaus einnimmt.
Es geht um den „traditionellen" Städtebau, der nicht dem „modernen" Städtebau entgegenzustellen ist, wie Siegfried Giedion es tut[47], bereit, alles zu verwerfen, was nicht den Stempel der CIAM trägt. Die Entwicklung Amsterdams ist nicht nur wegen der Zielsetzung eines Wohnungsbaus für die Vielen modern und sogar progressiv – allein der Plan Süd umfaßt ungefähr 12 000 Wohnungen –, sondern auch in Anbetracht der eingesetzten Instrumente: Kommunalisierung von Grund und Boden, langfristige Planung usw. Diese Neuerungen werden jedoch nicht ohne Rücksicht auf das bestehende Stadtgefüge eingeführt. Weder in den Gesamtplänen noch in der Detailbehandlung fehlt der Bezug zur Stadt.
Die Mitwirkung der Architektur hat hier maßgebliche Bedeutung, trägt bisweilen sogar fanatische Züge. Dieser allgemein vernachlässigte Aspekt verdient eine eingehendere Behandlung. Weit mehr als der ausgiebig kommentierte Plan von Berlage ist für uns die „Amsterdamer Schule" von Interesse, eine durch den „Stijl" in Verruf geratene Bewegung, die die Historiker in Vergessenheit geraten ließen, weil sie darin nur eine holländische und zudem verspätete Version des Jugendstils sahen[48].
Die Arbeiten der „Amsterdamer Schule" gehen u.E. weit über eine Spielerei mit Ziegeln und Dekor hinaus, vielmehr sind sie als eine Reihe von Experimenten am Baublock zu verstehen, die den Überlegungen zu den Wohnzellen und ihren jeweiligen Kombinationen entspringen[49]. Insofern kann sich die Untersuchung nicht auf eine Diskussion verschiedener Stile beschränken. Sie hat vielmehr das Problem einer städtischen Architektur aufzugreifen, bei der die Fassade, indem sie das Innere des Gebäudes aufdeckt, zur Stätte eines Konflikts wird, der sich als Kompromiß zwischen zwei Maßstäben – dem Maßstab der Wohnung und dem der Stadt – zu erkennen gibt.
Zur Veranschaulichung dieser Problemstellung haben wir uns, nachdem wir fast vollständig den städtebaulichen Verwirklichungen im Zeitraum zwischen 1910 und 1940

nachgegangen sind, auf die folgenden beiden Sektoren beschränkt: Der erste – bescheidenere – Bereich ist der Spaarndammerbuurt; der zweite – weit größere – Sektor umfaßt die Erweiterung Süd, die nach dem Plan von Berlage aus dem Jahre 1917 verwirklicht wurde.
Von einigen Besonderheiten abgesehen, bestätigen die Viertel des Ostens (Insulinde) und des Westens (Mercatorplein, Hoofdweg) die in den ausgewählten Sektoren gesammelten Eindrücke. Die Gartenstädte Nord (Buiksloterham, Nieuwendammerham) oder Süd-Ost (Watergraafsmeer) scheinen trotz des sich anbietenden Vergleichs mit den Londoner Gartenstädten doch mehr am Rande unserer Überlegungen zu liegen, die sich mit dem Baublock beschäftigen. Sie tragen nicht den Stempel eines historischen Experiments wie die englischen Gartenstädte, aus denen sie hervorgingen.

Die Besonderheiten des Städtebaus in Amsterdam

Bevölkerungsentwicklung und Wohnungswesen in Amsterdam im 19. Jahrhundert

Nach Beendigung einer langen Periode wirtschaftlicher Stagnation verdreifacht sich die Bevölkerung Amsterdams zwischen 1850 und 1920 von 230 000 auf 690 000 Einwohner. Die Wiederaufnahme des Kolonialhandels und die ersten Auswirkungen der Industrialisierung verhalfen in dieser Periode den Niederlanden zu einem Wohlstand, der ihnen während des von den Seekriegen mit England und der Blockade Napoleons I. beherrschten vorangegangenen Jahrhunderts versagt geblieben war[50].
Um diesen Aufschwung zu nutzen, muß die Stadt Amsterdam zunächst ihren Hafen modernisieren, der wegen der Versandung der Zuiderzee nur schwer benutzbar ist. Während der 1825 fertiggestellte Kanal von Nordholland (der Helder-Kanal) zu klein angelegt war, um die erwarteten Wirkungen zu zeitigen, kündigt der von 1865 bis 1875 erbaute Nordseekanal (von Amsterdam bis Ijmuiden) den tatsächlichen Beginn der Stadtmodernisierung an. Diese stützt sich auf den Plan des Ingenieurs Kalf aus dem Jahre 1875, der ersten Erweiterung seit dem Dreikanäleplan[51]. Tatsächlich ist in der Stadt seit dem 17. Jahrhundert fast kein Bevölkerungszuwachs zu verzeichnen, die Amsterdamer wohnen stets im Umkreis der Altstadt. Unter Berücksichtigung der für Holland spezifischen Beschränkungen sieht Kalf eine kranzförmige Entwicklung um den Ballungsraum vor und nutzt das Bewässerungsnetz der vorgegebenen ländlichen Parzellenstruktur zu Straßenanlagen, wobei die kreisförmige Anordnung um den Mittelpunkt zugunsten eines Gegensatzes zweier orthogonaler Richtungen aufgegeben wird. Ausschließlich mit der Erschließung befaßt, überläßt Kalf die Baudurchführung den Spekulanten. Als Folge entwickelt sich eine Diskrepanz zwischen den Arbeitervierteln und den Vierteln des Bürgertums, die hauptsächlich den Vondelpark umgeben, der aufgrund einer Privatinitiative im Jahre 1863 angelegt worden war.

Die Arbeiterviertel sind trotz einiger – deutlich kleinerer – Parks (Oosterpark, Sarphatipark) reine Spekulationsobjekte, für die eine maximale Rentabilität angestrebt wird. Die Folge sind sehr beengte Wohnungen (20 m² Gesamtfläche): ein einseitig ausgerichtetes Zimmer pro Familie mit Kojen für die Betten und einer Kochnische, bekanntgeworden als „Alkoven-Wohnungen".
Die so errichteten Viertel von Spaarndammerbuurt, Staatliedesbuurt, Kinker, Dapperbuurt, Pijp und Oosterparkbuurt füllen allmählich das gesamte freigebliebene Gebiet zwischen den Einfassungen der drei Kanäle und der Grenze des Stadtgebietes. Da sich die Bevölkerungszunahme unvermindert fortsetzt, nimmt die Verdichtung der Arbeiterquartiere extreme Formen an: In den alten Vierteln werden in den Innenhöfen behelfsmäßige (eingeschobene) Wohnungen gebaut, in den neuen Vierteln werden die bereits viel zu kleinen Wohnzellen überbelegt. In beiden Fällen werden alle verfügbaren Räumlichkeiten, wie Mansarden, Keller usw., genutzt.
Von 1852 an versuchten einige philantropische Gesellschaften und später, nach 1868, einige Arbeitergenossenschaften, diese Mißstände zu beheben, darunter die Genossenschaften „Rochdale", „Eigen Haard", „Eigen Woningen", „De Dageraad", die im Plan Süd wieder anzutreffen sind. Doch trotz Hilfen von Seiten des Magistrats stand die Bautätigkeit volumenmäßig in keinem Verhältnis zum Umfang des Problems.
Vor dieser Situation standen zu diesem Zeitpunkt alle großen holländischen Städte, und es zeigte sich bald, daß das Problem ohne Einschaltung der öffentlichen Hand nicht zu lösen war. Dieser Eingriff erfolgte auf zweierlei Art.
Zunächst gibt es ab 1896 eine städtische Initiative: während der Magistrat das Stadtgebiet, insbesondere in seinem südlichen Bereich, erweitert, werden gleichzeitig Maßnahmen zur Förderung des Sozialen Wohnungsbaus ergriffen: Grundstückschenkungen für den Bau von Arbeiterwohnungen, verbunden mit Projektstudien, die von den Bauämtern und vom Stadtplaner durchgeführt werden. Diese Initiative geht einher mit einer Reihe von Entscheidungen zur Drosselung der Bodenspekulation. Vor allem betreibt die Stadt einen systematischen Erwerb von Grundstücken, um auf den Immobilienmarkt Druck ausüben zu können; außerdem wird, dem Beispiel Englands folgend, ein Erbpachtsystem eingeführt.
Der zweite Eingriff ist eine Regierungs- und parlamentarische Initiative, die 1901 zur Abstimmung über das *Wohnungsbaugesetz*, das „Woningwet", führt sowie zur Gewährung der für unmittelbare Investition erforderlichen Kredite. Von 1902 an sind die Gemeinden mit mehr als 10 000 Einwohnern berechtigt, verpflichtet und finanziell auch imstande, mit Darlehen auf 50 oder 75 Jahre und staatlichen Subventionen
– Erweiterungspläne aufzustellen,
– mit Elendswohnungen belegte Grundstücke zu enteignen und die für den Bau von Arbeiterwohnungen notwendigen Flächen zu erwerben,
– Sozialwohnungen entweder direkt oder über anerkannte Gesellschaften (Arbeitergenossenschaften, Wohnungsbaugesellschaften für Sozialwohnungen) zu bauen und zu verwalten[52].

Parallel dazu wurden in Amsterdam Maßnahmen ergriffen, um den Baugesellschaften den Bau und die Verwaltung von Arbeiterwohnungen in Form von Subventionen zu erleichtern (1916). Trotz dieser Maßnahmen und der Errichtung von 40 000 Wohnungen in 18 Jahren (1906-1924) ermittelte der Magistrat im Jahre 1924 noch einen Fehlbedarf von 15 000 Wohnungen, was besagt, daß fast 10 Prozent der Bevölkerung weiterhin in „Alkoven-Wohnungen" oder in „Kellerwohnungen" hausen müssen.

Technische Beschränkungen und das Problem der Bodenverhältnisse für den Städtebau in Amsterdam

Wie schon gezeigt wurde, ist das Wohnungsbaugesetz außer auf demographischen Druck auch auf die politische Entscheidung zurückzuführen, den Sozialen Wohnungsbau durch die öffentliche Hand betreuen zu lassen. Die Fortschrittlichkeit dieses Gesetzes und die Tatsache, daß damit ein geeigneter Rahmen für den Wohnungsbau und die Bewältigung der Stadtentwicklung geschaffen ist, stehen außer Frage. Dennoch sind die praktischen Anwendungsmodalitäten nur dem verständlich, der die für den holländischen Städtebau spezifischen technischen Beschränkungen in Betracht zieht. Diese Zwänge haben insbesondere den Bodenproblemen in Amsterdam eine besondere Ausprägung gegeben.

Das Problem des Bodens steht an erster Stelle: Amsterdam liegt wie viele andere Städte in den Niederlanden unterhalb des Meeresspiegels. Dies bedeutet, daß nicht nur das eigentliche Bauen, sondern auch die Baugründe selbst besondere Techniken erforderlich machen. Das Gelände wird allmählich durch Dränierung und Trockenlegung von Sumpfland (polders) gewonnen, indem jeweils Teile dieses Landes nacheinander durch Dämme (dams) abgesondert werden. Die langwierige Stabilisierung dieser zunächst landwirtschaftlich bestellten Böden, die in dem hier fraglichen Zeitraum bebaut wurden, ist am Verlauf der Kanäle und Entwässerungsgräben abzulesen[53]. Die Beständigkeit des ganzen neugewonnenen Gebietes hängt von der Festigkeit jedes seiner Bestandteile ab; sie erfordert strenge Kontrolle seitens der städtischen Behörden. Die Dämme müssen ständig überwacht werden, weil ein Dammbruch innerhalb weniger Stunden zur Überschwemmung von mehreren hundert Hektar führen kann. Vor Baubeginn muß geprüft werden, ob sich die Böden genügend verfestigt haben; zwischen Trockenlegung und Bebauung muß ein Zeitraum von mindestens fünf Jahren eingehalten werden.

Das Problem des Wassers und der Entwässerung steht an zweiter Stelle. Die Erneuerung der städtischen Gewässer muß täglich mit Hilfe eines komplizierten Schleusensystems gewährleistet werden; in Amsterdam werden die Abwässer und Müll sammelnden Kanäle täglich durch die Gewässer der Zuiderzee gereinigt. Das erste Abwässerkanalsystem stammt aus dem Jahre 1870 und bedient nur die neuen Viertel; der Beschluß zur Anlage eines Gesamtnetzes für alle Abwässer und zum Anschluß der Kanäle der Altstadt an dieses Netz stammt aus dem Jahre 1907. Bis zu diesem Zeitpunkt mußten bei jeder Tide die zahlreichen Schleusen koordiniert werden, um das frische Wasser im Zeitpunkt der Flut zurückzuhalten und einem bestimmten Kreislauf entsprechend allmählich in die Kanäle zu leiten und das verschmutzte Wasser bei Ebbe in den Ij ausfließen zu lassen. Außerdem mußte die Amstel abgetrennt werden, um zu verhindern, daß das Salzwasser der Zuiderzee bei Hochwasser flußaufwärts stieg und oberhalb der Stadt die landwirtschaftlichen Anbaugebiete erreichte; der Abschluß des Zuiderzee durch eine Schleuse, die den Ij nach dem Kalf-Plan von der Zuiderzee abtrennt, wurde erst 1932 fertiggestellt.

All dies erforderte die Einrichtung einer geeigneten Behörde für die Instandhaltung der Baulichkeiten; der Magistrat übt mittels dieser Behörde seit mehreren Jahrhunderten die Kontrolle über den Boden aus. Die Beschaffenheit des Geländes erfordert von vornherein eine Bodenordnung und verbietet es, die Standortwahl von Gebäuden individueller Initiative zu überlassen. Die Schwierigkeiten bei der Erschließung legen es nahe, die Bebauung zu konzentrieren, zumal die Verdichtung Festigkeit gewährleistet. Die daraus hervorgehende Stadtstruktur ist überaus anschaulich: Es handelt sich um ein dichtes Gefüge, das von einem stark hierarchisierten Kanalnetz zerteilt wird und damit eine wirtschaftliche und logische Raumaufteilung ermöglicht. Die Typologie der Gebäude ist einfach. Abgesehen von einigen öffentlichen Gebäuden aus Stein, werden die örtlich verfügbaren Materialien Holz und Ziegel verwendet. Das durch die Spannweite eines Holzträgers bestimmte Grundraster der Häuser ist eng (zwischen 4 und 5 Metern). Tragfähiger Boden wird mit einer zwölf Meter dichten Schicht aus Sand und Schlamm geschaffen, Pfahlfundamente ermöglichen eine Konzentration der verschiedenen Belastungen. Sehr bald entwickelt sich daraus ein Hochbautyp, der, sieht man ab von einigen stilistischen Variationen, noch zu Beginn des 20. Jahrhunderts anzutreffen ist. Er genügt allen üblichen Funktionen: dem Wohnen, dem Handel und der Lagerung von Waren, dem Gewerbe und dem Handwerk. Der Giebel zur Straße mit Balken und Flaschenzug ermöglicht die Beförderung von Waren in die Speicher und auch von Gütern und Möbeln in die Wohnungen, denn die engen und steilen Treppen können nur von Personen benutzt werden. Da die Stabilität eines jeden Gebäudes von der soliden Beschaffenheit der Nachbargebäude abhängt, sind seit dem 17. Jahrhundert das Bauen und insbesondere die Fundamentierungen der Kontroll einer städtischen Kommission unterstellt.

Spezielle Bauwerke, wie die großen Docks aus dem 18. und 19. Jahrhundert und die Gemeinschaftswohnanlagen (Beginenhöfe), sind von dieser Regel ebenfalls nicht ausgenommen; sie entstehen durch Aneinanderfügung gleicher Elemente. Nach diesem Verfahren werden sowohl gewöhnliche Bauten als auch spezielle Anlagen errichtet; ausgenommen sind allein die Prestigebauten. Bezüglich der Struktur besteht kein Unterschied zwischen einer auf Privatinitiativen hin erfolgten Gruppierung von Gebäuden und einem als Block projektierten Gebäudekomplex. Beispiele hierfür sind die spekulativ errichteten Wohnungsbauten des ausgehenden 19. Jahrhunderts, die sog.

„revolutiebouw", die noch heute im Pijp- und im Dapperviertel zu besichtigen sind. Verständlicherweise war eine relativ rasche Anwendung des Gesetzes von 1901 in einem solchen Kontext möglich, weil die allgemeine Stimmung mehr als anderswo darauf vorbereitet war, eine Stadtbehörde zu akzeptieren, die nur darauf bedacht ist, ihre traditionelle Rolle auszuweiten. Im übrigen hatte der Magistrat von Amsterdam bereits vor der Verabschiedung des Gesetzes Maßnahmen ergriffen, um seine Durchführung zu erleichtern, indem er von der Kontrolle der Erschließungsarbeiten allmählich dazu überging, auch deren Durchführung vollständig zu übernehmen.
In dieser Beziehung ist das Jahr 1896 von Bedeutung. Angesichts des Umfangs der durchzuführenden Arbeiten – eine Folge der wirtschaftlichen und demographischen Entwicklung – erweitert Amsterdam sein Stadtgebiet. Am 1. Mai 1896 wächst mit der Angliederung von Nieuwer-Amstel die Fläche Amsterdams von 3 250 auf 4 630 Hektar an. (Der „Berlage-Plan", ab 1903 in Vorbereitung, ist zunächst auf eine Urbanisierung dieses neuen Gebietes abgestellt)[54]. Im selben Jahr führt die Stadt das Erbpachtsystem ein. Sie behält sich damit das Eigentum an den von ihr zur Bebauung freigegebenen Grundstücken mit der Begründung vor, der in einer Zeit steigender Bodenpreise durch die Erschließung erzielte Wertzuwachs dürfe nicht zu privatem Gewinn werden, sondern müsse der durch den Magistrat vertretenen Allgemeinheit zugute kommen. Gleichzeitig übernimmt die Stadt eine bestimmte Anzahl privat bewirtschafteter Unternehmen in Eigenregie, wie z.B. die Wasser-, Telefon- und Gasversorgungsbetriebe sowie die allgemeinen Verkehrsgesellschaften. Damit hat die Entscheidung der Stadt, die Stadtentwicklung in allen Bereichen eigenverantwortlich zu lenken und – wie im Wohnungsbaugesetz als Möglichkeit angelegt – auch den Wohnungssektor zu übernehmen, eine weitere Bestätigung erfahren.

Spaarndammerbuurt: ein beispielhaftes Experiment

Im Rahmen der Erweiterungen von Amsterdam am Ende des 19. und zu Beginn des 20. Jahrhunderts stellt Spaarndammerbuurt ein interessantes Beispiel dar.
Eingekeilt zwischen die Westdocks des Hafens und die Eisenbahnlinie von Amsterdam nach Haarlem (1839), prägt dieses Viertel in Form eines Dreiecks die mit dem Plan von 1875 eingeleitete Entwicklung der Arbeiterviertel. Im ersten Bauabschnitt südlich der Spaarndammerstraat wird nur der für die damalige Zeit übliche Typus für Arbeiterwohnungen wiederholt; er ähnelt stark dem in anderen Arbeitervierteln, wie Dopperbuurt, Pijp usw. Der Magistrat legt dem Kalf-Plan entsprechend die Straßen fest, während die der Privatinitiative übertragene Baudurchführung den „revolutiebouwers" überlassen wird – kleinen Unternehmern, die in der zweiten Hälfte des 19. Jahrhunderts die meisten Arbeiterwohnungen auf der Grundlage einer maximalen Spekulation bauten. Mehrere Jahre lang bleibt der nord-westliche Teil des Dreiecks leer. Im Jahre 1881 wird als Folge der Errichtung des Hauptbahnhofs durch P.J.H.

Cuypers (1827 – 1921), dem Architekten des Rijks-Museums, und A.L. van Gendt die Bahnlinie verlängert und damit die Isolierung dieses Viertels, das bisher als Fortsetzung des Jordaan angesehen werden konnte, noch verstärkt. Wahrscheinlich haben die Neugestaltung des Hafens von Amsterdam im Jahre 1910 und seine Erweiterung in westlicher Richtung zum Abschluß der städtebaulichen Entwicklung des Viertels geführt. Dieser uns in diesem Zusammenhang allein interessierende Teil wird unter völlig anderen Bedingungen als die früheren Baublöcke errichtet, weil das „Woningwet", das im Jahre 1901 verabschiedete Wohnungsbaugesetz, seit 1905 angewendet wird. Es scheint, als habe man bewußt oder unbewußt die Gelegenheit wahrgenommen, in einem bescheidenen Maßstab die Lösungen zu erproben, die später bei der Verwirklichung des Berlage-Plans in großem Umfang zur Anwendung kamen. Ein erster Anhaltspunkt für diese Vermutung ist in der Wahl der Architekten zu sehen. Zwei von ihnen stehen in direktem Zusammenhang mit Berlage und gehören zur Gruppe „Architectura et Amicitia"; der eine ist J.J.M. Walenkamp (1871 – 1933), der die Zaanhof-Anlage im Jahre 1919 baut, der andere K.P.C. de Bazel (1869 – 1923), ein erfahrener Architekt, der Berlage im Kampf um eine moderne Architektur in Amsterdam unterstützt und die Wohnanlage Spaarndammerdijk/Uitgeestraat und Zaandammerplein errichtet.

Die erste Anlage in der Nähe von Spaarndammerplantsoen ist jedoch das Werk eines weit jüngeren Architekten, der damit seinen ersten großen Auftrag erfüllt; er heißt Michel de Klerk (1884 – 1923) und wird später zum führenden Kopf der „Amsterdamer Schule". Durch seine Mitwirkung an dem gemeinsam mit J.M. van der Mey (1878 – 1948) und P.L. Kramer (1881 – 1961) durchgeführten Projekt Scheepvaarthuis (1911) hat er bereits auf sich aufmerksam gemacht.

De Klerk hatte für einen privaten Auftraggeber in der Nähe des Vondelparks am J. Vermeerplein ein kleines Mietshaus gebaut. Für den gleichen Auftraggeber, den Unternehmer K. Hille, entwirft er im Jahre 1913 die Pläne für ein Sozialwohnungsgebäude am Rande von Spaarndammerplantsoen als ersten Abschnitt einer größeren Wohnanlage. Die durch den Ersten Weltkrieg bedingten wirtschaftlichen Schwierigkeiten veranlassen die Genossenschaft Eigen Haard, das Projekt zu übernehmen und weiterzuführen, Architekt bleibt jedoch nach wie vor Michel de Klerk. In seiner Beauftragung wird die Absicht deutlich, im Rahmen des vom Gesetz von 1901 festgesetzten Bedingungen eine Verbindung zwischen Sozialem Wohnungsbau und architektonischem Experiment herzustellen.

Mehr noch als das von den Einflüssen des Jugendstils geprägte Scheepvaarthuis stellen de Klerks Verwirklichungen in Spaarndammerbuurt das erste *gebaute Manifest* der „Amsterdamer Schule", bzw. ihren ersten Musterbau dar. Im Jahre 1920 wird wiederum dem Team de Klerk und Kramer eine der ersten Anlagen des Plans Süd, de Dageraad, anvertraut, womit erneut der Wunsch Berlages und der städtischen Behörden zum Ausdruck kommt, die Stadtentwicklung und den Sozialen Wohnungsbau – diesmal allerdings in großem Maßstab – mit der Definition einer neuen Architektur in

Amsterdam: Spaarndammerbuurt

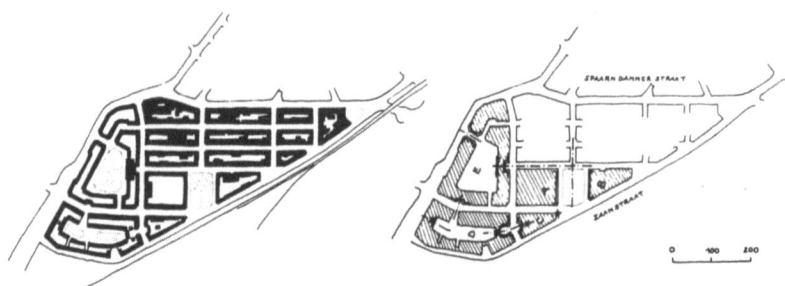

*Gesamtanlage des Viertels;
der Gegensatz zwischen dem nördlichen
städtebaulichen Abschnitt
des 19. Jahrhunderts und den
nach 1913 erstellten Gebäudekomplexen
zeigt deutlich, wie sehr sich
die Konzeptionen auf dem Gebiet
der städtischen Architektur
gewandelt haben*

*Der von den Architekten M. de Klerk
(A 1913, B 1913–1914, C 1913–1917),
H.J.M. Walenkamp (D 1919)
und K.P.C. de Bazel (E 1919/1921)
ausgeführte Teilabschnitt*

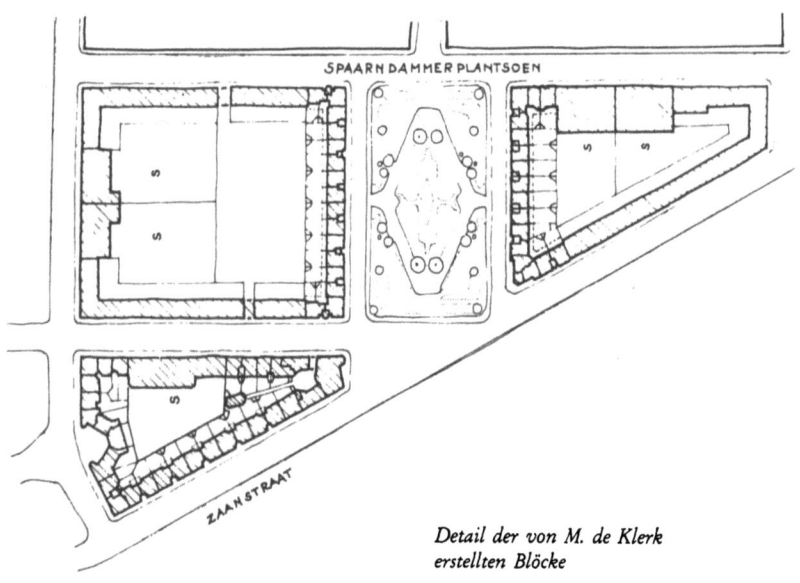

*Detail der von M. de Klerk
erstellten Blöcke*

Verbindung zu bringen. An dieser Stelle ist an die Rolle des theosophischen Zirkels „Architectura et Amicitia" zu erinnern, der zwischen 1893 und 1917 unter der Leitung von Bauer, Kromhout, de Bazel, Walenkamp und Lauweriks steht, Männern einer Generation, die 15 bis 20 Jahre älter ist als die Wortführer der „Amsterdamer Schule". Diese Gruppe wird häufig als „Berlager Schule" bezeichnet. Erfüllt von den zum Sozialismus tendierenden Idealen der „Arts and Crafts"-Bewegung, wirkt sie auf drei Ebenen:
- Verbreitung der architektonischen Kultur durch ihre Zeitschrift „Architectura", die 1918 von „Wendingen" abgelöst wird, sowie durch Veranstaltung von Konferenzen, Reisen, Diskussionen usw.;
- Reorganisation des Berufsstandes durch die Gründung des BNA (Bund Niederländischer Architekten) mit de Bazel als erstem Präsidenten;
- Eindringen in die städtischen Institutionen (Bauämter und Architekturkommissionen), was durch die Machtübernahme der SDAP (Sozialisten) im Jahre 1902 noch gefördert wird.

Von 1912 bis 1917 übernehmen natürlich Architekten der „Amsterdamer Schule", deren Führer ebenfalls Theosophen sind, nacheinander diese Positionen[55].

Architektur und städtischer Raum

Eine Untersuchung der verschiedenen Bauetappen des Stadtteils ist überaus aufschlußreich. Aufs Ganze gesehen orientiert sich der Kalf-Plan bei der Trassierung der Hauptverkehrswege an den Richtungen der Be- und Entwässerungskanäle der ländlichen Parzellenstruktur und setzt den Rahmen der von 1875 bis 1877 durchgeführten spekulativen Parzellierung gleichzeitig mit der Erweiterung der Docks fest. Die im nordöstlichen Teil des Damms angelegte Achse des Stadtteils, die Spaarndammerstraat, trennt den Stadtteil in zwei Teile: im Norden die Docks mit einigen dazwischengestreuten Wohnanlagen und im Süden das Siedlungsgebiet.

1910 beschließt der Magistrat parallel zur Erweiterung des Hafens die Fertigstellung des Stadtteils, um dort Wohnungen für die einkommenschwächsten Schichten zu bauen[56].

Das verfügbare Gelände, das im Südwesten von der Bahnlinie und im Norden vom Damm begrenzt wird, soll grundsätzlich anders bebaut werden als das Siedlungsgebiet von 1875. Im Gegensatz zur ständigen Wiederholung eines Minimalblocks auf gleichförmigem Raster gehen die Überlegungen der Architekten auf eine Betonung der Unterschiedlichkeiten im städtischen Raum und auf eine Signalisierung besonderer Orte. Auf einer ersten Ebene dieser Betrachtungen sind die Anlage des Straßennetzes und die Verteilung der Infrastruktureinrichtungen angesprochen. Das neue Zentrum des Stadtteils wird durch einen Platz, den Spaarndammerplantsoen, markiert, den de Klerk zwischen 1914 und 1917 verwirklicht. Auf die Knollendamstraat ausgerichtet,

M. de Klerk: Wohngebäude mit Monumentalcharakter
Arbeiterwohnungen am Spaarndammerplantsoen

Gesamtfassade zum Square
Detail eines Gewölbejochs mit Eingang im Westgebäude (1913)
Detail eines Gewölbejochs mit Eingang im Ostgebäude (1914)

führt dieser Platz eine senkrecht zur Ursprungsachse (Spaarndammerstraat)[57] stehende Richtung ein. Damit wird eine Schwerpunktverlagerung des Stadtteils angebahnt. Die Ansiedlung von Gewerbebetrieben (an der Oostzaanstraat) und von neuen Infrastruktureinrichtungen (an der Oostzaanstraat, Hembrugstraat und Wormerveerstraat) bestätigt in der Praxis die Strukturveränderung des Stadtteils.
Die Unterschiede lassen sich wie folgt zusammenfassen:

altes Zentrum	neues Zentrum
Straße	Platz
vorwiegend Geschäfte	vorwiegend öffentliche Einrichtungen (Post, Schule, usw.)

Eine zweite Betrachtungsebene betrifft die Qualität der so bestimmten städtischen Räume. Im Vergleich zu den Bauten des ausgehenden 19. Jahrhunderts stellen die Realisierungen aus der Zeit zwischen 1913 und 1921 eine bestimmte typologische Innovation dar. Der Baublock wird nicht mehr als austauschbare Einheit aufgefaßt, d.h. als die Folge einer Aufteilung, der die Aneinanderreihung von Kleinstparzellen zugrunde liegt und die einheitlich für „Alkoven"-Wohnungen (bisweilen mit Geschäften im Erdgeschoß) bestimmt waren (Spaarndammerstraat). Der Block übernimmt nunmehr die komplexere Organisation eines Teils des Stadtgebiets, was morphologisch die Kon-

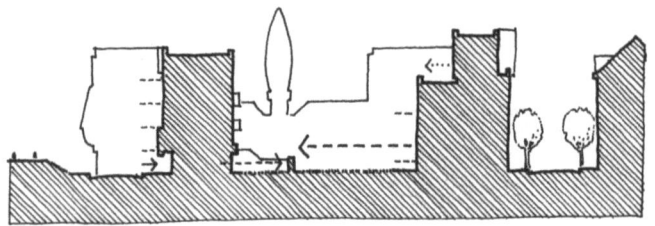

Bahndamm   Oostzaanstraat

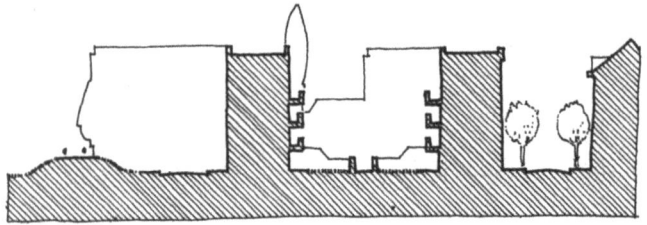

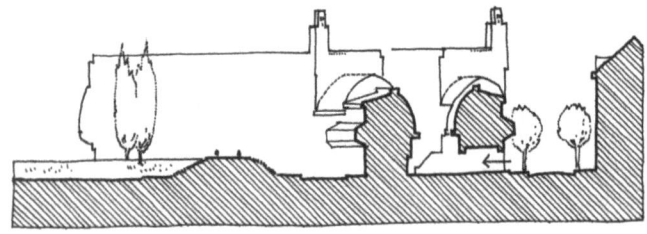

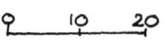

tinuität des städtischen Gefüges wahrt, besondere Zeichen setzt, die Integration verschiedener Funktionen, wie Wohnen, Handel, Infrastruktureinrichtungen, ermöglicht und verschiedenartige Räume schafft.
Die Gestaltung der Fassaden spielt eine wesentliche Rolle. Bei den Realisierungen der „Amsterdamer Schule" sind für die Fassaden sowohl die Außenräume, auf die sie sich beziehen, als auch die inneren Raumaufteilungen der von ihnen umschlossenen Gebäude bestimmend. Ihre Urheber wurden daher von den Verfechtern eines strengen „Modernismus" (Giedion u.a.) herablassend als „Fassadenarchitekten" bezeichnet. Durch die monumentale Behandlung wird der Platz als besonderer Ort differenziert; das Postamt an der Spitze des Blocks, der von der Zaanstraat, der Oost-Zaanstraat und der Hembrugstraat begrenzt wird, wirkt als Markierung und „verweist" auf den Platz „zurück"; die Berufsschule in der Achsenverlängerung der Krommeniestraat begrenzt die Perspektive und hebt sich als stadtteilbezogenes Monument bzw. als entsprechende Einrichtung deutlich von den in die benachbarten Blöcke integrierten Grundschulen ab.
Schließlich wird die Beziehung zwischen den Blöcken durch gemeinsame Symmetrien, Abwandlungen und Entsprechungen geprägt, die darauf hindeuten, daß das Bewußtsein von der Besonderheit städtischer Punkte nicht einer einzelnen Konzeption entspringt, sondern sich aus einem Konsens ergibt. Es sei nur darauf verwiesen, wie sich der Eingang zum Zaanhof (Architekt Walenkamp) mit dem konkaven Teil des Blocks von de Klerk in die Hembrugstraat einfügt, oder wie sich die Baublöcke von de Bazel (um den Zaandammerplein) mit den benachbarten Straßen und Blöcken verbinden.
Bereits an dieser Stelle sei vorweggenommen, daß eigentlich erst eine Besichtigung der Bauwerke dazu führen kann, die Architekten der „Amsterdamer Schule" anders zu beurteilen als bislang gemeinhin üblich. Vornehmlich de Klerk wird meistens als

M. de Klerk: Block C am Spaardammerbuurt (1913–1917)
Aufeinanderfolgende Schnitte,
die die Variationen des Innenraums aufzeigen:
Der Schulhof im Zentrum des Blocks
Der Innendurchgang und die Privatgärten
Der Durchgang in den Hof

Der Block, von der Zaanstraat gesehen

Künstler von übersteigerter Sensibilität, als von einer Art formalem Wahn umfangen dargestellt. Die Historiker bemerken in der Regel an seiner Architektur nur die Überschwenglichkeit, die ungewöhnlichen Silhouetten und die komplizierte Verwendung des Ziegels. Gewiß trifft dies alles zu – doch droht das Bild vom individualistischen Einzelgänger à la Gaudí die Wirklichkeit zu verschleiern, nämlich die ungeheure Bescheidenheit des Architekten gegenüber der städtischen Situation.
Die phantasievollen Bauten von de Klerk, Kramer und Wijdeveld stehen immer in Einklang mit den einzigartigen Punkten des städtischen Gefüges, ja, heben sie erst richtig hervor; sie sind keine vereinzelten und isolierten Bauwerke, sondern führen vielmehr zur Erforschung der Stadt, zum Bewußtwerden von Stadt und zur Einfügung der Architektur in einen Gesamtrahmen: Bescheidenheit des Architekten also gegenüber anderen Architekten. Zwar läßt sich in Spaarndammerbuurt, in dem de Klerk als erster tätig war, noch nicht auf eine schon zu Anfang bestehende Übereinstimmung zwischen den Architekten schließen. Aber schon bei der Verwirklichung des Plans Süd wird an den Verbindungen zwischen den von verschiedenen Architekten behandelten Teilstücken erkennbar, was der Begriff „Schule" abzudecken vermag: eine grundlegende Billigung der gleichen Prinzipien und eine konkrete Übereinstimmung in der Formgebung, die es uns unmöglich macht, die genaue Stelle zu bezeichnen, wo die Arbeit des einen aufhört und die des anderen beginnt.

Wohnhausgruppe der Vereinigung „De Dagerad" auf dem Cooperatieplein.
Architekt P Kramer

M. de Klerk: Block C am Spaarndammerbuurt (1913–1917)
*Fassade zur Zaanstraat und rückwärtige Wohnfassade
an der Zaanstraat: Der vor der Straßeneinsicht
geschützte Balkon gilt als ‚Ersatz' für einen rückwärtigen Garten*

*Zeichnung de Klerks für die Fassade des Baublocks
an der Hembrugstraat*

H.J.M. Walenkamp: Gebäudekomplex D am Spaarndammerbuurt (1919)

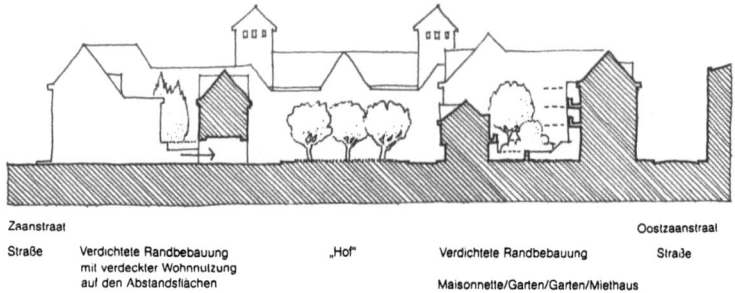

Schematische Schnittzeichnung der Gesamtanlage

Innenraum Zaanhof: Die um den Square gruppierten Häuschen knüpfen an die Tradition der flämischen Beginenhöfe an

Fünf Baublöcke

Die Untersuchung dieses Stadtteils könnte überflüssig erscheinen, ließe man unsere Hypothese außer acht, daß es sich in kleinem Maßstabe um eine „Wiederholung" der in der Folge umgesetzten Prinzipien handelt. Eine Prüfung der fünf im Nordwesten errichteten Blöcke zeigt deutlich, daß die wichtigsten, später im Plan von Amsterdam-Süd auftauchenden Detailanordnungen hier erprobt wurden.

Der aus mehreren Gruppen bebauter Parzellen zusammengesetzte „traditionelle" Baublock.
Diese Bestimmung trifft für die beiden Blöcke zu, die den Spaarndammerbuurt begrenzen. Verschiedene Architekten sind für sie verantwortlich (1913 und 1914): de Klerk für die monumentalen Fassaden, die den Platz umrahmen, für die angrenzenden Straßen andere Architekten. Wer auch die Architekten sind oder um welche Gruppierung es sich jeweils handelt – immer weisen die Außenseiten große Unterschiedlichkeiten auf. Zur Straße oder zum Platz hin bezeugen die Fassaden eine urbane, mitunter sogar monumentale Anordnung, auf der Rückseite ermöglichen die zur Eigennutzung überlassenen Gärten der unteren Wohnungen und die Loggien der oberen Etagen gewisse Auswüchse und private Aneignungen.
Gewisse Einrichtungen werden integriert. Die von den Architekten des Stadtbauamtes projektierten Schulen (an der Hembrugstraat und an der Wormerveerstraat) wahren die Logik des Blocks. Die zur Straße gelegenen Gebäude gehorchen der Baufluchtlinie, die rückwärtigen Höfe nehmen das Restgrundstück in seiner ganzen Tiefe ein. Der Block A verfügt über einen kollektiv genutzten Innenraum mit Ausgängen zur Straße in Form von Portalvorbauten (Oostzaanstraat und Krommeniestraat).

Bei dem als Einheit konzipierten Block (Block C von de Klerk, 1917)[68]
besteht eine stärkere Integration der verschiedenen Funktionen (Postamt, Schule). Abgesehen vom Hof der bereits erbauten Schule, die den größten Bereich einnimmt, besteht der Kern des Blocks aus einer Vielzahl kleiner Einzelgärten, die zu den Wohnungen der unteren Etagen gehören. Diese Gärten sind über ein Gäßchen zugänglich, das vom gemeinsamen Hof hinter der Post ausgeht. Einige Wohnungen sind über diesen für jedermann zugänglichen Hof zu betreten. Der Gegensatz zwischen Vorder- und Rückseite ist hier schwächer als im Bereich der Gärten oder bei den vorbeschriebenen Blöcken ausgeprägt. Die „Öffentlichkeit" vermag ansatzweise ins Innere des Blocks vorzudringen.

Der zergliederte Baublock.
Beispiele dafür sind die beiden Wohnanlagen Zaanhof und Zaandammerplein (Block D, Walenkamp, 1919, und E. de Bazel, 1919–21), also der letzte Bauabschnitt des Stadtteils. In beiden Fällen ist der weiträumige Block sowohl auf sein Zentrum, einen

öffentlichen Platz, als auch auf die ihn begrenzenden Straßen ausgerichtet. Die „Rinde", die sich aus der doppelten Tiefe der Bebauung ergibt, könnte allein schon als Blockgruppe angesehen werden, doch scheint die stark ausgeprägte Einheitlichkeit jeder dieser Anlagen eher auf die Vorstellung eines einzigen, speziellen Baublocks zu verweisen, auf den *Hof,* der an die flämische Tradition der Beginenhöfe anknüpft und eine Neuinterpretation des englischen Experiments des Wohnhofs darstellt. Dies wird ganz deutlich in der Wohnanlage Zaanhof, die zur Straße hin durch einen Kranz hoher Gebäude gekennzeichnet ist, während der Innenraum von niedrigen Gebäuden umrandet wird, die an die Vorstellung der Beginen-Häuschen erinnern. Tatsächlich ist es nur eine Vorstellung, weil jede Einheit, die sich als Haus ausgibt, in Wirklichkeit aus zwei übereinanderliegenden Wohnungen besteht.

Die Realisierung von Spaarndammerbuurt wurde vor dem Ersten Weltkrieg beschlossen und während des Krieges teilweise durchgeführt; im Vergleich zu späteren Bauten bewegt sich die endgültige Fertigstellung in bescheidenem Rahmen[59]. Die neue Einstellung zum Baublock, die sich hierbei ausdrückt, kündigt jedoch schon, und zwar noch vor den ersten Versuchen von J.J. Oud in Rotterdam, die Änderung des Status des Innenraums an, die weit mehr noch als die Realisierung des Berlage-Plans zu seiner Zerstörung führen wird.

Die südliche Erweiterung und der neue Städtebau in Amsterdam

Die Grundlagen des Berlage-Plans

Es wäre in diesem Rahmen nicht zweckmäßig, den Berlage-Plan detailliert darzulegen oder die bei der Durchführung entstandenen Schwierigkeiten aufzuzählen. Andererseits ist eine Untersuchung einiger dieser Baublöcke nicht möglich, ohne zuvor die Rahmenbedingungen darzulegen, d.h. ohne eine Analyse der für die Stadtviertel des Südens bestimmende Gesamtstruktur. Dazu gehört auch eine Prüfung zweier Probleme: die Frage des Anschlusses an die bestehende Stadt und das Problem der Unterteilung der neuen Stadtviertel.
Die Stadtentwicklung des 19. Jahrhunderts auf der Grundlage des Kalf-Plans ist durch die Aufgabe eines kreisförmig um einen Mittelpunkt angeordneten Systems zugunsten eines orthogonalen Systems gekennzeichnet. Die Auflösung geometrischer Zwänge ergab sich bei dem Versuch, den Treffpunkt beider Richtungen dieses neuen Systems in den Griff zu bekommen. Nachdem Kalf diesem Problem ausgewichen war, wurde es erst 1889 in monumentaler Weise von E.J. Cuypers mit dem Rijks-Museum und der Anlage der zugehörige Alleen und des großen Vorplatzes gelöst. Nichtsdestoweniger blieb durch diesen lokal sehr begrenzten Eingriff das Gesamtproblem, wie ein neu-

es Element städtischen Gefüges an die Siedlungsanlagen des 19. Jahrhunderts anzuschließen sei, weiter in der Schwebe.

Das erste Projekt Berlages (1903) basierte auf der Idee einer Gartenstadt, die von der bestehenden Stadt durch einen städtischen Park abzutrennen wäre, wurde aber aufgrund der unzureichenden Baudichte abgelehnt.

Das zweite, im Jahre 1916 vorgelegte Projekt wurde 1917 von den städtischen Behörden für den Teil innerhalb der Verwaltungsgrenzen der Stadt (ihrer Grenzen von 1896) gebilligt; die Gebietserweiterung von 1921 ermöglichte es, das Projekt im wesentlichen fertigzustellen.

Aufs Ganze gesehen, stellt sich die südliche Erweiterung als eigenständiges Viertel dar, das sich über die Quartiere des 19. Jahrhunderts hinweg in ständiger Auseinandersetzung mit der Altstadt befindet. Berlage ignoriert bewußt den orthogonalen Raster des Kalf-Plans, nämlich die ländliche Parzellenstruktur; er gibt den neuen Stadtteilen ähnlich einer eigenständigen City eine Struktur, die durch eine monumentale Trassierung der Verkehrswege gekennzeichnet ist und damit eine „Ordnung" herstellt in Analogie zu der Kanäle der Altstadt.

Die Eigenständigkeit der neuen Stadtteile, die im Plan deutlicher als in der Realisierung hervortritt, wird durch den Standort des Minerva-Bahnhofs unterstrichen, der am äußersten südlichen Rand des Plans vorgesehen war, aber nicht verwirklicht wurde; er gab die Richtung der Hauptachsen vor. Der neue Bahnhof entspricht dem alten Bahnhof im Norden der Altstadt; Minervalaan entspricht Damrak. Der Amstel-Kanal umgibt die neue Stadt, wie die befestigte Ringmauer die Stadt des 17. Jahrhunderts umschloß. Berlage greift hier die gleichen Prinzipien wie in den Erweiterungsplänen von Den Haag (1908) und Purmerend (1911) auf: klare Struktur der neuen Stadtteile, deutliche Abgrenzung zur früheren Stadtentwicklung, der Bahnhof entgegengesetzt zur Altstadt.

Bei einer Prüfung der gesamten Projekte für die Erweiterung von Amsterdam[60], dessen südlicher Teil nur eines der Elemente darstellt, tritt die Absage an die Stadtentwicklung des 19. Jahrhunderts noch deutlicher hervor. Die Altstadt wird zum Zentrum einer Gliederung, die vier Satelliten umfaßt: *Amsterdam-West* auf dem Gebiet von Watergraafsmeer mit der von D. Greiner verwirklichten Gartenstadt, die jedoch nur einen geringfügigen Teil des Gebietes ausmacht; *Amsterdam-Süd*, das hier zur Untersuchung steht; *Amsterdam-Ost* auf dem Gebiet von Bos en Lommer, dessen Hauptachse Hoofdweg-Mercatorplein ab 1925 realisiert wird; und *Amsterdam-Nord*, das die Gartenstädte Buiksloterham und Nieuwendammerham zusammenfaßt. Zwischen jedem dieser Stadtteile liegen gliedernde Einschnitte: Die Amstel und der Vondelpark im Süden, die Ij und die Hafenanlagen im Norden sowie die Stadtteile des 19. Jahrhunderts.

Amsterdam: Gliederung der südlichen Viertel und der Altstadt

Schema des Berlage-Plans aus dem Jahre 1916   *Heutiger Zustand (städtischer Kataster)*

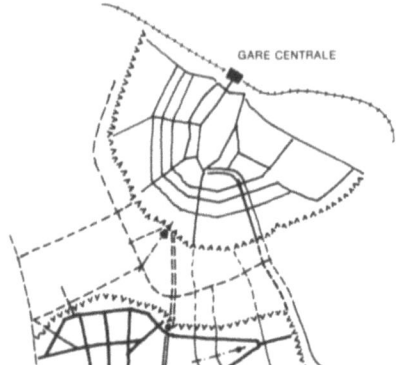 

Obwohl der Plan Berlages nicht in vollem Umfange verwirklicht wurde, sind seine wesentlichen Prinzipien noch heute zu erkennen

Kontinuitäten und Brüche

Es lassen sich zwei deutlich unterschiedliche Teile erkennen, die durch den Einschnitt der Kanäle (Boerenwetering, Overdam) und den Beatrixpark voneinander getrennt sind, nämlich der Y-förmige, an die Amstel angebundene Teil im Osten, im Westen eine von der Kreuzung Minervalaan/Stadionweg beherrschte Anlage, deren Struktur heute nicht mehr deutlich erkennbar ist.
Die Kontinuität der Stadtviertel des Südens mit der Stadt des 19. Jahrhunderts wird aus zunächst funktionalen Gründen gewährleistet: Kontinuität der Straßen und Kontinuität des Kanalisationssystems. Im Osten sichert das Netz der Nebenstraßen (Rijnstraat, Maasstraat und Scheldestraat, die in groben Zügen parallel zur Amstel verlaufen) in etwa den Anschluß an die Radialstraßen der Altstadt und bietet zudem eine Grundlage für die Geschäfte und Infrastruktureinrichtungen des Stadtteils. Im Westen sind aufgrund der Richtungsänderung in den Vierteln des 19. Jahrhunderts und des Einschnitts durch den Vondelpark die Verbindungen nicht so leicht herzustellen, sie führen in den Berührungspunkten mit der früheren Stadtentwicklung zu einer Reihe Y-förmiger Kreuzungen nördlich des Amstel-Kanals – ein System, das sich aus Beet-

Amsterdam: Der verwirklichte Berlage-Plan (1917–1940)

Die eingesetzten ‚Figuren'

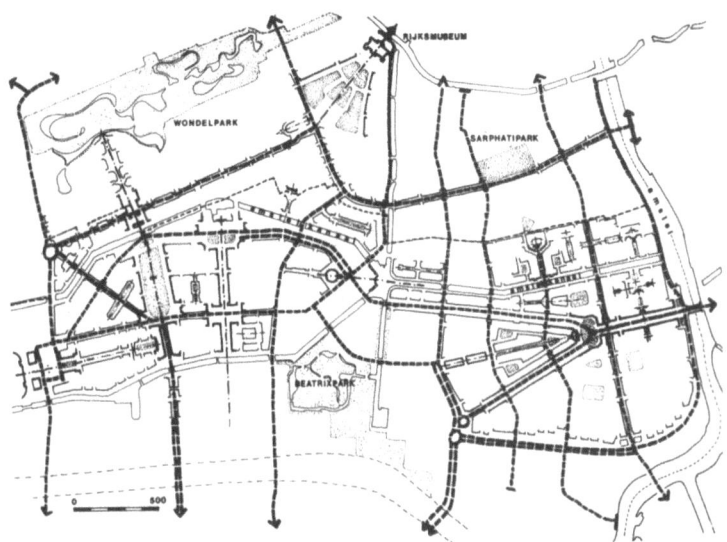

Der heutige Zustand

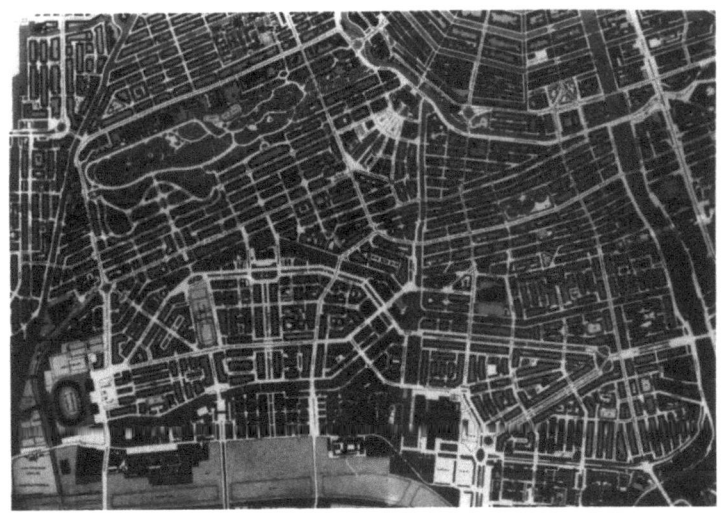

hovenstraat/Coenenstraat/Ruloffstraat/Roelof Hartplein/Jacob Obrechtplein sowie aus monumentalen Blickfängen, wie dem Minervalaan und dem Olympiaplein, zusammensetzt.

Somit weist der Plan ein doppeltes System auf, das die monumentalen Effekte miteinander vereinigt: eine Y-förmige Straßenkreuzung im Osten, ein Dreizack mit unauffälligeren Übergängen zur früheren Urbanisierung im Westen, lineare und senkrecht zur Monumentalachse liegende Kontinuitäten im Osten, punktuell im Westen, die zur Lairessestraat zurückführen.

Obgleich der Berlage-Plan weiter nördlich beginnt, haben wir den Schnitt zwischen der Stadt des 19. Jahrhunderts und der südlichen Erweiterung auf den Amstel-Kanal verlegt. Die Typonomie bestätigt die morphologische Analyse, indem sie entlang dieser Linie den Alten Süden (Oud Zuid) vom Neuen Süden (Nieuwe Zuid) unterscheidet. In der Tat weist die Stadt zu dem Zeitpunkt, da Berlage die Erweiterung übernimmt, noch keine homogene Physiognomie auf. Aus technischen wie auch aus ästhetischen Gründen besteht die erste Aufgabe darin, den Alten Süden zunächst fertigzustellen und erst danach den Neuen Süden in Angriff zu nehmen.

Die technischen Gründe: Der Amstel-Kanal, der bei der Dränierung des Geländes eine wesentliche Rolle spielt, markiert die südliche Grenze der unmittelbar bebaubaren Gebiete. Nach Annahme des Projekts (1917) werden zunächst die nördlich gelegenen Baublöcke fertiggestellt, weil die Verfestigung der Böden ein Offenlassen von Lücken verbietet; es geht hierbei um eine Vielzahl kleiner Baumaßnahmen, die zwischen 1917

Amsterdam Süd: Der Plan Berlages im Jahre 1940 *Viertel des Olympiastadions (westlicher Teil)*

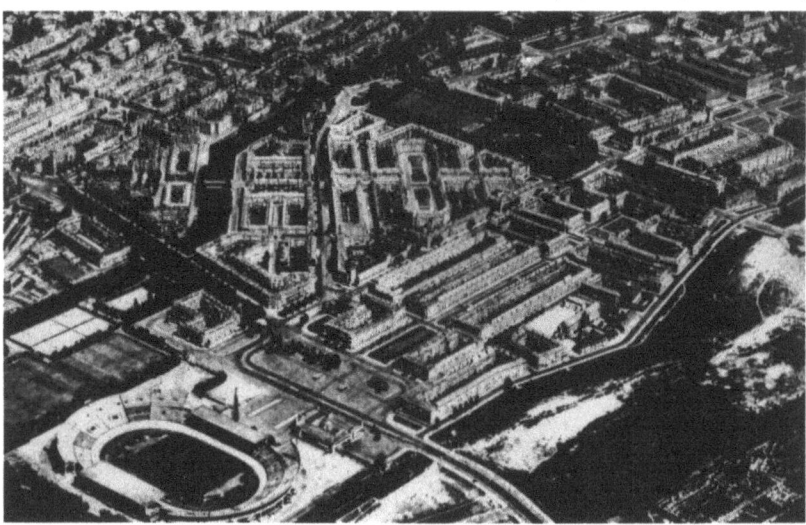

und 1920 um den Stadtkern des 19. Jahrhunderts herum auf der Linie Krusemanstraat, Lairessestraat, Baerlestraat, Roelof Hartstraat und Lutmastraat bis zur Tolstraat realisiert wurden. Zwischen dieser Linie und dem Amstel-Kanal werden dann in den Jahren 1920 bis 1921 die größeren Bauvorhaben in Angriff genommen: Bertelmanplein (van Epen), Harmoniehof (van Epen), Th. Schwartzeplein/Henriette Ronnerplein (de Klerk, Kramer u.a.), Smaragdplein (van Epen, Gratama).
Die ästhetischen Gründe: Berlage erzielt eine deutliche Grenzzierung zur früheren Urbanisierung, die er damit auch kaschiert. Der Amstel-Kanal wird zu einer Promenade, womit beide Uferseiten ebenfalls unter Kontrolle gebracht werden. Auf lokaler Ebene wird durch die Behandlung der Roelofhartplein, der Cornelis Troostplein und der Keijserplein das alte und neue Stadtgefüge gegliedert und der Einschnitt auf die Linie zurückversetzt, wo er offengelegt werden muß, aber auch bewältigt werden kann, nämlich zum Amstel-Kanal[61].
Anschließend wird das Gebiet zwischen dem Amstel-Kanal und der Basis des Y (Rijnstraat/Vrijheidslaan Nord, 1921 – 1924) bebaut und zuletzt die Anlage Marathonweg (1922 – 1924) errichtet. Dieser Phase, die ihren krönenden Abschluß im Kongreß von 1924 findet, folgt eine Periode des Abwartens, während der nur wenige Bauten in Angriff genommen werden. Die Olympischen Spiele von Amsterdam im Jahre 1928 sind ein Anlaß zur Wiederaufnahme des südlichen Plans: Fertigstellung der Monumentalachsen, des südlichen und mittleren Teils des Y (1927 – 1928), des Minervalaan (1928) und des Viertels mit dem Olympiastadion (1927 – 1928).

Amstellaan-Viertel (östlicher Teil)

Als Auswirkung der Krise von 1929 ist ein erneuter Stopp der Bautätigkeit zu verzeichnen – es laufen nur noch wenige Projekte an. Ab 1933 geht es wieder voran: Abschluß des östlichen Sektors zwischen dem Y und der Kennedylaan (1933–1939), Fertigstellung der nicht-monumentalen Teile des westlichen Sektors. Einige Abschnitte werden erst nach dem Krieg ausgeführt, so z.B. die Umbauung des Beatrix-Parks. Die verschiedenen Unterbrechungen sind durch Veränderungen in der Architektur gekennzeichnet. Während in der ersten Phase (1918–1924) die Bauten mit der Planung Berlages übereinstimmen und von einer Überfülle von Architektenhandschriften geprägt sind (de Klerk, Kramer, Staal, Wijdeveld, van Epen), ist die zweite Phase (1926–1939) vorwiegend auf Serienherstellung abgestellt, bei systematischer Anwendung der Grundsätze von Blockgestaltung und Wohnungseinteilung durch weniger bekannte Architekten, wie Rutgers, Warners, Westermann. Schließlich sieht sich die „Amsterdamer Schule" während und nach der Krise einem regelrechten Angriff seitens der funktionalistischen Architekten ausgesetzt. Das erste Zeichen hierfür ist die Schule von Duiker (1930), die zu einer abweichenden Konzeption des Baublocks führt. Diese Konzeption, die an der Grenze des südlichen Plans mit den offenen Wohnblöcken des Kennedylaan noch zaghaft vorgestellt wird, kommt im Stadtteil Bos en Lommer (Landlust) voll zur Entfaltung.

Morphologische Struktur und Architekturmodelle

Die südliche Erweiterung ist zunächst als eine Überlagerung einer Monumentaltrassierung und eines unbedeutenderen Straßennetzes konzipiert, das im östlichen Sektor an das frühere Stadtgefüge angeschlossen ist – wenn dies auch in der verwirklichten Form schwächer hervortritt als im Planentwurf. Diese Struktur, die die übergreifende und die mittlere Ebene gliedert, läßt den Einschnitt zwischen dem Sektor des Ostens und dem Sektor des Westens erkennbar werden – einen Einschnitt, der auf ausgeprägte soziale Unterschiedlichkeiten verweist: vorwiegend Arbeiterviertel im Osten, eher bürgerliche Viertel im Westen – ein Einschnitt also, der wie gezeigt wurde, durch die stufenweise Baudurchführung und die Beteiligung verschiedener Architekten noch verstärkt wird.

Das monumentale System gründet auf einfachen, klassischen Figuren: Symmetrie, Fluchtlinie und künstlerische Gestaltung der Fassaden, Behandlung der Ecken, die die Symmetrie unterstreichen und auf die Hierarchie der jeweiligen Straßen verweisen. Dieses System bestätigt die Eigenständigkeit der Viertel des Südens bezüglich der Markierungen und ihrer Verteilung und verweist, abgesehen vom Stadion (und dem Minerva-Bahnhof), niemals direkt auf eine Infrastruktureinrichtung.

Das sekundäre System gewährleistet zwar die Kontinuität, doch sind mit Ausnahme der Rijnstraat alle Perspektiven willentlich unterbrochen. Als Standort von Einrichtungen wie Kirchen und Verwaltungsgebäuden und von Geschäften ist das System

nicht global interpretierbar, sondern verweist, insbesondere durch die Behandlung der Ecken, ständig auf das monumentale System.
Beide Systeme bestimmen gemeinsam ein Gitternetz von Wohnblockanlagen. Die Stellung der homogenen, d.h. einem bestimmten Detailplan zugehörigen Bauvorhaben ist aufschlußreich für die in Amsterdam angewandten Raummodelle, die sich nicht auf die Ausrichtungen des Berlage-Plans beschränken, sondern eine Doktrin zu bilden scheinen, die allen im südlichen Sektor tätigen Architekten gemeinsam ist – mit Ausnahme der funktionalistischen Tendenzen, die nach 1930 aufkommen.
Das durch Übereinanderschichtung beider Systeme festgelegte Gitternetz wird nicht gleichförmig genutzt. Bisweilen ist die Bautätigkeit stärker auf das monumentale System ausgerichtet – so wird dem gleichen Architekten die gesamte Randbebauung eines Platzes oder die beidseitige Bebauung einer Allee übertragen; bisweilen werden aber auch kleine, mit eigener Rhetorik ausgestattete autonome Wohnanlagen errichtet, die im allgemeinen auf einen innen angelegten Platz zur Aufnahme von Schulen zentriert sind und nur schwach in die Gesamtstruktur eingebunden sind. Ihr lokales Gepräge drückt sich in Portalvorbauten aus, in Passagen unter den Gebäuden und in Zickzackdurchlässen, die einen Teil des Wegenetzes dem Gesamtzusammenhang entziehen. Mit Ausnahme der Achsen Marathonweg/B. Kochstraat sind diese Vorhaben niemals auf eine Nebenstraße ausgerichtet, was bedeutet, daß die mittlere Ebene nur als eine Resultante auftritt und keine operative Bedeutung für den Aufbau des Gesamtgefüges hat.

Der Amstelaner Baublock

Der Baublock a priori und a posteriori

Eine Untersuchung der Bauvorhaben und des Katasterplans zeigt, daß der Baublock keine Einheit architektonischer Projektierung mehr darstellt; abgesehen von einigen Fällen wird der Block stets in mehreren Abschnitten gebaut, die verschiedenen Architekten zugeschrieben werden. Es handelt sich bei einem Baublock also eigentlich mehr um die beidseitige Bebauung einer Straße.
Dennoch läßt sich in Amsterdam der Begriff des Baublocks nicht auf das Ergebnis einer nachträglichen Unterteilung reduzieren. Der Amstelaner Baublock behauptet sich als *anerkannter Typus*, d.h. als allgemeines Instrument, als eine räumliche Organisation, über die Konsens erreicht worden ist, deren Eigenschaften aufzuzählen sind und deren Entwicklungsgeschichte beschrieben werden kann.
Der Konsens äußert sich in der Art und Weise, in der die verschiedenen Architekten nebeneinander arbeiten, in der gemeinsamen Bescheidung gegenüber dem städtischen Raum, die in der Behandlung der Fassaden zur Straße spürbar wird: Die Effekte sind niemals unmotiviert, sondern beziehen sich stets auf eine städtische Lokalisierung

Amsterdam Süd: Die Markierung des städtischen Raums
Rechte Seite:
Oben: Die monumentalen Orientierungspunkte
Mitte: Banalität des Alltags und häusliche Monumentalität
Unten: Intimität

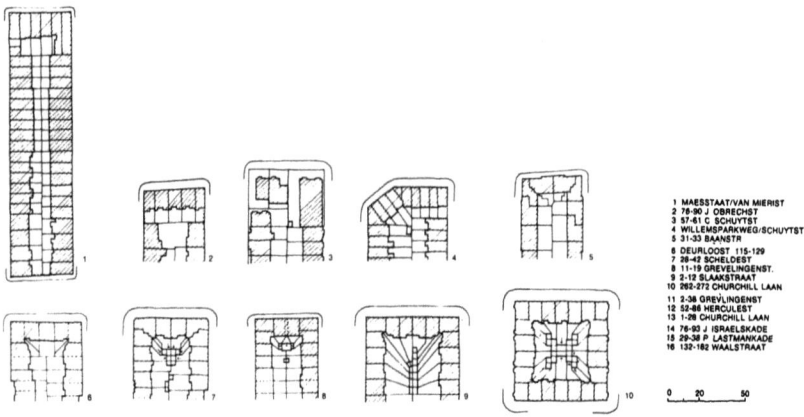

Probleme der Ecken

*Die traditionellen Lösungen (1900-1910) begnügen sich
mit der einfachen Zurückführung der Zeile oder mit der Unterbrechung
der Gebäudereihe (1, 2, 3,). Einige Versuche zielen auf die Gestaltung
dieses besonderen Bereiches ab (4, 5).
Die Amsterdamer Schule erprobt systematisch die Gestaltung
der Eckparzellen (6 bis 9), geht aber selten so weit,
den Block in einem Zuge zu erstellen (10, 14)*

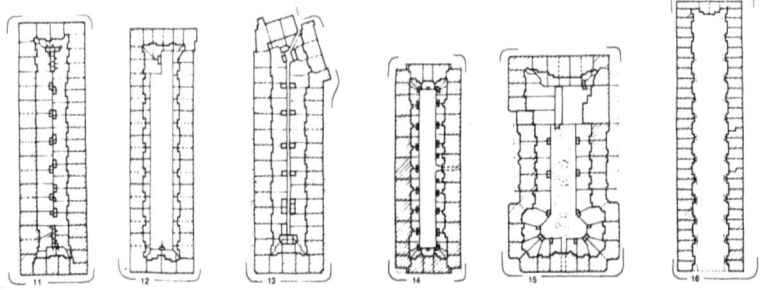

Entwicklung des Innenraums

*Der von den Straßen völlig abgesonderte Innenraum des Blocks
ist mit Privatgärten (11) oder einem gemeinschaftlichen
Garten ausgefüllt (12). Ein Zugang führt zu einem kleinen Weg (13),
der selbst zur öffentlichen Grünanlage (Square) werden kann (15).
Durch den fehlenden Abschluß der vierten Seite
wird der Status des Innenraums verändert (16)*

(wie eine Ecke oder eine Symmetrie), das Nebeneinander ist Ergebnis eines Kompromisses, der der Bescheidenheit gegenüber dem Innenraum des Baublocks entspricht: Beachtung der Parzellenstruktur, Einigung über die Ausrichtung der Außenseiten usw. Der als Grundlage dienende Berlage-Plan und die „Empfehlungen" der Baugesellschaften[62] zu den Versorgungssystemen und Wohnungsgrundrissen haben gewiß die Arbeit der Architekten erleichtert und zu ihrer Übereinkunft geführt. Doch ist der zugleich regelmäßige und abwechslungsreiche Anblick der gewählten Anordnungen nicht allein aus den äußeren Zwängen zu erklären. Die Amsterdamer Schule verfügt über weit mehr als ein formales Repertoire, das zu ihrem Signum geworden ist und auf das sie gerne beschränkt wird – sie erscheint vielmehr als die vielleicht letzte Bewegung einer städtischen Architektur. In Amsterdam ist diese städtische Architektur in einer Konzeption des Baublocks begründet.

Unabhängig davon, ob die Baublöcke von einem einzelnen Architekten im Ganzen entworfen werden oder sich aus der Aneinanderfügung von Gebäuden ergeben, die von verschiedenen Personen ausgeführt wurden – stets weisen sie ganz bestimmte Eigenschaften auf, die zu einem Abstraktum, nämlich zum Typus, zusammengefaßt werden können.

Der Amstelaner Baublock besteht aus einer zusammenhängenden Randbebauung, die einen unbebauten zentralen Raum säumt. Im allgemeinen rechteckig, variiert er in der Breite zwischen 40 und 45 m und erreicht in einigen Fällen sogar 60 m, während die Höhe vier, bisweilen drei Geschosse beträgt; ein zusätzliches Dachgeschoß enthält die im Souterrain verbotenen „Keller". Der Bau besteht aus Ziegeln. Insgesamt bewegt sich der Baublock zwischen zwei Gegensatzpaaren:
- lange Fronten/Ecken
- Randbereich/Zentrum (oder außen/innen).

Diese Gegensätze legen für jeden Bereich des Raumes ein anderes Statut fest, das sich morphologisch artikuliert und von der Praxis bestätigt wird.

Das Problem der Ecken

Aufgrund der Abmessungen des Baublocks stellt sich ein schwieriges Problem für seine Endpunkte: Er ist zu schmal, um die Kontinuität mühelos wahren zu können. Es gibt dafür zwei Lösungen: Die eine besteht darin, die Schmalseite überhaupt nicht zu bebauen und die Häuserreihe bis zur Kreuzung weiterzuführen; die andere Lösung sieht vor, eine Reihe von Parzellen an der Schmalseite umzukehren.

Diese zweite Lösungsart wird vor 1917 am häufigsten angewendet. Bewußt wird die Kontinuität der Fassaden unterbrochen, indem sich ihre Gestaltung an der Schmalseite von der des restlichen Teils (der Längsseite) unterscheidet. Diese Abweichung, die nebenbei die Möglichkeit gibt, den Endpunkt nach drei Seiten zu öffnen, ist zwar für die Erstellung spezieller Bauwerke günstig, aber schwer vereinbar mit dem Anliegen

der Architekten der Amsterdamer Schule, die Architektur des städtischen Raumes vollständig durchzubilden. Es bleibt das Problem, die Kontinuität der Fassaden zu wahren und gleichzeitig die Ecke, diesen besonderen Punkt im Gefüge, insbesondere an den Hauptverkehrsadern zu markieren.
Bei einem Baublock, der im Verlauf mehrerer Interventionen zerstückelt worden ist, genügt es nun aber nicht, die Eckparzellen schräg zu trassieren, um eine Einheitlichkeit der Fassaden zu wahren. Einfacher wird das Problem, wenn nur ein einziger Architekt den gesamten Baublock gestaltet oder wenigstens jenen Teil, der als „Ausgleich" genügt, um die Richtungsänderung – ähnlich dem Verlauf einer Treppe – auf eine ausreichende Anzahl von Parzellen zu verteilen. Da das Prinzip der Privatgärten aufrechterhalten wird, kommt es mitunter zu abenteuerlichen Zuschnitten, um allen Erdgeschoß-Wohnungen (oder den unteren Maisonette-Wohnungen) den Zugang zu einem Gartenhäuschen zu ermöglichen. Von der Straßenseite her wird die Ecke durch eine Häufung von Effekten geradezu zelebriert: Überhöhung des Gebäudes oder, im Gegensatz dazu, Absenkung der Bedachungen, die mehrere Geschosse abdecken, aufeinanderfolgende Rücksprünge der Fassaden, monumentale Gestaltung usw. Die in Amsterdam übliche malerische Symmetrie führt zu einem regelrechten Wettstreit zwischen gegenüberliegenden Baublöcken.
Aufgrund dieser Anordnungen sind die Eckwohnungen anders gestaltet: kleinere Wohnzellen, besondere Grundrisse. Da die strategische Lage im Gefüge mit den Besonderheiten der räumlichen Gestaltung zusammentrifft, ist die Ecklage der ideale Ort für die Ansiedlung von Geschäftsbetrieben. Die architektonische Behandlung stimmt hier mit der praktischen Nutzung des Raumes überein und weist der Kreuzung ein besonderes Statut zu.

Baublock und Projektierung
Wenngleich in Amsterdam der Baublock die Grundeinheit des Strukturgefüges darstellt, entspricht er nicht – oder nur in seltenen Fällen – der Projekteinheit.
Die Aufteilung der Vorhaben und ihre Vergabe an verschiedene Architekten folgen einer Logik, die eine Kontrolle der öffentlichen Flächen berücksichtigt: Avenuen, Plätze, Kreuzungen, perspektivischer Hintergrund usw. Gezeigt wird die Fertigstellung des Viertels in der Nähe der Amstel, das von einer Architektengruppe unter der Koordinierung von J. Gratama, einem früheren Mitarbeiter Berlages, verwirklicht wurde

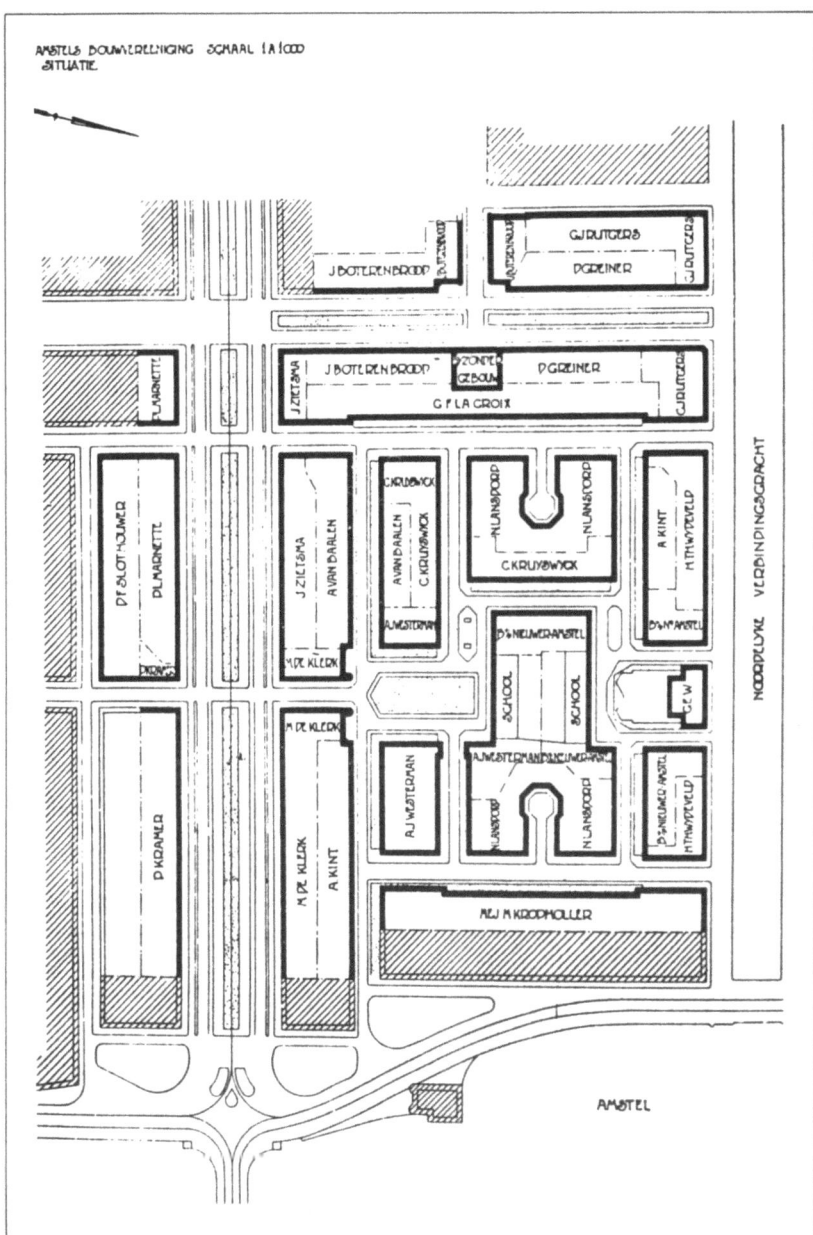

Randbereich/Zentrum

Aus der Absicht entstanden, jeder Arbeiterfamilie eine „individuelle" Wohnung zu vermitteln und damit eine allzu hohe Wohndichte zu vermeiden – sie wird als gefährlich und ungesund erachtet –, reproduzieren die Wohnzellen die Charakteristiken der traditionellen holländischen Häuser bis ins letzte Detail: Das Erdgeschoß führt direkt auf die Straße und ist rückwärts durch einen kleinen Garten verlängert, die Schlafzimmer liegen im oberen Geschoß. Im typischen Baublock des Berlage-Plans ist die Gebäudeform durch diesen Bezug zu erklären: Direkter Zugang zu allen Wohnungen von der Straße, privater Garten für die Wohnungen im Erdgeschoß, Loggia nach hinten für die Wohnungen der oberen Geschosse. Nach Möglichkeit wird dem „flat" die Maisonette-Wonung vorgezogen, weil sie die Wohnungseinteilung des traditionellen Hauses wiederholt.

Der Gegensatz Randbereich/Innenbereich markiert somit die Fortführung der Tradition. Die morphologischen Eigenschaften verweisen auf eine mögliche Praxis sowie auf ganz bestimmte Bedeutungen.

Außenbereich	*Innenbereich*
Straßenfassade	Innenfassade und Garten
kontinuierlich und zusammengefügt	zerstückelt und banal
zugänglich	nicht zugänglich
Bezug zur Stadt	Bezug zur Wohnung
Repräsentation	Praxis
vorgezeigt	verborgen
Stempel des Architekten	Prägung durch die Bewohner

Der Innenbereich, d.h. die Gesamtheit aller Gärten, hat eine doppelte Funktion. Jeder Garten ist für sich genommen ein rückwärtiger privater Raum für die Wohnungen im Erdgeschoß; kollektiv gesehen, bilden die Gärten insgesamt einen Hof, der für die oberen Geschoßwohnungen nicht zugänglich ist. Die Struktur des Baukörpers – stark geprägt durch den Wechsel von schmalen, vorspringenden Bauteilen, die Treppen und Küchen aufnehmen, zu breiten Fassadenabschnitten für die Loggien – verstärkt die Unabhängigkeit der mittleren Wohnungen. Die (private) Aneignung zeichnet sich durch die Anreicherung der Gärten oder deren Ersatzeinrichtungen (Loggien) mit verschiedenen Gegenständen, Malereien, Plattenbelägen, Blumen usw. aus[63]. Das geht bis zur Errichtung von Geräteschuppen, Gewächshäusern und kleinen Hütten für Werkzeuge und Haustiere, womit an die holländische Tradition des Gartenhäuschens im rückwärtigen Teil des Grundstücks angeknüpft ist. Bisweilen wird dieses

Gartenhäuschen auch vom Architekten entworfen und in fester Bauweise errichtet. Zur Straße hin verweist die vom Gestaltungswillen des Architekten beherrschte Fassade auf die städtische Qualität der Architektur. Von der Art des Wohnens sind die Fassaden hingegen in unaufdringlicher Weise durch die verschiedenartige Ausgestaltung der Fenster geprägt. Das Wohnzimmer, das in Holland selbst in bescheidenen Behausungen oft die ganze Tiefe der Wohnung einnimmt, wird durch eine Fensteröffnung angezeigt, die größer ist als die der anderen Fenster. An der gesamten Fassadenseite werden Bogenfenster nach dem Prinzip der englischen „bow-windows" eingearbeitet. Dieser „Wandraum", der bisweilen auf einen winzigen Vorsprung reduziert ist, hat die Funktion eines Ortes, an dem man sich zeigt. Die Unterteilung der Fensteröffnung in einen feststehenden und einen zu öffnenden Teil begünstigt die Schaustellung: Etageren mit Souvenirs, Vorhänge und Glasscheiben, die den Einblick nehmen, Kakteen usw. – das Fenster zur Straße ist ein Schaukasten. Wie sehr dies zutrifft, zeigt sich darin, daß die Schaufenster der kleinen Läden des Viertels die gleichen Ausmaße aufweisen wie die Wohnzimmerfenster. Das wiederum kommt Veränderungen entgegen, das Erdgeschoß kann mühelos in Geschäfte umgewandelt werden. Umgekehrt werden standortmäßig schlecht gelegene Geschäfte zu Wohnungen. Borssenburgstraat und Amsterkade sind u.a. überzeugende Beispiele hierfür.

Der Wegfall der Unterschiedlichkeiten

Die oben beschriebene Gliederung wiederholt sich mit geringfügigen Abweichungen durchgängig im gesamten Plan Süd wie auch in anderen Teilen der Stadt, ja, sogar in anderen Städten. Sie schien uns eine Konstante zu sein, die vor dem Jahre 1930 nur wenige Ausnahmen zuließ. Unter diesen Ausnahmen werden wir diejenigen in Betracht ziehen, die sich auf das Statut des Blockinnenbereiches beziehen, weil dessen Entwicklung in Spaarndammerbuurt bereits vorhersehbar ist und es danach zu wesentlichen Veränderungen kommen wird.
Um dem rückwärtigen Garten die gleiche Funktion wie dem des traditionellen Hauses zuzuweisen, wurde die Anlage eines Gäßchens zur direkten Anbindung erforderlich (Problem des Fahrrades). Der Innenraum setzt sich nicht mehr nur aus Teilen zusammen, die sich jeweils auf eine Wohnung beziehen, sondern es kommt ein kollektiver Raum hinzu: das Gäßchen, das gegebenenfalls zu den gemeinsamen Räumlichkeiten (für Instandsetzungs- und Aufräumungsarbeiten) führt. Der Innenraum bleibt zwar durch eine überdachte Passage oder einen Zickzackdurchlaß geschützt, wird aber nun zugänglich.
Parallel dazu wird der Versuch unternommen, die Abmessungen der individuellen Gärten zu reduzieren und im Zentrum einen gemeinsamen, meist bepflanzten Raum zu schaffen, der die Blickkontakte einschränkt und sich als Spielplatz für die Kinder anbietet, insbesondere für die der oberen Geschosse, die bislang gegenüber den

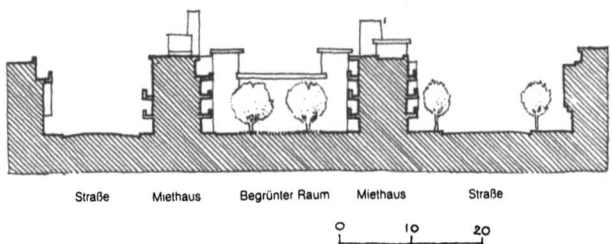

| Straße | Miethaus | Begrünter Raum | Miethaus | Straße |

Der Innenraum

Von der Straße völlig abgesondert, ist der Innenraum ein geschützter Bereich mit Bäumen, ein Ort der Stille, der insbesondere im Erdgeschoß individuelle Aneignungen ermöglicht.

Nach 1930 wird durch die Öffnung des Baublocks und die Schaffung eines gemeinschaftlichen, von der Straße aus zugänglichen und einsehbaren Gartens die Differenzierung der Fassadenseiten vermindert und der Innenraum steril

Kindern aus den Erdgeschoßwohnungen benachteiligt waren. Die zum Erdgeschoß gehörigen Gärten sind ja ausschließlich von den Wohnungen zugänglich und haben keinerlei Verbindung zur Straße.
Das Zusammentreffen dieser beiden Abwandlungen führt zu einer neuen Konzeption des Baublocks: der Innenbereich wird nun als gemeinsamer Garten von der Straße aus zugänglich gemacht, und zwar über einen kontrollierbaren Durchgang, der auch abgesperrt werden kann. Der reduzierte Gegensatz außen/innen weicht einer komplexeren Artikulierung: Randbereich (Fassade zur Straße/Fassade zum Garten)/Innenbereich.

Randbereich		*Innenbereich*
Straßenfassade	Innenfassade und Garten	
kontinuierlich und zusammengesetzt	fragmentiert und alltäglich	kontinuierlich und gestaltet
zugänglich	nicht zugänglich	zugänglich und kontrolliert
Bezug zur Stadt	Bezug zur Wohnung	Bezug zum Baublock
Repräsentation	individuelle und familiäre Praxis	Repräsentation und gemeinsame Praxis
vorgezeigt	verborgen und gesehen	gesehen
Stempel des Architekten	Prägung durch die Bewohner	Stempel des Architekten

Die Idee eines zentralen Gartens manifestiert sich auch in den komplexen Wohnanlagen, die, den im Zaanhof erprobten Prinzipien folgend, mehrere Baublöcke miteinander verbinden: doppelte Randbebauung mit hohen Gebäuden im Außenring und einstöckige Häuschen rund um den Garten. Die von van Epen verwirklichte Wohnanlage Harmoniehof ist das gelungenste Beispiel dafür. Das Modell wird weiterentwickelt und nimmt im Innenbereich Infrastruktureinrichtungen auf: eine Bibliothek im Cooperatiehof, eine Schule und öffentliche Bäder im Smaragdplein. Die Unterschiede zwischen dem Innenraum eines Baublocks und einem kleinen Platz werden immer verschwommener.
Der dritte Abschnitt im Zerfallsprozeß des Baublocks setzt nach 1930 ein, bleibt jedoch der Logik der einmal eingeschlagenen Entwicklung verhaftet. Der zentrale Raum dehnt sich weiter aus, bis er die individuellen Gärten auf die Größe kleiner Balkone zurückgedrängt hat. Parallel dazu wird die Maisonette-Wohnung zugunsten der Geschoßwohnung aufgegeben, die Unterschiedlichkeiten zwischen Erdgeschoß und

oberen Geschossen werden nicht mehr genutzt. Aus hygienischen Gründen bleibt schließlich der südliche Abschluß des Baublocks offen, wodurch auch der Innenbereich der Allgemeinheit geöffnet wird und seine Rolle als repräsentative Grünanlage größere Bedeutung gewinnt als die dort mögliche Wohn-Nutzung.

Um bei der südlichen Stadterweiterung Amsterdams und dem Zeitraum vor 1940 zu bleiben: Der letzte Schritt wird im Jahre 1934 mit dem Bau von Atelier-Wohnungen in der Zomerdijkstraat durch Zanstra, Giesen und Sijmons vollzogen[64]. Das Gebäude – eine sechsstöckige „Stange" – wird nicht mehr als in das Gefüge eingebettet konzipiert, der Baukörper bildet keinen Außenraum mehr, an der Südseite liegen die Zugänge sowie Loggien und Balkone, die sowohl die Rolle vorgezeigter Räume übernehmen als auch private Verlängerungen der Wohnzimmer sind. Die Orientierung des Raums beschränkt sich auf eine Ausrichtung nach der Sonne.

Den Haag mit dem Nirvana-Bau von J. Duiker (1926–1929) und Rotterdam mit dem Gebäude Bergpoler von J. Brinkmann und L.C. van der Vlugt (1932–1934) hatten sich indes bereits vor Amsterdam zur Aufgabe des Baublocks bekannt. Auch die Berufung von van Eesteren zum Direktor des städtischen Bauamts (1930) wirft ein Licht auf die Tatsache, daß sich Amsterdam den neuen Ideen angeschlossen und die Prinzipien aufgegeben hat, die seit Berlage für die Stadtentwicklung und ihre Architektur maßgebend gewesen waren. Mit dem Schwinden des Elans der Amsterdamer Schule verliert Holland zu Beginn der dreißiger Jahre seine antreibende Rolle, die es noch zehn Jahre zuvor innehatte. Bereits seit einigen Jahren wenden sich die holländischen Avantgardisten dem Weimarer Deutschland zu. Das Jahr 1924 gab Amsterdam die Gelegenheit zu einer ersten Bekundung des neuen Geistes, wofür der Internationale Städtebau-Kongreß den Vorwand lieferte. Das Jahr 1929 hebt mit dem zweiten Kongreß der CIAM – wenn auch nur kurzfristig – die Bedeutung Frankfurts hervor.

4 Das neue Frankfurt und Ernst May: 1925-1930

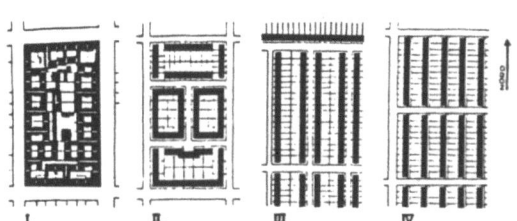

E. May:
*Schemata zur Veranschaulichung
der Entwicklung
des städtischen Wohnblocks
(Das neue Frankfurt 1930)*

Frankfurt ist der verwirklichte Traum der Architekten der modernen Bewegung: Kontrolle der Stadtentwicklung, industrialisiertes Bauen, Sozialer Wohnungsbau; 15 000 Wohnungen gegenüber den ca. 30 Wohnungen Le Corbusiers in Pessac. Frankfurt bedeutet aber auch ein bewußtes Experimentieren am Baublock, seine Auflösung und schließlich das Aufkommen einer neuen Stadt-Räumlichkeit, von der wir uns heute nur mit Mühe trennen. Der Zusammenhang zwischen Stadtentwicklungspolitik und Architektur ist hier so eng wie nur selten in deutschen Städten.

Wohnungspolitik und Städtebau in Frankfurt

Die Aktivitäten Ernst Mays in Frankfurt fallen genau in die zukunftsfreudige Zeit des wirtschaftlichen Aufschwungs der Weimarer Republik. Um das damals im Bauwesen Vollbrachte würdigen zu können, muß die Situation Deutschlands gegen Ende des Ersten Weltkriegs vergegenwärtigt werden. Als Folge der militärischen Niederlage, der Abdankung des Kaisers und des Versailler Vertrages kommt es während der ersten politischen Krise zwischen 1918 und 1921 zum wirtschaftlichen Zusammenbruch in einer Atmosphäre offener Gewalttätigkeit, geprägt von wiederholten gewaltsamen Konfrontationen zwischen den politischen Gruppen, die schließlich mit der Zerschlagung der revolutionären Parteien enden[65]. Obwohl sich die Industrieproduktion allmählich wieder erholt, kommt es zu einer rasch anwachsenden Inflation, die ab 1922 in eine sich überstürzende Phase gerät⁶⁶. Auf die politische Krise folgt die Währungskrise. Ihr wird erst 1924 mit der völligen Neuordnung der deutschen Finanzen durch die Regierung Stresemann ein Ende gesetzt: Einführung der Rentenmark, Auslandsanleihen, Neuregelung des Kreditwesens.

Aufgrund ihrer Abhängigkeit von den wirtschaftlichen Voraussetzungen wird die Bautätigkeit wirklich erst von diesem Zeitpunkt an wieder aufgenommen. Zuvor waren politische Aktionen und die Flucht in die Utopie die einzigen Möglichkeiten, die der Architektur offenstanden⁶⁷. Bezieht man die Kriegsjahre mit ein, liegen somit zehn Jahre zwischen den ersten Arbeiten des Deutschen Werkbunds, die zu einer Theorie der Industriestadt, d. h. der Großstadt führten, und der Wiederaufnahme der Bautätigkeit. In der Zwischenzeit hat sich das Bild der Architektur gewandelt; die internationalen avantgardistischen Bewegungen des Stijl, des Konstruktivismus und Dadaismus haben endgültig mit allen neoklassizistischen und neoregionalistischen Bezügen gebrochen. Ab 1923 schließt sich das Bauhaus der internationalen Bewegung an; in Frankreich schlagen Le Corbusier und der Esprit Nouveau die gleiche Richtung ein.

Der wirtschaftliche Aufschwung geht mit dem Vertrauen in die technischen Möglichkeiten des modernen Bauens einher. Der Bedarf an Sozialwohnungen ist groß – ein Jahrzehnt lang ist nichts gebaut worden – und regt die Entwicklung neuer Lösungen an. Die Industrialisierung des Bauens ist nicht nur ein abstrakter Architektenraum, sondern unabdingbare Voraussetzung für eine rasche Beendigung der Krise im Wohnungsbau. Durch die industrielle Reorganisation mit der daraus folgenden Konzentration gewinnt die Industrialisierung noch an Dringlichkeit. Dem Werkbund, der die Beziehungen zwischen den Architekten und der deutschen Industrie regelt, kommt nach dem Krieg eine bedeutende Rolle zu; er sammelt, koordiniert und veranlaßt neue Experimente, wie es die unter seiner Schirmherrschaft veranstaltete Weißenhof-Ausstellung (Stuttgart 1927) beweist.

In einer bestimmten Anzahl sozial-demokratisch verwalteter Städte, zu denen Frankfurt gehört, werden in den Jahren 1925 bis 1930 beträchtliche Anstrengungen zur Förderung des Sozialen Wohnungsbaus und zur Bewältigung der städtischen Probleme unternommen. Aufgrund der Abhängigkeit der deutschen Wirtschaft vom amerikanischen Kapital (Anleihen von 1924) wird Deutschland als erstes europäisches Land von der Weltwirtschaftskrise des Jahres 1929 betroffen. Ab 1930 stellt sich die Rezession ein; sie fördert den Aufstieg des Nationalsozialismus und zieht endgültig den Schlußstrich unter die Experimente der Weimarer Republik.

Als bedeutende Industriestadt hat Frankfurt seit dem 19. Jahrhundert Bevölkerungszunahmen zu verzeichnen, die zur Errichtung von Stadtrandvierteln führten – nach Plänen, die das Haussmannsche Erbe deutlich erkennen lassen. In aufgelockerten Stadtvierteln säumen Bürgerhäuser die Alleen, während den Arbeitern Mietkasernen mit zu kleinen Wohnungen zur Verfügung stehen. Die gesamte Bautätigkeit unterliegt sehr stark der Spekulation, die die Adickes-Gesetze von 1902 dadurch einzudämmen

versuchen, daß sie den Städten die Möglichkeit einräumen, Grundstücke zu erwerben und somit auf den Grundstücksmarkt einzuwirken. Trotz der Zwischenfälle, die die ersten Jahre der Weimarer Republik prägen, bleibt die Arbeiterbewegung weiterhin mächtig, und die Gewerkschaften sind gut organisiert. Unter ihrem Druck setzt sich der sozialdemokratische Stadtrat von Frankfurt die Verwirklichung einer gewaltigen Anzahl von Sozialwohnungen zum Ziel und beschafft sich die erforderlichen technischen und bodenpolitischen Mittel:
Die *technischen* Mittel werden dadurch geschaffen, daß unter der Leitung des Architekten Ernst May ein Hochbau- und Siedlungsamt eingerichtet wird, dessen Befugnisse sich nicht auf die Planfestlegung und die nachträgliche Kontrolle von Durchführungen beschränken. Die Konzentration der Machtbefugnisse und Mittel in den Händen des Magistrats verhindert die Zersplitterung der Verantwortlichkeiten und den Bruch zwischen den verschiedenen Interventionsebenen. Im Range eines Stadtbaurats ist Ernst May an den Entscheidungen der Stadtentwicklungspolitik beteiligt. Als Leiter des Siedlungsamtes verwirklicht er diese Politik mit der Untersuchung des Flächenverteilungsplans von Frankfurt[68], der ihm die Gelegenheit bietet, die Ergebnisse seiner städtebaulichen Erfahrungen in Breslau (1919–1924) in seiner Geburtsstadt anzuwenden. Er übernimmt die Verwirklichung des Abschnitts Stadterweiterung und betraut Adolf Meyer, den ehemaligen Partner von Gropius, mit Planungen für die Innenstadt. Das Handeln von Ernst May weist keine Zäsur zwischen Entscheidung und Verwirklichung auf. Die Organisation und die Kompetenzen des Siedlungsamtes ermöglichen Interventionen auf allen Ebenen:
- Bodenerwerb;
- Städtebau im Detail: Die Pläne der wichtigsten Siedlungen sind das Produkt kommunaler Architektengruppen, die bisweilen mit selbständigen Architekten assoziiert sind;
- Architektur der Gebäude: Das Siedlungsamt erarbeitet Modellpläne für die Wohneinheiten und entwickelt Bausysteme für den Rohbau (Vorfertigung für Großbaustellen) und für Ausbauarbeiten (typisierte Küchen, standardisierte Schreinerarbeiten und Türeinfassungen, Entwurf von Möbeln usw.). Im allgemeinen werden die detaillierten Entwürfe für Wohnungen und Ausstattungen von der Abteilung für Architektur, manchmal aber auch von selbständigen Architekten entwickelt[69];
- Bau: Der Magistrat gründet Fertigteilfabriken und erprobt neue Werkstoffe (Pozzolanbeton);
- Baufinanzierung (siehe weiter unten);
- Bauleitung: Unterstützung und Kontrolle bei den von Privatgesellschaften errichteten Siedlungen, Selbstbewirtschaftung bei den städtischen Genossenschaften.
- Öffentlichkeitsarbeit: Wie in Breslau gründet Ernst May auch in Frankfurt – allerdings in größerem Maßstab – eine Zeitschrift: „das neue frankfurt", in der regelmäßig die Projekte und Verwirklichungen in Frankfurt, aber auch die Erfahrungen mit moderner Architektur in anderen deutschen oder ausländischen Städten

vorgestellt werden. Ein wesentlicher Teil der Zeitschrift gilt dem internationalen Kulturleben, wie künstlerischen Experimenten, Theater, Film, Pädagogik und Sport[70].

Finanzielle und bodenpolitische Mittel: Neben der Übernahme der technischen Verantwortung schlägt sich die Förderung des Baus von Sozialwohnungen in verschiedener Weise nieder:

– In der Bodenpolitik: Zu Beginn des Niddaprojekts verfügt die Stadt bereits über 45 % des Bodens und verschafft sich die restlichen Grundstücke durch Enteignung oder Tausch[71]. Die so erworbenen und der Bodenspekulation entzogenen Grund-

E. May: Flächenverteilungsplan von Frankfurt
Die Altstadt wird zum Zentrum eines Systems, in das die umliegenden Dörfer und die neuen Viertel der Sozialwohnungen untegriert werden
(Das neue Frankfurt 2/3 1930)

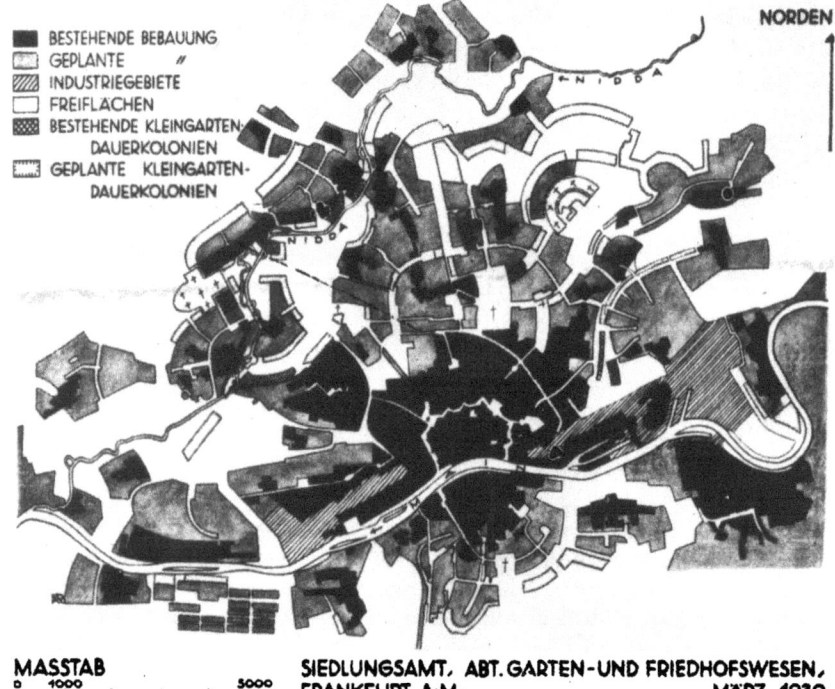

stücke werden dem Wohnungsbau zur Verfügung gestellt. Die Grundlasten (einschließlich der Erschließung und des Anteils der Grundausstattung), die Planungskosten und die Darlehenskosten belaufen sich insgesamt auf weniger als 25 % der Wohnungsbaukosten.
- Durch die Art der Finanzierung und Betriebsführung: Die Mitbestimmung des Magistrats erstreckt sich zwar nicht auf alle Bereiche, ist aber erheblich; sie wird direkt über städtische Genossenschaften und über Darlehen an die häufig von Gewerkschaften verwalteten Privatgenossenschaften ausgeübt. Die öffentliche Förderung erfolgt durch staatliche Darlehen zu niedrigen Zinssätzen (3 %, bisweilen 1 %), durch Zahlungserleichterungen bei Sparkassendarlehen, durch Subventionen und garantierte Anleihen.

Das Vertrauen in diese Prinzipien und der Stolz der Gestalter finden ihren krönenden Abschluß in der Wahl Frankfurts zum Tagungsort des 2. Kongresses der CIAM im Jahre 1929.

Die Siedlungen von Frankfurt

Der dringliche Bedarf treibt zur Eile. In Amsterdam waren zwischen der Entscheidung, Berlage mit der Planung der Erweiterung zu betrauen, und dem Baubeginn 15 Jahre verstrichen. In Frankfurt hat May bereits ein Jahr nach seiner Ernennung zum Leiter des Siedlungsamtes ein mittel- und kurzfristiges Bauprogramm aufgestellt, ebenso den Flächenverteilungsplan für den gesamten Großraum und die Einzelpläne zur Inangriffnahme der ersten Bauvorhaben.

Innerhalb von drei Jahren (1926–1928) sind 8 000 Sozialwohnungen fertiggestellt bzw. im Bau, während ein zweites, im Jahr 1928 erarbeitetes Programm die Errichtung von weiteren 16 000 Wohnungen in den folgenden drei Jahren vorsieht[72]. Dieses Programm entspringt nicht allein einer Berechnung des notwendigen Wohnraums, sondern ist von der Erarbeitung des Flächenverteilungsplans von Frankfurt nicht zu trennen, der die möglichen Standorte in Bezug auf die Bodenpolitik bestimmt und zusätzlich zu den Wohnungen Industrieansiedlungen und Grünzonen vorsieht.

Die der Aufstellung des Flächenverteilungsplans zugrunde liegenden Grundsätze sind im wesentlichen mit denen identisch, die May bei seinen Projekten für die Erweiterung von Breslau (1921 und 1924) angewandt hatte und die von der Absage an eine konzentrische und radiale Entwicklung sowie von der Intention geprägt sind, Grüngürtel durch die Stadt zu führen. Diese aufgespaltene Entwicklung (Trabantenprinzip) knüpft an Unwins Experiment in Hampstead an, an dem May beteiligt war. Sie ist der theoretischen Bewegung der Jahre 1922 bis 1926 verbunden, in denen die von den Ideen Howards und den Arbeiten des Werkbunds geprägten Pläne für Trabantenstädte in Deutschland ihre Blüte erleben; dazu gehören die Entwürfe von Adolf Rading, Bruno Taut und Paul Wolf, die in der deutschen und ausländischen Presse eine weite

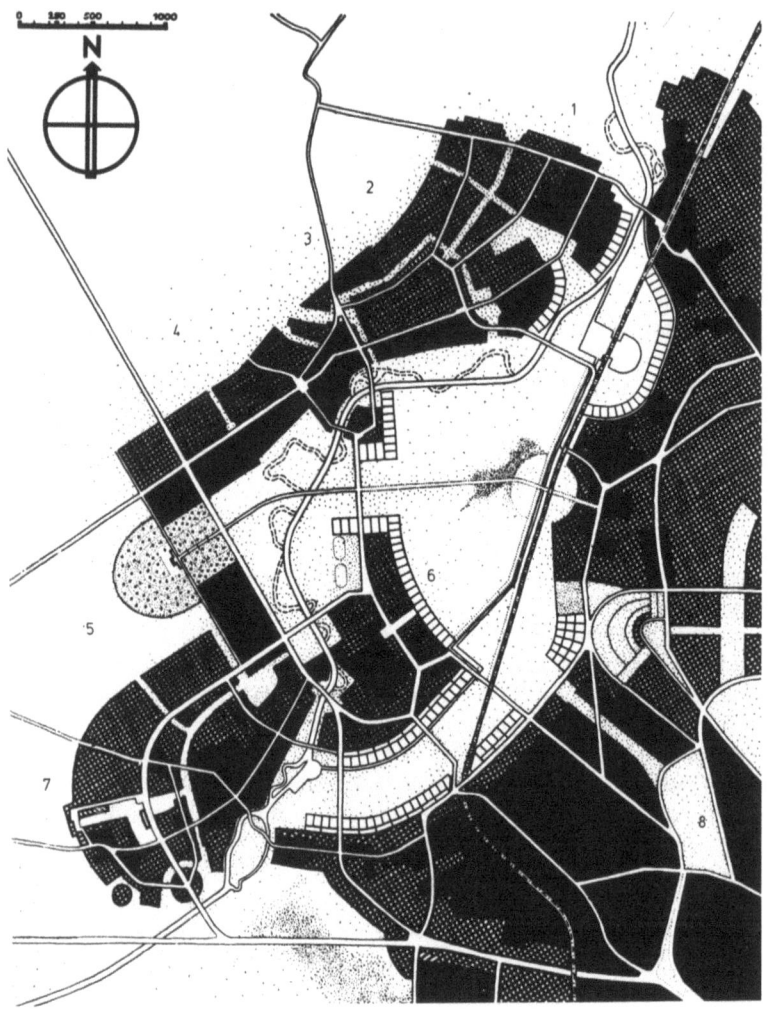

E. May: Entwicklungsplan des Niddatals
*Der von Gemüsegärten umsäumte
und vom Fluß durchquerte Park wird
nach dem Vorbild Londons zum
Grundelement der städtischen Struktur.
Schwarz: frühere städtebauliche
Entwicklung und erstellte Siedlungen
(Das neue Frankfurt 2/3 1930)*

1 Heddernheim
2 Römerstadt
3 Alt Praunheim
4 Praunheim
5 Westhausen
6 Hausen
7 Rödelheim
8 Botanischer Garten

Verbreitung finden[73]. Diese Entwicklung wendet das Instrument der Zonierung an: Konzentration der Industrie entlang des Mains im Osten und Westen der Altstadt, Verwaltungs- und Geschäftsgebäude in der Innenstadt, Wohnungen am Stadtrand. Die Siedlungen sind nicht als autonome Dörfer einer kirchlichen Gemeinschaft im Sinne der amerikanischen „colonies" konzipiert; es sind vielmehr Wohnviertel in einer großen Industriestadt. Ein öffentliches Verkehrsnetz verbindet sie mit den Zentren und Arbeitsstätten; in den Wohnvierteln wird nur ein Minimum an Infrastruktureinrichtungen zur Befriedigung des Grundbedarfs angesiedelt.
May will die städtische Einheit erhalten. Obgleich er den Städtebau des 19. Jahrhunderts kritisiert, ist er doch zutiefst der Geschichte Frankfurts verhaftet und verwendet viel Sorgfalt auf das Zentrum, wie das Projekt zur Gestaltung der Main-Ufer beweist. Frankfurt soll keinen „Plan Voisin" bekommen. Die Grünzonen, die sich aus landwirtschaftlichen Flächen, Gemüsegärten, Waldungen und öffentlichen Parks zusammensetzen, sind für ihn ein Mittel zur Strukturierung eines Großraums, der für eine kontinuierliche Entwicklung zu groß ist, dessen Existenz aber nicht geleugnet werden soll. Diskontinuierliches Wachstum und typologische Innovation entsprechen der Fortführung einer Logik der Stadtentwicklung, deren Ursprung sich mit dem Wesen der Stadt deckt. Die Siedlung Römerstadt veranschaulicht in besonderer Weise die Beziehung, die May zwischen der Stadt und ihren Erweiterungen herstellt: Der Name erinnert an die römischen Ursprünge, auf die Frankfurt so stolz ist; der „Wall", der mit der Ringmauer der Befestigungsanlagen der Altstadt über dem Niddatal und mit den Vorstädten des 19. Jahrhunderts in einen Dialog eintritt.

Das Planungsprojekt für das Niddatal

Obgleich nur ein Teil zur Durchführung gelangte, vermittelt das Niddatalprojekt die klarste Vorstellung davon, wie May seine Prinzipien zur Anwendung brachte. Die Nidda, die unterhalb der Stadt in den Main mündet, gräbt sich im Nordosten von Frankfurt vor den ersten Ausläufern des Taunus ein flaches und zum Teil überschwemmungsgefährdetes Tal, mit einigen Dörfern als Markierungspunkten: Rödelheim, Hausen, Praunheim und Heddernheim. Im Jahre 1925 reichten die Vorstädte Frankfurts nur in einem Punkt der Heddernheimer Straße bis an den Fluß und beliessen zwischen der Stadt und den Dörfern ein weites offenes Gebiet.
Mays Arbeit besteht darin, diesem Gebiet, das nach dem Vorbild der großen Londoner Parks zum öffentlichen Park werden soll, Gestalt und Statut zu verleihen. Rund um den Park herum bilden die durch die Siedlungen verbundenen Dörfer einen verstädterten Kranz, der von sekundären Einschnitten unterbrochen wird. Die Gärten und Alleen bilden ein kontinuierliches, vom Straßennetz unabhängiges System, das der von Le Corbusier 30 Jahre später in Chandigârh angewendeten Theorie der 7V vorgreift.

May ist vor allem bemüht, die Grenzen des Parks klar zu bestimmen. Zwar begrenzen die Siedlungen Römerstadt, Praunheim und Westhausen den Park im Norden, doch sah das Projekt vor, den Park von den Vorstädten des 19. Jahrhunderts durch einen Gürtel kleiner Siedlungen abzusondern, um die Grenzen der Stadt vollständig unter Kontrolle zu halten. Die Siedlungen Höhenblick, Raimundstraße und Miquelallee sind nur aus dieser Gesamtsicht verständlich: An der äußersten Verstädterungsgrenze gelegen, bilden sie die Ansatzpunkte zu einer neuen „Front" zum Park. Das Niddatalprojekt beginnt faktisch mit den Boulevards des 19. Jahrhunderts als Weiterführung des Botanischen Gartens und des Grüneburgparks.

Die heutige Stadt vermittelt nur einen schwachen Eindruck dessen, was vorgesehen war. Die nördlichen Teile der Siedlungen Praunheim und Römerstadt wurden nicht verwirklicht, und das kürzlich errichtete Einkaufszentrum der Nordweststadt stimmt nicht mit dem Projekt von May überein. Vor allem ist das freie Innengebiet ein Niemandsland geblieben, das planlos den Angriffen der Verstädterung ausgesetzt wurde. Nur die Gestaltung des rechten Nidda-Ufers auf einer Breite von höchstens 500 m ermöglicht die gedankliche Rekonstruktion der Gesamtanlage. Aus diesem Grund sind insbesondere die Siedlungen Römerstadt und Westhausen zu untersuchen, wobei folgenden Punkten besondere Bedeutung beizumessen ist: dem Gesamtplan und der Gliederung der Stadtviertel, der Anlage und Gestaltung von Straßen und Randbereichen.

Die Siedlung Römerstadt

Die Römerstadt wird zwischen 1927 und 1928 als erster Abschnitt einer größeren und umfassenderen Anlage, die nicht vollendet wird, für die Gartenstadt A.G. erstellt und umfaßt 1 220 Wohnungen[74]. Wie beim gesamten Niddatalprojekt beteiligt sich Ernst May direkt an der Planung mit H. Böhm und W. Bangert für den Gesamtplan und mit C. H. Rudloff für die architektonische Bearbeitung; die Architekten Blattner, Schaupp und Schuster sind mit der Planung der Schulen beauftragt.

Die Siedlung liegt zwischen der Landstraße „In der Römerstadt", die die Dörfer Praunheim und Heddernheim miteinander verbindet, und der Nidda. Das Gesamtprinzip ist einfach. Senkrecht zur Landstraße verläuft eine Durchgangsstraße, an der Einrichtungen wie Geschäfte und Schulen zusammengefaßt angeordnet sind. Auf beiden Seiten liegen parallel zum Tal verlaufende und stufenförmig leicht ansteigende Straßen, die von Wohnhäusern gesäumt sind; diese Straßen werden von einigen Wegen gekreuzt, die zu großen, mit Linden bestandenen Esplanaden, den Aussichtsterrassen über die am Nidda-Ufer angelegten Gemüsegärten, führen.

Von diesem Schema macht May einige Abstriche, um es den malerischen Prinzipien Unwins entsprechend dem Gelände anzupassen und die Stadtviertel zu differenzieren. Die Durchgangsstraße Hadrianstraße bildet zwei aufeinander folgende Kurven; die Innenseiten dieser Kurven werden von zusammenhängenden Gebäudekomplexen ausge-

E. May: Siedlung Römerstadt

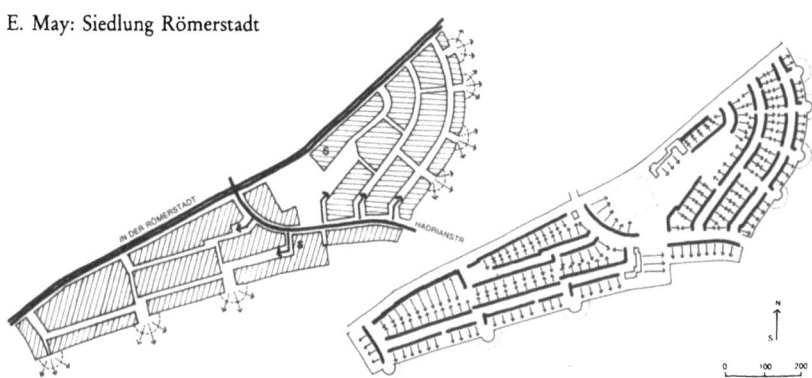

Aufteilung der Einheiten   *Status der Räume*

Obgleich die Gebäude isoliert voneinander stehen, wirkt die Anlage
wie ein traditionelles ‚Gefüge', in dem die Unterschiede und Gegensätze deutlich hervortreten

Die in der Modellaufnahme den Talrand bastionsartig begrenzende Stadtmauer
entspricht der Ringmauer der Altstadt

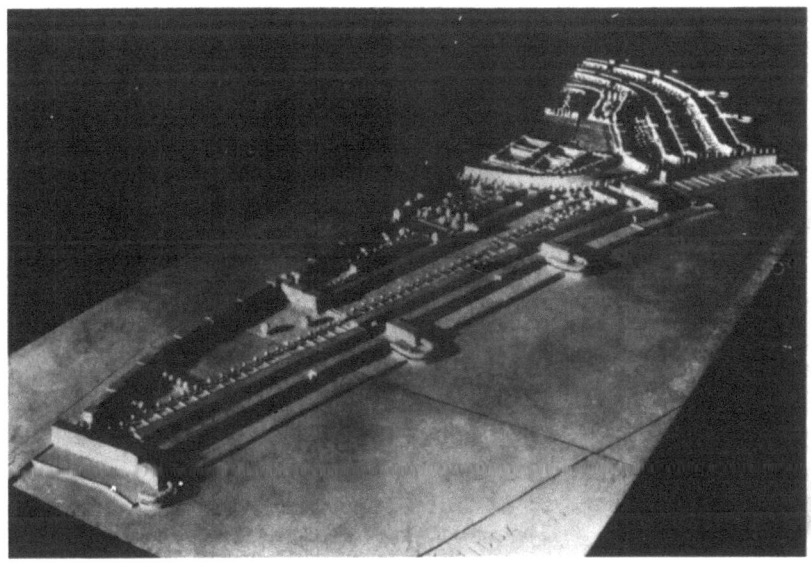

E. May: Siedlung Römerstadt, die Wohnzeilen

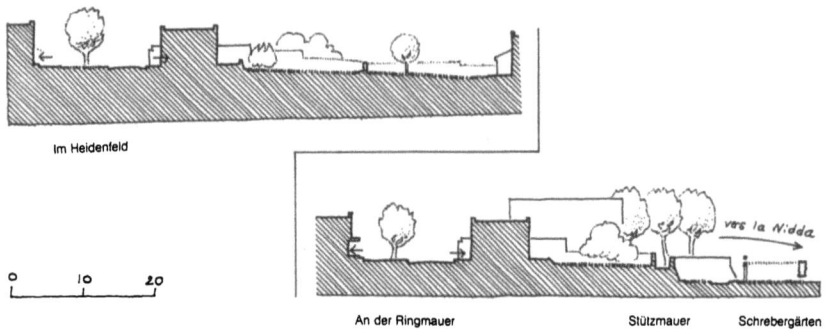

Schematischer Schnitt durch die Zeilen zweistöckiger Wohnungen, der die stufenförmige Anlage der Straßen zeigt

Die bastionsartig verstärkte Stadtmauer, die die Grenze der Siedlung markiert

Gegensatz der Gebäudeseiten

füllt, von denen auf der jeweils gegenüberliegenden Seite Straßen in Form versetzter Durchlässer wegführen. Diese Anordnung gegenüberliegender Kurven und versetzter Durchlässe, die die Perspektive unterbrechen, betonen den privaten Charakter der Nebenstraßen. Diese weisen auf beiden Seiten der Hadrianstraße eine unterschiedliche Geometrie auf: zusammenhängend und gebogen im Nordosten (Im Heidenfeld, An der Ringmauer), fragmentiert und geradlinig im Südosten (Mithrastraße, Im Burgfeld) – zwei verschiedene Möglichkeiten also, um anzuzeigen, daß es sich hier tatsächlich um Wohnstraßen handelt.

Innerhalb der so definierten Viertel sind Einheiten zu erkennen: Folgen von Reihenhäusern oder Geschoßbauten mit Gärten, durch Fußwege voneinander getrennt, die zu den Aussichtsterrassen führen, – Variationen zum Thema ‚Baublock'.

Die Wohnzeilen mit Flachbauten (Erdgeschoß und 1. Obergeschoß) sind eindeutig zur Straße ausgerichtet; sie grenzen einen Innenraum mit Privatgärten ab, der im nordöstlichen Teil nicht zugänglich ist und im südwestlichen Teil von einer Allee durchquert wird. Bei den letzten Wohnzeilen am Talrand grenzen die Gärten an Alleen, die über dem Wall eine Promenade bilden; das Ende jeder Wohnzeile wird durch ein höheres Mehrfamilienhaus angezeigt, das der Esplanade zugewendet ist. In gleicher Weise sind die (im Zickzack) versetzten Durchlässe, die von der Hadrianstraße zu den Straßen abgehen, durch Gebäude markiert, die die englische Konzeption eines Wech-

E. May: Siedlung Römerstadt, mehrgeschossige Gebäude

Kollektive Nutzung des Innenraums des Blocks: Die Abschirmung durch die Pergolas sondert den schmutzigen Teil vom Garten ab (Kellerausgänge, Mülltonnen, Mopedöl)

Unten links: Fassade zur Straßenseite:
Die Rückversetzungen und verglasten Vertikalen signalisieren die Eingänge

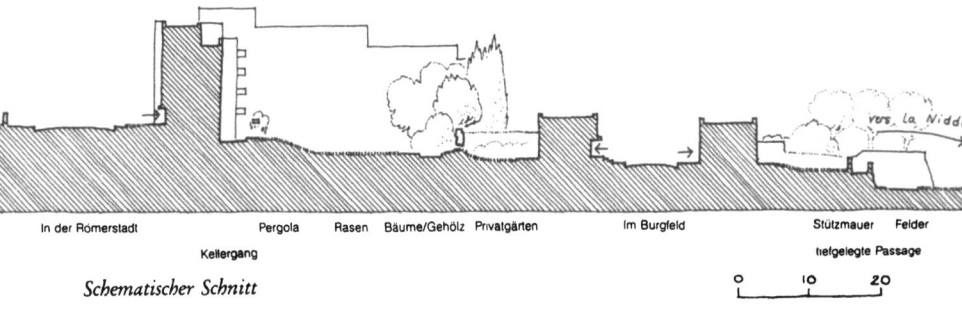

| In der Römerstadt | Pergola | Rasen | Bäume/Gehölz | Privatgärten | Im Burgfeld | Stützmauer | Felder |
| Kellergang | | | | | | tiefgelegte Passage | |

Schematischer Schnitt   0   10   20

sels der Einheit am Ende einer Wohnzeile wieder aufgreifen. Entlang der Landstraße „In der Römerstadt" und der Hadrianstraße heben die Gebäude deutlich die Ausrichtung der Gebäudeseiten hervor. Die zur Straße gerichteten Fassaden stehen im Gegensatz zu den von Balkonen geprägten rückwärtigen Fassaden. Die Farbe des Verputzes (rot „In der Römerstadt", weiß auf der rückwärtigen Seite) hebt die Unterschiedlichkeiten hervor. Obgleich der Innenbereich von den Endpunkten her zugänglich ist, steht er im Gegensatz zur Straße. Er ist in unterschiedliche Zonen aufgeteilt, die jeweils einem bestimmten Statut zugeordnet sind: der schmutzige Bereich in Verbindung mit den Kellern, der hinter Böschungen und Pergolas verdeckt liegt, der Spiel- und Spazierbereich mit Rasen und Alleen, gesäumt von Privatgärten (für die Mieter der Geschoßwohnungen), die wie Boskette in einem klassischen Park angeordnet sind.

Die Siedlung Westhausen

Die Siedlung Westhausen, die für 1 532 Wohnungen vorgesehen war[75], wurde von May nicht fertiggestellt. Der Bau (1929–1931) wird von zwei Gesellschaften, der Gartenstadt AG, die bereits in der Siedlung Römerstadt tätig war, und der Nassauischen Heimstätte getragen. Während die gleichen Mitarbeiter am Gesamtplan beteiligt sind und die Siedlung dem Niddatalprojekt zuzuschreiben ist, wird die architektonische Bearbeitung von einem anderen Team übernommen: E. Kaufmann, F. Kramer, Blanck unter Mitwirkung der freien Architekten O. Fuster und F. Schuster. Die zerstörten Teile der von den Bombardierungen des Jahres 1944 stark betroffenen Siedlung wurden 1949 in unveränderter Form wieder aufgebaut.
Entlang der Ludwig-Landmann-Straße (ehemalige Hindenburg-Straße), der großen Nord-Süd-Verbindung, die zum Frankfurter Zentrum führt und im mittleren Bereich die Straßenbahn einbezieht, demonstriert Westhausen in vollendeter Weise die rationalistischen Prinzipien. Zwei Zugänge führen von der Landstraße in ein regelmäßiges Straßenraster, das sich aus zwei Nord-Süd-Verbindungen und vier Ost-West-Verbindungen zusammensetzt.

E. May: Siedlung Westhausen *(heutiger Katasterplan)*
*Das Malerische der Römerstadt weicht hier
einer systematischen Anordnung, die die Charta von Athen ankündigt*

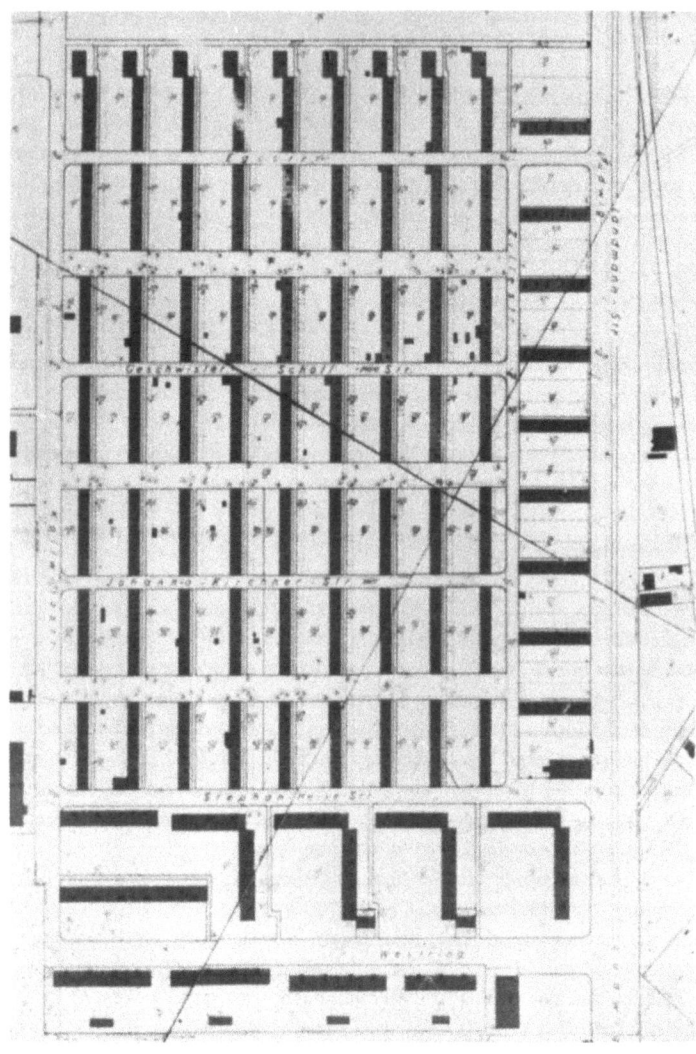

Siedlung Westhausen,
mehrgeschossige Gebäude

*Plan der Flächenaufteilung
für die privaten
und gemeinschaftlichen Gärten
zwischen den ‚Stangen'*

Schemaschnitt

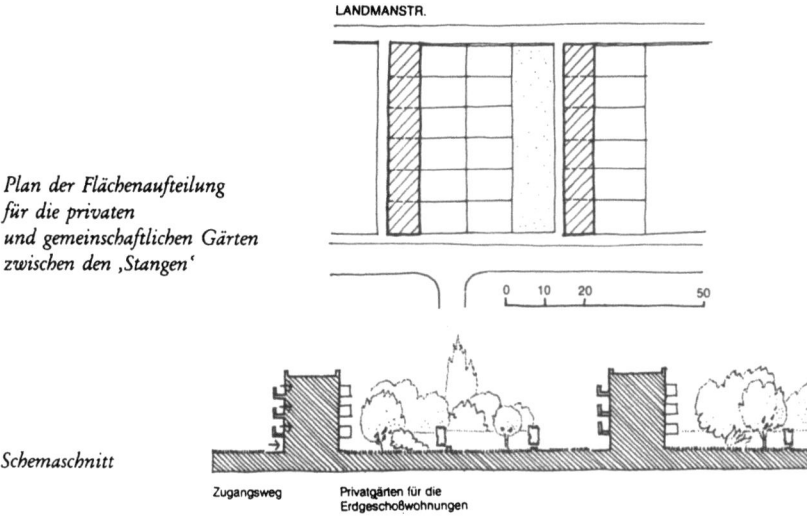

Eingangsfassade

*Rückwärtige Fassade: Das Aneignen der Gärten
durch die Wohnungen im Erdgeschoß gibt dem Bau
eine ‚Ausrichtung' zurück, die den privaten
Charakter der rückwärtigen Fassade erhöht*

Die mehrgeschossigen Gebäude

Der Ostrand der Siedlung ist an der großen Landstraße entlang mit viergeschossigen Gebäuden (E + 3) bebaut, die, durch Laubengänge voneinander abgeteilt, in gleichen Abständen gestaffelt und senkrecht zu den Straßen angeordnet sind. Das Statut der Räume zwischen den Gebäuden ist unmittelbar mit den Zugangsproblemen verbunden: sauberer und einheitlicher Bereich auf der Nordseite entlang der Zufahrtsallee, zerteilter, bepflanzter und verborgener Bereich auf der Südseite mit den Gärten der Erdgeschoß-Wohnungen. Zwischen diesen Gärten und dem Eingangsbereich des nächstfolgenden Gebäudes liegt eine weitere Reihe von Garten-Parzellen für die Bewohner der oberen Etagen. Hochgewachsene Hecken verhindern Konflikte zwischen Vorder- und Rückbereich, die durch die Gestaltung der Anlage entstehen könnten. Im Süden sollten ebenfalls Gebäude eine wichtige Fahrstraße säumen, doch verbietet ihre verspätete und unvollständige Ausführung eine eindeutige Beurteilung.

Die Wohnzeilen

Die übrige Siedlung besteht aus Wohnzeilen in Nord-Süd-Richtung mit senkrecht zu den Straßen verlaufenden Wohnwegen. In jedem Haus wohnen zwei Familien[76]. Auf der dem Wohnweg entgegengesetzten Seite liegen hintereinander zwei Gärten – der erste als unmittelbare Verlängerung der Erdgeschoß-Wohnung, der zweite ist dem Obergeschoß zugedacht. Die Abfolge Wohnweg/Haus/Garten der Erdgeschoß-Wohnung/Garten der Obergeschoß-Wohnung, die sich in jeder Einheit wiederholt, ist mit der oben beobachteten Aufeinanderfolge der mehrgeschossigen Gebäude identisch. Zwischen zwei Straßen liegen senkrecht zu den Wohnzeilen breite, baumbestandene Einschnitte, die die ganze Siedlung als verkehrsfreie Fußgängerwege und Spielflächen für Kinder durchqueren.
Die in der Römerstadt zu beobachtende Vielfalt ist hier nicht mehr vorhanden; die Anordnung der Wohnzeilen steht zum traditionellen Baublock nur noch in sehr abstrakter Beziehung. Immerhin wird die Ausrichtung der Gebäudeseiten beibehalten und damit die private Aneignung weiterhin ermöglicht[77]. Drei Probleme treten auf: die Gärten der oberen Wohnungen, die Stichstraßen und die Ecken.
Ursprünglich verlief zwischen den Häusern und den Gärten der Erdgeschoß-Wohnungen ein durchgehender Weg, wobei der Raum zwischen zwei Wohnzeilen als Summe der kleinen Gemüsegärten anzusehen war. Die Bewohner der Erdgeschoß-Wohnungen gingen aber schnell dazu über, den Durchgang zu untersagen und ihre Wohnung direkt an den Garten anzubinden. Dabei wurde der ans Haus angrenzende Teil zur Sitzecke im Freien, bisweilen sogar zu einer ausgebauten Verlängerung des Wohnzimmers – eine Entwicklung, die durch die Metallverstrebungen der Pergolas, die sich als ein leicht von Bastlern zu nutzendes Gerüst geradezu anbieten, noch geför-

Siedlung Westhausen, die Wohnzeilen

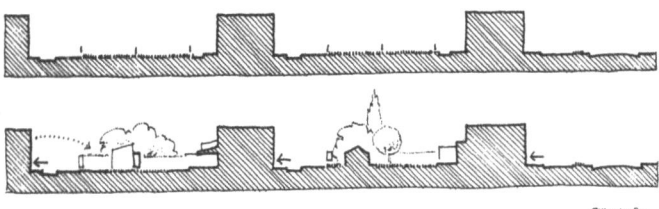

*Schemazeichnungen mit den Veränderungen,
die sich nach 50 Jahren Nutzung
in der Einteilung der Gärten ergeben haben*

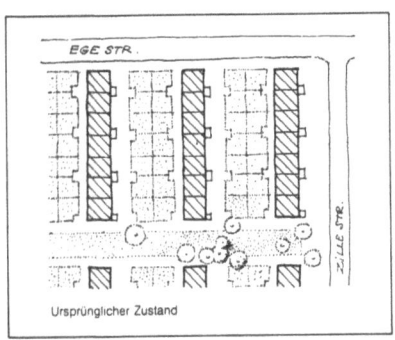

Ursprünglicher Zustand

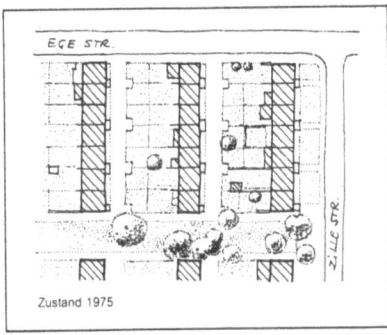

Zustand 1975

Die Geschäfte auf den Eckparzellen

dert wurde. Die „Kulturen" entwickeln sich zum rückwärtigen Teil des Gartens hin. Beim Garten der Geschoß-Wohnung liegt der Fall anders, weil sich ja keine direkte Verlängerung anbietet. Mitunter wird der Garten vernachlässigt, er verwahrlost; oder er wird dem Garten der Erdgeschoß-Wohnung angegliedert. Oder er wird nach rein nutzbringenden Erwägungen angelegt, wie z. B. durch Anpflanzen von Gemüse. Auch Werkzeugschuppen sind bisweilen vorzufinden. Schließlich wird er als Ort des Aufenthalts im Freien auch mit Bänken, Pergola, Hollywoodschaukel usw. ausgestattet; er ist dann der Stichstraße zugewendet und bietet sich auf dieser Seite zur Schau. In der ersten Wohnzeile in der Zillestraße liegen die Gärten der oberen Wohnungen vor den Häusern, die ausnahmsweise über Wege, die in der Achsenverlängerung der Türen angelegt sind, zu betreten sind. Da sie stark eingesehen werden können, sind diese Gärten auf Rasenflächen mit einigen Zierpflanzen beschränkt und dienen ausschließlich Repräsentationszwecken.

Das Statut der Stichstraßen ist doppeldeutig, weil sie hinter den Gärten verlaufen. Die Eingänge der paarweise zusammenstehenden Häuser, die durch eine kleine Vortreppe angezeigt sind, bestimmen einen mit Blumenbeeten ausgefüllten Vorraum, der Abstand zu den Fenstern der Erdgeschoß-Wohnung schafft. Gegenüber jedem Eingang befindet sich im Garten eine kleine Enklave für die Mülleimer. Diese Raumanordnung wird von den Bewohnern manchmal als negativ empfunden und deswegen verdeckt oder zweckentfremdet.

Im Gegensatz zu den früheren Siedlungen hatte May weder eine unterschiedliche Grundeinheit für das Zeilenende noch einen kleinen Mauervorsprung an der Ecke geplant, wie dies im letzten Bauabschnitt von Praunheim vorgesehen war[78]. Der Garten des letzten Grundstücks ist folglich von der Straße direkt einsehbar. Die Bewohner umgehen die Schwierigkeit durch die Anlage von Hecken und die Errichtung einer niedrigen Mauer. Da das Eckgrundstück leicht zugänglich und als einzige Parzelle mit Fahrzeugen erreichbar ist, wird es zum Standort eines Einzelhandelsgeschäfts. Von den sechs Geschäften, die sich in Westhausen niedergelassen haben (es war kein einziger Laden vorgesehen), liegen fünf auf den Eckgrundstücken, das sechste befindet sich in der Zillestraße, d. h. in der einzigen Wohnzeile, die direkt an einer Verkehrsstraße entlangführt.

Der Baublock in Frankfurt

Erweiterung und Auflösung des Begriffs Baublock

Um das experimentelle Gepräge der Vorschläge Mays und den Werdegang der in Frankfurt eingesetzten Architekturmodelle richtig bewerten zu können, müssen die Projekte und Realisierungen in ihrem chronologischen Ablauf geprüft werden, wobei jeweils die Bodentrassierung und Volumetrie einerseits und das formale Vokabular

Westhausen, ein Wohnweg

E. May: Siedlung Niederrad
Plan und Innenansicht des sogenannten ‚Zick-Zack-Hausen'-Blocks.
In einem recht chaotischen Vorortgebiet schirmt der umgrenzende Wohnblock einen vom Verkehr isolierten gemeinschaftlichen Garten ab

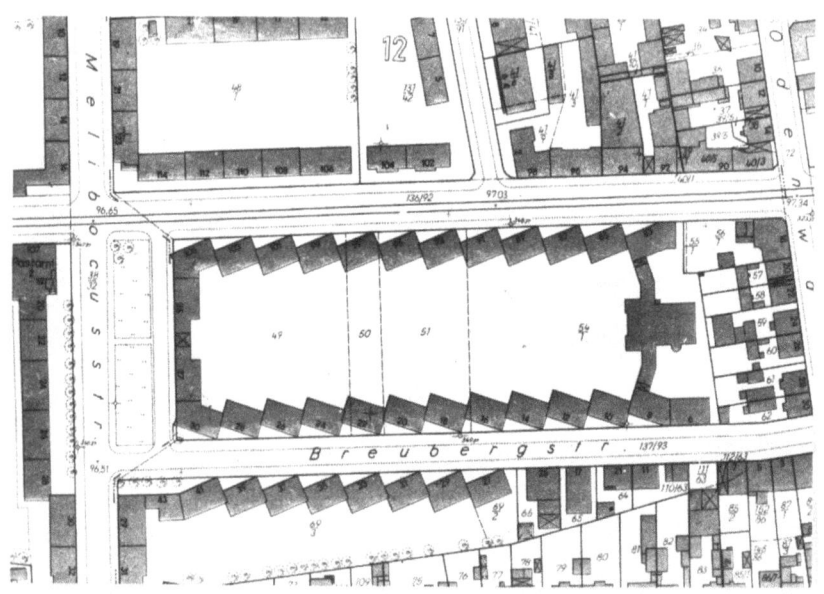

andererseits zu unterscheiden sind. Diese Unterscheidung ist notwendig: Der Übergang von der Gartenstadt zur rationalistisch geprägten Siedlung geht schrittweise voran und schlägt sich einmal in jenem Bereich, dann wieder in einem anderen nieder. So weist die ab 1922 in Amsterdam verwirklichte Siedlung Watergraafsmeer (Betondorp) nach dem Bauplan alle Merkmale der traditionellen Gartenstadt auf und unterscheidet sich kaum von den anderen Trabantenstädten, die im Berlage-Plan vorgesehen waren. Dennoch wird bei den Gebäuden von J. B. van Loghem, W. Greve und insbesondere von D. Greiner bereits das gesamte Vokabular und die Bautechnik der modernen Architektur eingesetzt und damit bewußt der Bruch mit der „Amsterdamer Schule" vollzogen[79].

Andererseits verbindet sich in der etwas früher (1919 – 1921) von Hannes Meyer erstellten Siedlung Freidorf in Basel ein sehr konventionelles formales Vokabular (das dem von May in Breslau zur gleichen Zeit angewandten Vokabular stark ähnelt) mit einer Rationalisierung der Bautypen und vor allem der Anlageplanung, die auf einer Linie mit den Arbeitersiedlungen der Krupp-Werke bereits Praunheim und Westhausen ankündigen. Diese Realisierung von H. Meyer war kennzeichnend für einen Bruch mit dem Einfluß der englischen Gartenstadt, der in seinem vorangegangenen Projekt der Siedlung Margarethenhöhe (Essen 1916) noch deutlicher zu spüren war[80].

Vom Jahre 1925 an verfährt May zweigleisig, die städtebaulichen Prinzipien sind ein für allemal bestimmt, der Gesamtplan der Stadt steht fest, und doch stellt jede Realisierung ein Experiment dar.

Bis auf eine Ausnahme (die Siedlung Riederwald) umfaßt der erste Bauabschnitt, der im Jahre 1926 nach Aufstellung des Gesamtplans begonnen wurde, nur Baumaßnahmen, die mit dem bestehenden Gefüge in Kontinuität stehen. Wie für Berlage in Amsterdam gilt es, die Stadt des 19. Jahrhunderts (Niederrad, Bornheimer Hang, Höhenblick) fortzuführen, ihr eine klare Grenze bzw. eine kontinuierliche „Fassade" zu verleihen. Der erste Bauabschnitt von Praunheim gegenüber der Stadt auf dem rechten Nidda-Ufer kann, soweit er nicht städtisch angelegt ist, als Auftakt zur Dorfentwicklung angesehen werden. In all diesen Fällen folgt die lagebedingte Trassierung den vorhandenen Straße und prägt die Hierarchie der Räume; die Volumetrie betont die Trassierung mit Hilfe von Methoden, in denen der holländische Einfluß erkennbar scheint: Markierung der Ecken, Behandlung der Plätze, Kontinuität der Fassaden zur Straßenseite ... Im bereits rationalisierten formalen Vokabular sind noch malerische Spuren auszumachen, z. B. die Eingänge am Bornheimer Hang, der Turm und die Ecken in Niederrad, Anordnung und Rhythmus der Türen und Fenster. Diese ersten Experimente sind jedoch für May eine Gelegenheit, seine „Typen" zu testen und die industrielle Fertigung einzuleiten.

Auf diese erste städtische Phase folgt ein Komplex von Siedlungen, in denen May die Synthese zwischen dem Ambiente der Gartenstadt und dem Vokabular der modernen Architektur herstellt. Römerstadt und Praunheim – um nur die wichtigsten Siedlungen dieser Periode zu nennen – knüpfen unmittelbar an die Prinzipien Unwins an.

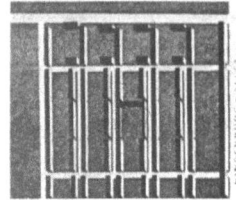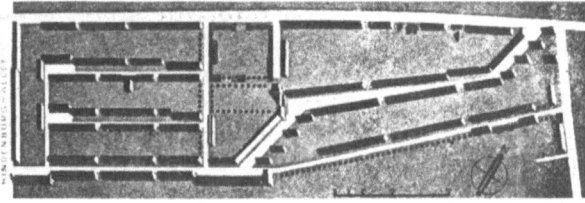

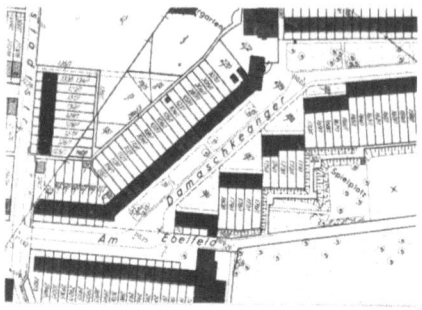

Siedlung Praunheim
Auch wenn die drei Bauabschnitte Bestandteil eines Gesamtplans sind, markieren sie doch den allmählichen Übergang vom ‚Malerischen' zum ‚Rationalismus'

Die Unterschiede, durch die sich die beiden ersten Phasen auszeichnen, sind in der Tat eher auf den Kontext und die Lage der Projekte im Verhältnis zur Stadt als auf einen theoretischen Kurswechsel zurückzuführen. Die rasch aufeinander folgenden Entstehungsdaten, die Beteiligung der gleichen Mitarbeiter (H. Böhm, C. Rudloff) beweisen, daß es sich um zwei Facetten des gleichen Denkprozesses handelt; zwischen den verdichteten Wohnblöcken von Niederrad und der „landschaftlichen Architektur" der Römerstadt besteht kein widersprüchliches, sondern ein ergänzendes Verhältnis. In beiden Fällen sind der Bezug zum Kontext und das Bemühen um eine gewisse Vielfalt gleichbedeutend mit dem Wunsch nach Rationalisierung.

Um bei den großen Siedlungen zu bleiben: Die grundlegende Änderung tritt nach Riedhof-West (1927–1930) ein, das den Übergang verkörpert, im Detail seiner Einheiten rationalistisch geprägt ist, aber noch deutlich seine Bezüge zur Stadt anzeigt. Im letzten Bauabschnitt von Praunheim (1928) überrunden die rationalistischen Prinzipien die malerischen Elemente der Gartenstadt. Auf Besonderheiten, Versetzungen, Markierungen der Ecken und Endpunkte der Wohnzeilen wird zunehmend verzichtet, während sich Industrialisierung und Typisierung weiter entwickeln. Die großen Siedlungen sind nicht mehr wie in den vorangegangenen Phasen von den Unterschieden im Netzgefüge innerhalb einer gleichen Anlage oder vom Sichtbarwerden einer präexistenten städtischen Ordnung geprägt, sondern vielmehr von der systematischen Wiederholung einer Grundeinheit (der Wohnzeile) und der Erhärtung der inneren Logik, die von den zufälligen Lagegegebenheiten unabhängig ist. Sie verweisen auf eine einfache Kombinatorik, in der alle Überreste des Baublocks beseitigt sind. Westhausen (1929), Lindenbaum (Gropius, 1930), Miquelallee, Tornow-Gelände und Bornheimer Hang 3 (1930) sind Stationen in dieser Entwicklung, die ihren Abschluß findet mit der nicht verwirklichten Siedlung Goldstein, in der sich bereits die Pläne der sowjetischen Periode ankündigen.

Dieser neue Trend, der in Frankfurt nicht mehr zur Entfaltung kommen kann, entspricht durchaus dem Aufkommen des rationalistischen Zeitgeistes, der innerhalb der modernen deutschen Bewegung die expressionistische Romantik der Anfänge ablöst.

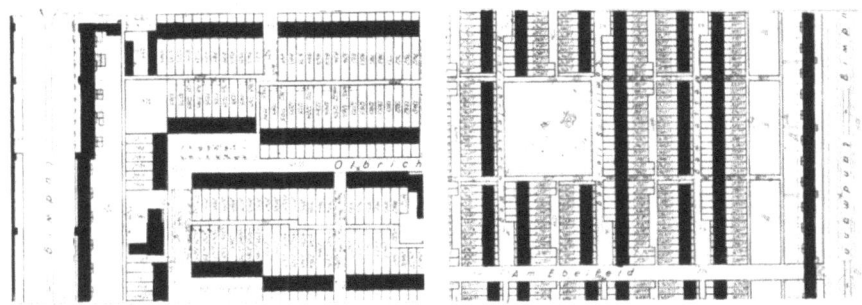

Gropius, zunächst noch unschlüssig, schließt sich etwa zur gleichen Zeit (1927-28) mit seinen Realisierungen Dammerstock und Törten dieser Bewegung an, Hannes Meyer übernimmt die Leitung des Bauhauses am 1.4.1928. In La Sarraz wird bei der Gründung der CIAM bereits die „Charta von Athen" angekündigt. Die Ankunft von Mart Stam in Frankfurt unterstreicht diese Entwicklung; die von ihm 1929 begonnene Siedlung Hellerhof mag dafür als Markierung gelten.

Von diesem Zeitpunkt an besteht nicht mehr das gleiche Verhältnis zwischen Gebäude und Grundstück. Bei den Geschoßbauten verschwindet die subtile Differenzierung der Gebäudeseiten, die in der Römerstadt noch festzustellen war. Sowohl im Hellerhof als auch in der Miquelallee ist das Grundstück ohne Belang für das Gebäude; der Außenraum, der nicht mehr ausgerichtet ist, verliert seinen Status. In den eingeschossigen Hauszeilen ist die Auflösung des Gefüges weniger deutlich, doch auch hier ist der zentrale Raum des Wohnblocks, dieser vor Einblicken geschützte und der Öffentlichkeit entzogene Innenbereich, verschwunden.

Unter diesen Bedingungen von einem Baublock zu sprechen, wäre reichlich gewagt, hätte May nicht selbst diese Problematik sehr klar in einem Schema dargelegt und 1930 in einem Artikel veröffentlicht, in dem er zu seinem Wirken Stellung bezieht (wir haben dieses Schema diesem Kapitel vorangestellt)[81]. Mit vier Zeichnungen stellt May in einer frappierenden Verkürzung die Geschichte des städtischen Gefüges zu Anfang des 20. Jahrhunderts dar. Die Folge von Wohnzeilen, die die deutschen Architekten als Gruppierungstyp in den Jahren 1927-1930 ausarbeiten, wird hier als logischer Abschluß in der Entwicklung des Baublocks vorgestellt.

E. May: Siedlung Praunheim

Gebäude an der Landmannstraße

Reihenhäuser an der Tessenowstraße

Ausgangspunkt ist der verdichtete und kompakte Baublock, der dem Haussmannschen Block noch nahesteht. Die zweite Phase ist von der Aushöhlung des Mittelraumes, der Zerlegung des Maschenwerks und von der Gestaltung des Randbereichs geprägt; um diesen Baublock ging es in Amsterdam und in abgewandelter Form in Niederrad. In der dritten Phase werden die Endpunkte geöffnet und die Baudichte gesenkt; der Baublock wird auf eine Kombination von zwei Rücken an Rücken gekehrten Wohnzeilen reduziert, zwischen denen Gärten angelegt sind; Beispiele hierfür sind die Römerstadt und Praunheim sowie Gropius' Dammerstock-Siedlung in Karlsruhe. Somit erfährt die frühere Sequenz:

Straße	Gebäude	Hof	Hof	Gebäude	Straße
öffentlich	privat			privat	öffentlich

eine erste Modifikation: ein bis dahin verborgener und privater Bereich wird freigelegt, und dabei entsteht ein gemeinsamer Garten:

Straße	Gebäude	Garten	Gebäude	Straße
öffentlich	privat	gemeinsam	privat	öffentlich

oder es entstehen auch Gärtchen, die sich an einem gemeinsamen Durchgang entlang verteilen:

Straße	Gebäude	Gärtchen	Wohnweg	Gärtchen	Gebäude	Straße
öffentlich	privat		gemeinsam		privat	öffentlich

Anschließend werden die Wohnzeilen eigenständig und der Besonnung entsprechend ausgerichtet; sie sind durch Wohnwege voneinander getrennt, die senkrecht zu den Straßen verlaufen; diese werden damit zu einfachen öffentlichen Straßen reduziert (Westhausen):

Wohnweg	Gebäude	Gärtchen	Wohnweg	Gebäude	Gärtchen
öffentlich	privat		öffentlich	privat	

Vom traditionellen Baublock bleiben zwei Prinzipien bestehen:
- Zwischen Gebäude und Grundstück besteht eine klare Beziehung; dies wird durch die Praxis bestätigt, indem Parzellen (der Nutzung und nicht des Eigentums) dort, wo keine vorhanden waren, wieder eingerichtet werden.
- Vorder- und Rückseiten der Gebäude werden unterschieden; dies wird durch die Praxis bestätigt, die Vorderfassaden besonders hervorzuheben und die Rückfassaden „zurechtzubasteln".

Aufgegeben werden hingegen die Kontinuität, die Beziehung zur Straße, die Straße überhaupt und der Bezug zur Stadt.

Die Aufgabe der privaten Gärtchen zugunsten eines gemeinsamen Rasens ist verbunden mit einem Schwinden des Gegensatzes zwischen Vorder- und Rückfassade; gleichzeitig führt die allgemeine Einführung des Mehrfamilienhauses zu einer Vereinheitlichung der Geschosse:

Wohnweg	Gebäude	Wohnweg	Rasen	Wohnweg	Gebäude
öffentlich	privat	öffentlich			privat

Die privaten Räume sind auf die Wohnung und die Balkone begrenzt, während der immer weniger differenzierte öffentliche Raum das gesamte unbebaute Gelände umfaßt.

Der Block in Frankfurt präsentiert sich somit als eine Erweiterung des traditionellen Begriffs (und erinnert auch an den englischen Wohnhof): *eine elementare Gruppierung von Gebäuden, verbunden mit einem Grundstück, auf dem sie Räume mit genau abgegrenztem Statut festlegen.* Das bewußte Experimentieren am Block führt rasch (ab 1929) zu seiner Aufgabe zugunsten einer Kombination von Gebäuden und Straßennetzen, die nach einer abstrakten Logik angeordnet sind, bei der Grund und Boden jede Realität verlieren. Fasziniert von den Hochhäusern, dauert es nicht mehr lange, bis die Architekten der modernen Bewegung im Namen der Serie, des Standardmodells und der Norm die letzten Unterschiede zwischen Gebäudeseiten und Geschossen beseitigen. Die Vorschläge von Gropius, die auf „scheibenförmige Gebäude" hinauslaufen (1930–1931), weisen bereits auf den Raum der großen Wohnanlage hin.

5 Le Corbusier und die Strahlende Stadt

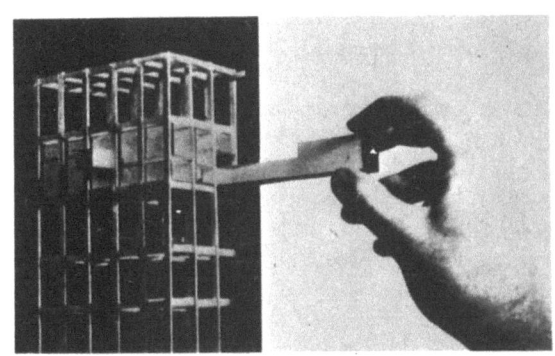

Le Corbusier:
Prinzip der Wohneinheit

Die Strahlende Stadt ist ein Mythos. Waren die Idealstädte der Renaissance eine Absage an die als Ungeordnetheit empfundene städtische Ordnung des Mittelalters, so drückt die „Strahlende Stadt" eine Absage an die Stadt aus. Die Strahlende Stadt hat keinen Namen, keine Stätte, sie existiert nicht, sie ist ein Schema. Wir beschäftigen uns mit ihr, weil damit die äußerste Konsequenz einer Auflösung des städtischen Gefüges aufgezeichnet werden kann.
Beispielhaft ist die theoretische Reduzierung, die sie im städtischen Raum bewirkt, beispielhaft auch der Einfluß, den sie in ihrer Rolle als Modell auf das städtebauliche Denken der Architekten der Nachkriegszeit ausübte. Über die verschiedenen großen Wohnanlagen hinaus, die sie indirekt hervorgebracht hat, in die sich jedoch aufgrund genauer Lokalisierungen ein Kompromiß einschlich, bleibt sie das abstrakte und absolute Sinnbild, die Fiktion eines andersgearteten Städtebaus.

Die Strahlende Stadt als Gegensatz zur Stadt

H. Raymond und M. Ségaud haben die den Schriften und Zeichnungen von Le Corbusier zugrundeliegenden Konzeptionen schon genügend klar hervorgehoben, so daß

sich eine Kritik an der Ideologie dieses Architekten erübrigt[82]. Seine beiden bevorzugten Bezüge in puncto Wohnen – Dampfer und Kloster – bestätigen seine Ordnungsbesessenheit und erhellen die Beziehungen, die er zwischen der Architektur und der Stadt, zwischen dem Bewohner und seiner eigenen Kultur sieht[83].
Mit der Unité d'Habitation (Wohneinheit) von Marseille verwirklicht Le Corbusier schließlich, wenn auch nur teilweise, seine schon sehr früh fixierte grundlegende Idee einer vollständigen Kontrolle des Architekten – oder der Architektur – über die Stadt; eine Vorstellung, die bereits ab 1922 in dem Stadtprojekt für 3 Millionen Einwohner zu erkennen ist.
Vom Plan Voisin (1925), der kaltblütig den Abriß der Pariser Innenstadt vorsieht, die allein auf ihre Monumentalbauten reduziert werden sollte, bis hin zu den vielfältigen und abstrakt angesiedelten Projekten für eine „Strahlende Stadt"[84] setzt sich die gleiche Logik fort, die nicht nur eine Negierung der Stadt bedeutet, sondern auch die Weigerung, irgendwelche spezifischen Beschränkungen bei der Standortwahl zu berücksichtigen. Mit Ausnahme von Venedig soll überall nur noch der „Standard" vorherrschen, wobei das Gelände lediglich als „Präsentierteller" für einen Gegenstand, nämlich für die abstrakt festgelegte Maschinenskulptur dient. Selbst das Land wird von Le Corbusier nicht ausgespart: „Wenn auch hier und da einige schöne Scheunen, einige schöne Schuppen, einige neue Ställe noch annehmbar bleiben und erhalten werden können, so ist doch *der Rest abzureißen* und größer neu zu erbauen."[85]
Es ist also eine „tabula rasa" zu schaffen, und nur einige monumentale Zeugen der Vergangenheit sind zu bewahren, gegenüber denen sich die Wohneinheiten als Monumente der Gegenwart behaupten. Reduzierung der Stadt auf ihre Monumente, Reduzierung der Architektur auf den monumentalen Aspekt allein. Die Lage wird auf einige einfache Gegebenheiten zurückgeführt: Sonne, Begrünung, Berge, Horizont; der Raum wird nicht mehr über Unterschiede, sondern über absolute, ewige Werte erfaßt. Der Bewohner – Nutzer genannt – ist ein Nomade, dessen Praktiken auf funktionale und klassifizierte Gesten reduziert sind; 1,13 m, 2,26 m[86].
Unter einer Reihe von Projekten stellt das Vorhaben für eine Strahlende Stadt in der Nähe von Meaux (1956) u.E. ein gutes Beispiel für die Anwendung der Prinzipien von Le Corbusier dar. Seine Ausführungen in Band 7 der Oeuvres Complètes am Ende des Kapitels über die Wohneinheiten und in „les Trois Etablissements Humains" beweisen, daß der Autor dieses Projekt als exemplarisch ansah. Fünf „Wohneinheiten genormter Größe" in strenger Nord-Süd-Ausrichtung, und zwei Zylinder, die „Türme der Junggesellen", erheben sich auf einem Teppich, in dem verschiedene Straßen (für schnelle und langsame Autos, für Fahrräder und Fußgänger) verflochten sind, die die Einheiten mit den Einrichtungen und der Nationalstraße nach Paris (RN 3) verbinden.
Es sei hier auf längere Ausführungen über die Absonderung der verschiedenen Aktivitäten verzichtet, die sich aus einer solchen Zonierung ergibt, noch soll die Unfähigkeit dieser Architektur, mehrere Funktionen in eine einzige Form aufzunehmen, dargelegt

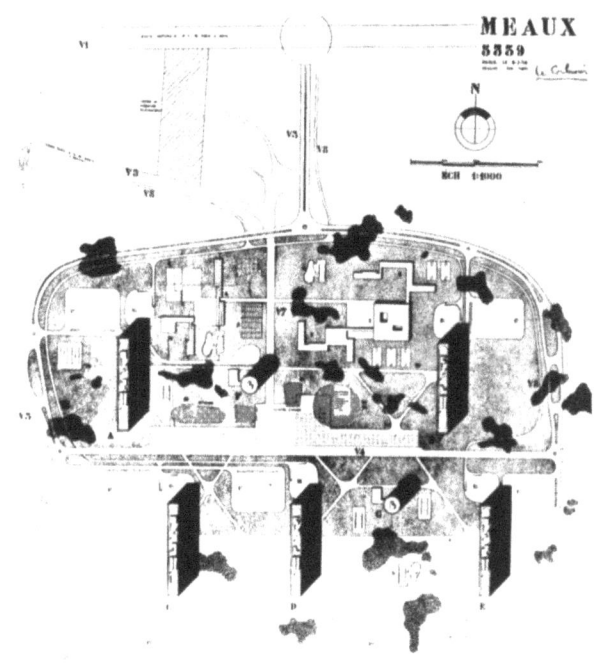

Le Corbusier: Der Nachkriegsmythos
Die Strahlende Stadt (Plan für Meaux)
Wohneinheit (Unité d'Habitation) Marseille

werden. Hier interessiert die völlige Umkehrung der Perspektive, die in einem solchen Projekt nicht nur in Bezug auf die traditionelle Stadt, sondern sogar in Bezug auf die zuvor untersuchten Beispiele sichtbar wird.[87] Jedes Gebäude wird isoliert und in einer vermessenen Beziehung zu einer abstrakten Natur verstanden, wobei sich die gesamte „Komposition" unmittelbar aus einer bildlichen Anordnung ableitet, die sich ebensowenig auf die Ordnung eines Gefüges wie auch auf die Beachtung des vorgegebenen Standortes bezieht. Fortan ist die Stadt, aus der Vogelperspektive betrachtet, ein Modell: eine Ansammlung von Gegenständen, die wie Feuerzeuge in einem Verkaufsständer manipuliert werden.

Der vertikale Baublock

Le Corbusiers Indifferenz gegenüber dem Standort wird meistens durch diskursives Denken und eine spektakuläre Konzeption verschleiert, wonach die Landschaft alles bedeutet. Um sie konkret ermessen zu können, muß vom Boden ausgegangen werden. So wie die Strahlende Stadt weder Namen noch Ort hat, so ist auch die Unité d'Habitation (Wohneinheit) ohne Boden, sie lehnt ihn ab, entfernt sich von ihm, steht auf Pilotis, löst sich von ihm. Diese Negierung des Bodens, die bereits bei der Villa Savoye und in den Dom-ino-Projekten zutage tritt, erreicht ihren Höhepunkt im Bau des Klosters La Tourette, das „vom Himmel her erdacht ist". Die Pilotis sind nicht nur ein Mittel, um das Gebäude zu heben und sichtbarer zu machen – sie verbieten auch dem Passanten jede andere Beziehung zum Gebäude als die der reinen Anschauung.
Von nun an greift alles ineinander: Die Pilotis gehen Hand in Hand mit der Absage an die „Korridorstraße", die Straße zerfällt in eine Vielzahl differenzierter Wegenetze und in „interne Korridore": Da die Straße nicht mehr Korridor sein darf, wird der Korridor zur Straße. Die traditionellen Elemente des Baublocks werden zerschnitten, neu überdacht und neu gestaltet zu dieser neuen Einheit, die uns wie ein vertikaler Baublock erscheint, in dem alle Beziehungen umgekehrt bzw. widerlegt werden[88].
Die folgende Tabelle, die keinen Anspruch auf Vollständigkeit erhebt, verdeutlicht die neue vorgeschlagene „Montage":

traditionelles Gefüge		Le Corbusier
Zugang zur Wohnung	von der Vorderseite und im Freien	im Zentrum und dunkel
Geschäfte	im Erdgeschoß zur Straße	in einem Galeriegeschoß
Einrichtungen	im Erdgeschoß zur Straße oder auf dem rückwärtigen Teil des Grundstücks	auf dem Dach (Kinderhort) oder anderswo isoliert auf einer „Grünfläche"
Freiraum	innen und verborgen (die Höfe)	außen und sichtbar (die Pilotis)
Straße	außen, kontinuierlich, den Schwankungen der Sonneneinstrahlung und des Klimas ausgesetzt	innen und verschlossen, dunkel und klimatisiert

Indifferenz: *Nantes*   Indifferenz: *Firminy*

Die Annahme liegt nahe, eine solche Umwälzung verbiete die Entwicklung von Praktiken nach bestehenden Gepflogenheiten und das soziale Projekt Le Corbusiers umfasse eine völlige Änderung in der Lebensweise der Bewohner. Jede Bezugnahme auf städtisches Leben, auf das Leben des traditionellen Viertels, wird aufgehoben, es gibt keine „Ecke" mehr, kein „Gegenüber", kein „Nebenan".
Die Straße und die traditionelle Konzeption der Nachbarschaft werden ignoriert.

Von Marseille nach Firminy oder der Verfall einer Außenfront

Die soeben festgestellte Umkehrung der Räume wird auf der Ebene der Wohnzelle sichtbar und findet ihre Vollendung in der den Außenfronten zugewiesenen Rolle. Die vorher verborgene Fortsetzung der Wohnung (Fassade zum Hof, individuelle Gärtchen) wird auf die Vorderfassade des Gebäudes verlegt, die zweischichtig zu erfassen ist: einheitlich und von außen, individuell und von innen.
Der einheitliche Aspekt betrifft vor allem den Fassadenentwurf. Hier entfaltet sich das formale Repertoire Le Corbusiers nach dem Kriege: Sichtbeton, Brüstungen in Wabenform und Sonnenbrecher ergeben ein kraftvolles und beständiges Bild. In Marseille entsteht durch die rhythmischen Variationen der verschiedenen Fassadenteile und die vertikalen Lamellen der Ladengalerie eine Komplexität, die zuerst ins Auge springt. Während sich die Verschiedenartigkeit früher aus einer Aneinanderreihung unterschiedlicher Gebäude ergab, ist sie in diesem Gebäudeblock auf die Komposition des Architekten zurückzuführen. Ausgelöst durch die ökonomischen Beschränkungen im Bauwesen, beginnt sich mit Nantes (1952) das Dessin zu vereinfachen: Wegfall der unrentablen Ladenstraße und Vereinfachung der Raster. Eine Vereinfachung, die sich in Briey (1957) fortsetzt und ihren Abschluß in Firminy (1967) findet, wo sich der Fassadenentwurf auf die frontale Linienführung der Geschoßdecken und Trennwände beschränkt, die von den hohen Relingen der Fensterbrüstungen und der Horizontale der Sonnenbrecher durchschnitten werden. Es ist nicht ohne Bedeutung, daß Firminy erst nach dem Tode von Le Corbusier (1965) erbaut wurde.
Die Folgen dieser Verkümmerung sind nicht nur ästhetischer Art, sie bedingen auch eine bestimmte Verhaltensweise. Um dies beurteilen zu können, muß man das Innere der Fassade, nämlich ihre Kehrseite oder die Innenwand, die den Übergang zwischen Wohnung und Außenwelt herstellt, betrachten. Die globale Auffassung einer von außen betrachteten Fassade, die sich für jedermann zu erkennen gibt, wird durch eine individuelle Sicht ersetzt. Die Loggia als Fortsetzung der Wohnung ist ein Ersatz für den Garten, wie bereits im Pavillon de l'Esprit Nouveau und der „vertikalen Gartenstadt" (1925) vorgesehen. Sowohl in Marseille als auch in Nantes ist die zweite Fassade zwischen Loggia und Wohnung mit großer Sorgfalt gezeichnet, sie kann variiert und verändert werden. Die hohe Brüstung verbirgt den unteren Bereich der Loggia vor

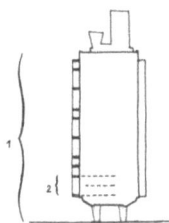 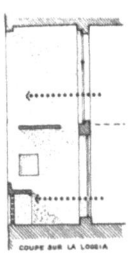

Die Wohneinheit

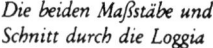

Die beiden Maßstäbe und Schnitt durch die Loggia

Die vertikale Gartenstadt (Photomontage auf der Grundlage der Fassade des Pavillon de l'Esprit Nouveau)

Der Raum der Loggia (Marseille)

Die Degradierung der Außenfront

Marseille

Nantes

Briey

Firminy

dem Einblick von außen, die innere Fassade kaschiert diesen Raum vor der Sicht aus dem Wohnzimmer. Die Fassade übernimmt für den Bewohner die Funktionen einer (vorgezeigten) Vorderfront und einer (versteckten) Rückfront (für Abfall/Vorrat), und zwar angesichts der Entfernung vom Erdboden mehr die einer Rückfront. Die Fassade vermag eine solche Ambivalenz mehr oder weniger gut zu „absorbieren". Es ist erwähnenswert, daß die innere Raumaufteilung der Wohnungen selbst „desorientiert" ist[89]. Der von den Zimmern aus zugängliche Sonnenbrecher wird als zusätzlicher Balkon benutzt, als Fläche für vorzuzeigende Bepflanzungen (wogegen die Loggia verborgen liegt). Die Dicke der Wandung und ihre Unterteilung lassen einen anzueignenden Raum entstehen, in dem der Bewohner seine Beziehung zur Außenwelt kontrollieren kann. Le Corbusier sieht dies voraus, wenngleich er nicht alle Konsequenzen erkennt und die Praxis auf einige funktionale Gesten reduziert; der „Sonnenbalkon, der zum Vorraum, dann zur Loggia wird, ermöglicht es, die eigenen Fenster innen und außen zu kontrollieren: Reinigung der Scheiben, Wahl der Vorhänge"[90]. Die Verflechtung dieser beiden Maßstäbe (des Gebäudes und der Wohnung) wird durch die Tiefe des Außenwand-Raums und die eigenwillige Fassadenzeichnung des Gebäudes ermöglicht, die, wie bereits erwähnt, ein so kraftvolles Bild ergibt, daß die individuellen Veränderungen die Stabilität nicht beeinträchtigen. Es bedarf in der Tat minutiöser Beobachtungen, um an den Fassaden der Unité d'Habitation von Marseille die Modifizierungen zu entdecken, die die Bewohner an ihrem Raum vorgenommen haben. Der mehr rudimentäre Entwurf in Briey verträgt sich schlecht mit den individuellen Änderungen. Im übrigen regt die Vereinfachung der Innenfassaden nicht zu Umwandlungen an, weil das Paneelwerk nicht mehr die Subtilitäten von Nantes oder von Marseille aufweist. In Firminy schließlich macht den Ersatz der wabenförmigen Betonbrüstungen durch ein Metallgestänge jede Modifizierung und sogar jede Nutzung der Loggia von außen sichtbar, wodurch ein bis dahin geschützter Raum fremden Blicken geöffnet wird.

Wir haben nicht nur deswegen die Rolle der Außenfront nachdrücklich betont, um die architektonischen Qualitäten Le Corbusiers hervorzuheben – Qualitäten, die bei seinen Epigonen kaum noch anzutreffen sind und die unter dem Druck der geringstmöglichen Kosten in seinen letzten Werken auch verblassen. Die Untersuchung der Unité d'Habitation macht deutlich, wie sich die Probleme, die ehemals durch die einfache Logik des Gefüges gelöst wurden, nunmehr auf der Ebene der Architektur stellen.

Eine notwendige Reduktion

Die Wohneinheit markiert eine neue, und zwar die letzte Etappe im Ablauf der Einbußen an Unterschiedlichkeiten, die zuvor den städtischen Raum kennzeichneten. Die hierarchisierte Sequenz – Straße/Randbereich/Hof/rückwärtiger Teil der Parzel-

Der verwirklichte Corbusier-Traum
Gesamtplan

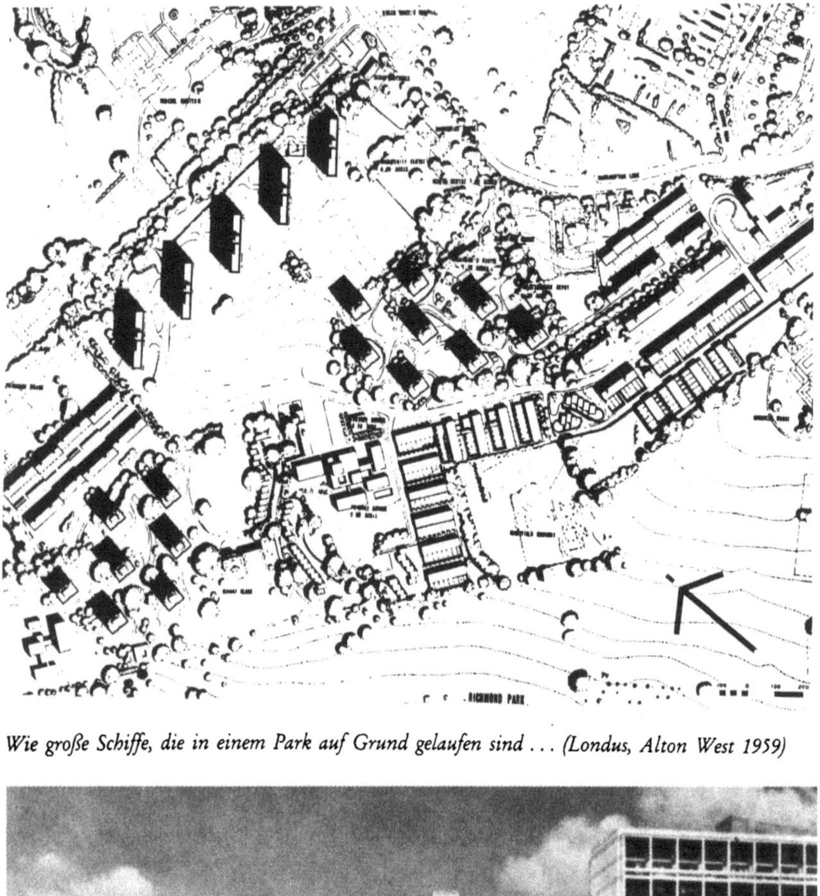

Wie große Schiffe, die in einem Park auf Grund gelaufen sind ... (Londus, Alton West 1959)

le –, die das frühere Gefüge gliedert, bei Haussmann und in Amsterdam bereits reduziert, in London und Frankfurt dann schon bedroht war, wird hier mit Entschiedenheit beseitigt. Der Gegensatz zwischen den Gebäuden besteht nicht mehr, nur das vertikale Signal der Treppenschächte unterscheidet die Ostfassade von der Westfassade. In diesem neutralen Raum sind die realen Wachstums- und Modifizierungsmöglichkeiten gleich Null oder auf das Innere der Wohnung beschränkt. Trotz aller Argumente bleibt die Zone des Stützpfeilers steril und unfähig, die Rolle, die einst dem Erdgeschoß zufiel, auszufüllen; von der Straße abgeschnitten, verwandelt sich diese Zone allmählich in einen Parkplatz und widerlegt somit die Theorie, die dem Fußgänger den Boden zurückzugeben verhieß.

Der interne Korridor hat weder die Funktion eines Wohnungsvorplatzes – er führt in zu viele Wohnungen – noch die einer Straße (keine Fenster, kein Gegenüber, Spielverbot usw.) Er ist ein „erzwungener kosmopolitischer Durchgang"[91]. Insofern manifestiert sich die Unité d'Habitation zugleich als Absage an die Stadt und als letzte Abwandlung des Baublocks.

Sie ist eine Absage an die Stadt, weil jeder Bezug auf Kontinuität und auf räumliche Nähe beseitigt ist, wie auch der differenzierte Status von Räumen, die nur noch funktional erfaßbar sind, verschwindet. Die fehlende Gliederung wird in unerbittlicher Weise dadurch spürbar, daß keine Modifizierungen außer der Hinzufügung neuer Einheiten oder der individuellen und eingeschränkten Aneignung der Wohnzelle möglich sind. Von jedem Zusammenhang abgeschnitten – das Bild des Dampfers gewinnt hier seine volle Bedeutung –, fordert die Wohneinheit vom Bewohner eine völlige Änderung seiner Lebensweise.

Jedoch wirft die Unité d'Habitation in ihrer Abstraktion zugleich äußerst klar das Problem des Baublocks auf, d.h. die Frage der elementaren Gruppierung von Gebäuden, die vereinigt ein Gefüge bilden. Mit diesem Aspekt soll dieser erste Teil abgeschlossen werden, wobei wir uns auf die Kritik der Wohneinheit durch die englischen Architekten in den 50er Jahren stützen, wie sie uns von Reyner Banham[92] vermittelt wird. Nach Banham ist Le Corbusier der erste Architekt, der mit den Konventionen der „modernen Architektur" bricht und es ablehnt, im Jahre 1945 den Dogmen zu folgen, die zehn Jahre zuvor in einem ökonomisch und kulturell völlig anderen Kontext von den CIAM erarbeitet worden waren. Die Unité in Marseille, „der erste Nachkriegsbau, der sich von der Architektur vor 1939 abhob", offenbart den englischen Architekten, die eines halben Jahrhunderts Gartenstädte überdrüssig geworden waren, daß Wagemut möglich ist. In ihre Bewunderung mischen sich sowohl das Gefühl, daß die Maßstäblichkeit städtischer Probleme nicht mehr durch eine Aneinanderreihung von „Cottages" zu lösen ist, als auch die Faszination, die vom Sichtbeton ausgeht.

Mit Banham wird verständlich, wieso die Brutalisten von der Unité d'Habitation, *dieser notwendigen Reduktion,* ausgehen werden, um zu einem neuen städtischen Raum zu finden. Ihre Kritik richtet sich zunächst gegen den internen Korridor. Dunkel und nirgendwo hinführend, ist er eigentlich nur ein breiter Hotelflur, der, in die Fassade zurückversetzt, nun an der freien Luft dem Gebäude eine neue Ausrichtung verleiht: Die Wohnungen haben eine Eingangsfassade mit Tür und Fenstern zum Hindurchsehen; die abstrakte Maisonette-Wohnung wird wieder zum Häuschen. Dieser Laubengang, „in dem die Kinder radfahren können wie sonst auf den Bürgersteigen" wird zum Hauptthema der englischen Architektur, angefangen bei den Projekten der Gebrüder Smithson für Golden Lane (1952) und ihrem Wettbewerbsprojekt für die Universität von Sheffield (1953) über die „Housings" der Architekten des „Council" bis hin zu den Wohnungen von Stirling in Runcorn (1967).

Mit dieser neuen Ausrichtung wäre die Einheit wie in Roehampton isoliert geblieben, hätte nicht die Idee bestanden, den Laubengang von einem Gebäude zum anderen fortzusetzen, ihn in eine richtig gebaute Straße mit integrierten Einrichtungen zu verwandeln und zum kleinen Platz zu erweitern, um dadurch die Kontinuität wiederherzustellen, die die CIAM abgelehnt hatten. In Anknüpfung an das Haus Spangen von M. Brinkmann in Rotterdam (1919) und an die noch weiter zurückliegenden ersten Häuser mit Laubengängen des London County Council[93] entdeckt die Wohnarchitektur nach Le Corbusier erneut den Begriff des städtischen Gefüges.

6 Die Wandlungen des Baublocks und die Raumpraxis

In konkreten Situationen, in denen die Beschaffenheit des Raumes von Bedeutung ist, manifestiert sich die Praxis[94] – man könnte auch von raum-symbolischen Systemen sprechen – durch Phänomene der Aneignung; sie wird getragen von Formen des Habitus oder von einer Gesamtheit von Bestimmungen[95], die den Formen der Gesellung eigen sind und ihrerseits auf soziale Zugehörigkeiten, auf regionale und nationale Kulturen verweisen. Die Praxis hat ihre Geschichte.
Daraus ergeben sich für unseren Untersuchungsgegenstand, den Baublock, Fragen: Ist der Baublock als Unterteilungseinheit, als konstitutive Einheit des städtischen Gefüges, eine Einheit der Praxis? Ist er Anlaß für eine spezifische Praxis? Ist er es jemals gewesen? Diese Fragen, die aufgrund der von uns untersuchten Entwicklung der Raumpraxis als erste aufgeworfen werden, sind Teil einer allgemeineren Fragestellung: Umfaßt ein durch die morphologische Analyse bestimmtes Element der Stadt eine Gesamtheit identifizierbarer Praktiken? Welche Möglichkeiten bietet dieses Element unter Berücksichtigung seiner räumlichen Merkmale für die Praxis? Inwieweit ermöglicht es eine Verbindung zu anderen Elementen, die auf anderen Ebenen beobachtet werden?
Auf den Baublock bezogen, bedeutet dies: Sorgt dieses städtische Element in einem Spiel von Unterschiedlichkeiten und Kontinuitäten für den Übergang vom „kleinen Raum" – wie z. B. der Wohnung – zu anderen ähnlichen Räumen und auch zum „großen", zum urbanen Raum?
Bevor die Relevanz dieser Frage geprüft wird, soll auf zwei Vorkehrungen hingewiesen werden. Zunächst ist die zeitgenössische Praxis der Produktion städtischer Elemente, die wir untersucht haben, soweit wie möglich von den heute zu beobachtenden Praktiken zu unterscheiden. Die Unterschiede werden durch einen Vergleich klar, der sowohl Aufschluß über das Maß der Offenheit des Raumes zu geben vermag als auch über dessen Fähigkeit, eine Folge von Nutzungen zu überstehen. Andererseits dürfen für die raum-symbolischen Systeme des Wohnens von einer Kultur zur anderen Hypothesen nur innerhalb der uns als gesichert erscheinenden Grenzen aufgestellt werden.

Die hier zu behandelnde Materie gehört zur Geschichte der kapitalistischen Wirtschafts- und Sozialgebilde und ist von den Umwandlungen der Stadt im Zusammenhang mit der industriellen Revolution und ihren Folgen abhängig. Und zwar auch dann, wenn es sich um unmittelbare Auswirkungen eines Industrialisierungsprogramms, d. h. um Industrieansiedlungen handelt; dies trifft z. B. für Paris, die politische und finanzielle Hauptstadt Frankreichs, zu, die den gesamten Handelsverkehr des Landes beherrscht; dies trifft auch zu für eine Stadt wie Amsterdam, die sich im Wachstum – wenn auch in geringerem Maße als Rotterdam – der ökonomischen Entwicklung Europas und insbesondere Deutschland anschließt. Diese Entwicklung mit ihren spezifischen Merkmalen, eigenen Systemen und Diskrepanzen strebt eine Neuordnung des sozialen Raumes an, eine Trennung der verschiedenen Zeiträume des Alltags und vor allem eine Verselbständigung der Zeiten, die nicht unmittelbar der Arbeit gelten: Auf dem gleichen Hintergrund erscheinen die von uns betrachteten Phänomene, wobei jedoch auch ihre eigene geschichtliche Entwicklung Berücksichtigung findet wie auch der Anteil möglicher „Relikte" von Institutionen, die die Formen sozialen Lebens und spezifischer kultureller Merkmale nachbilden.
Ein Beispiel: Bei der Beschreibung der Wohnverhältnisse im Holland der 50er Jahre stellt B. Pingaud fest – was zumindest als Hypothese festgehalten werden kann –, der Holländer sei ein Mensch der Trennungen, die Arbeitsteilung sei seinem Wesen so sehr immanent, daß er nie bastle, und dies führe unvermeidlich zu Konsequenzen für die Nutzung und Aneignungsformen seines Raumes[96]. Er schreibt weiter: „Nirgends ist die Welt des Privatlebens so gediegen und unaufdringlich" – eine Behauptung, die im Zusammenhang mit der scheinbar widersprüchlichen Wirklichkeit zu sehen ist: Die großen Tür- und Fensterweiten in den Niederlanden, ja, sogar das Fehlen von Vorhängen, die Zurschaustellung unverhüllter Tür- und Fensteröffnungen. Der uns aus Frankreich bekannte Gegensatz, ‚gesehen/nicht gesehen' ist hier nicht vorhanden; wir sind mit einem anderen raum-symbolischen System konfrontiert (in dem sich Verinnerlichung und Veräußerlichung im Raum des Privatlebens anders vollziehen).

Umwandlung der Praxisformen und Baublöcke

Wie wir an anderer Stelle gezeigt haben, vollzieht sich mit Haussmann um die Mitte des 19. Jahrhunderts ein strategischer Bruch: Die Stadt wird insgesamt einer Ordnung, Spezialisierung und Zonierung unterzogen. Die Arbeit wird samt den produktiven Arbeitern aus der Innenstadt vertrieben. Die soziale Segregation ist fortan *horizontal* in den urbanen Raum eingeschrieben. Dennoch bedarf die Vorstellung, das Leben vor den „großen Bauten" sei nicht segregativ gewesen, einer Korrektur. Wir meinen jene Vorstellung, die auf dem Bild des vorhaussmannschen Hauses gegründet war: daß in ihm die gesamte soziale Pyramide, von der ersten Etage des reichen Hausbesitzers bis hin zum Dachgeschoß, in dem Arbeiter, Näherinnen und Grisetten wohnen, ohne allzu strenge Grenzen zusammenlebt. Doch – Daumard erinnert nachdrücklich daran – „im Gegensatz zu summarischen Behauptungen war die Treppe kaum je ein Begegnungsort für die verschiedenen sozialen Klassen (...). Das Ausmaß und der Luxus der Wohnungen nahmen zwar mit der Höhe der Stockwerke ab, vor allem in den Gebäuden aus der Zeit vor dem Zweiten Empire; dessen ungeachtet gehörten die Bewohner des gleichen Hauses im allgemeinen relativ homogenen Kreisen an. Unter der Wahlmonarchie taucht bereits der Gegensatz zwischen den beiden Teilen von Paris auf: Der Geld-, Amts- und Geburtsadel ist im Westen etabliert, der Osten ist der Bereich der Handwerker, der Handarbeiter, der unteren Schichten und der Elenden. Dabei liefen die schmutzigen und ärmlichen Straßen inmitten von eleganten und wohlhabenden Vierteln zusammen, ansehnliche Wohnhäuser ragten aus den ärmlichsten Stadtbezirken heraus, und im gesamten hauptstädtischen Gebiet war das mittlere und Kleinbürgertum durch Angehörige des Mittelstands vertreten."[97] Diese Tendenz wird unter Haussmann nun in der Tat systematisiert: Die vertikale, aber auch schon horizontale Segregation wird auf Stadtebene immer umfassender durch die Homogenisierung der Viertel ausgebaut, bisweilen auch nuancierter durch die Differenzierung von Gebäuden auf gleicher Parzelle – einem Prozeß folgend, wonach die soziale Hierarchie sich nach der jeweiligen Lage der Straße richtet, sich also von der Außenfassade bis in den rückwärtigen Teil der Höfe fortsetzt. Selbst bei einer gewissen sozialen Überlagerung wird durch die Kontrolle des Hausmeisters (Concierge) über Dienstboten- wie Haupttreppe eine strenge Undurchlässigkeit gewährleistet.

Bezüglich der Raumpraxis bildet sich damit ein entscheidendes Phänomen heraus: Die Wiederherstellung der Form, zu der der Baublock gehört, vollzieht sich gleichzeitig mit einer räumlichen Kodifizierung, die in den Abhandlungen zur Architektur, in der sich die Lebensweise der Bourgeoisie kristallisiert, klar ausformuliert wird[98]. Diese Lebensweise ist Ergebnis einer langen Umwandlung – ausgehend von einem System, bei dem die einzelnen Teile des Hauses den Bedürfnissen des täglichen Lebens entsprechend bezeichnet werden, ohne daß eine Gruppe unveränderlicher Unterschiede die Funktionen bestimmt. Diese Funktionen aber werden nun *lokalisiert*. Eine neue Weltanschauung wird begründet: In der Küche wird nicht von Geld gesprochen, und in den Toiletten wird kein Selbstmord begangen[99]. Das private Familienleben belegt deutlich voneinander getrennte Örtlichkeiten oder Zimmer, deren Bezeichnung die Spezialisierung ausweist (die Gattungsbegriffe Zimmer, Stube, Kammer werden durch Eßzimmer und Schlafstube ersetzt), und bestimmt auch die Hierarchisierung der dort stattfindenden sozialen Beziehungen (von der Intimität bis zur Repräsentation). Die Wohnung selbst steht fortan in einer gegensätzlichen Beziehung zur Außenwelt. Dieser Endpunkt – Ariès[100] beschreibt den langen Prozeß bis dahin, bei dem Familie und Kindheit „erfunden" werden und der „Privatmann" in Erscheinung tritt[101] – entspricht dem Aufstieg einer Klasse. Der neue Begriff des „Zuhause", des Heimes, der formalen Ausdruck findet, setzt voraus, daß die Wohnung zum Bereich einer eigenständig gewordenen Praxis wird, was durch die zweifache, d. h. physische und moralische Wortbedeutung *heimischer Herd* gut zum Ausdruck kommt: „Das Zuhause war der Mittelpunkt des privaten und familiären Lebens schlechthin, es war auch die bevorzugte Stätte für das gesellschaftliche Leben."[102] Für die unteren Schichten besteht diese Abtrennung des Privatlebens indes zu diesem Zeitpunkt noch nicht: Ihre Praktiken, in deren Mittelpunkt nicht die Wohnung steht, sind noch gemeinschaftlich, *städtisch*, und sie werden von der produktiven Tätigkeit strukturiert. Aber der zunächst nur das Bürgertum berührende Wandel breitet sich rasch aus und kommt zu allgemeiner Geltung. Diese Entwicklung wird auch durch den Sozialwohnungsbau ausdrücklich angestrebt, der mit dem Versuch, eine unstete Arbeiterschaft seßhaft zu machen, die städtische und kollektive Praxis der Arbeiterklasse ausmerzen will, weil sie vom Standpunkt der Hygiene, der Moral und des sozialen Friedens für gefährlich gehalten wird. Man würde jedoch der Gestaltung des Raumes allein sicherlich zu viel Gewicht beimessen, wollte man darin (und in den politischen Zielen, die den Raum durchdringen) eine Vorrichtung sehen, die die Aufpfropfung neuer Formen der Gesellung und des täglichen Lebens und die Unterwerfung der Arbeiterklasse ermöglicht. Auch darf nicht vergessen werden, daß sich der Sozialwohnungsbau in der Mitte des 19. Jahrhunderts noch in einem Versuchsstadium befand und daß dieses Experimentieren in Paris nur sehr begrenzte Formen annahm. Solche Überschätzung würde schließlich auch verdecken, unter welchen Bedingungen die der Sozialwohnung zuzuschreibenden Korrektiven konzipiert wurden. Es kämen nur bestimmte Auswirkungen zum Tragen, wollte man die Sozialwohnung von jenem globaleren Prozeß isolieren, der in die Vorherrschaft eines „neuen Typus von Beziehungen zu Gegenständen und Personen mündet, und war durch Auflösung der alten Lebensweise und insbesondere durch eine der gesamten Bevölkerung aufgezwungene Organisationsform des täglichen Lebens, die Kleinfamilie".[103] Die Entwicklung der Großindustrie – und allgemeiner der Arbeitnehmerschaft – verändert die Beziehungen zwischen der Tätigkeit des Arbeitens und den außerhalb der Arbeit liegenden Aktivitäten (einschließlich des Konsums) wie auch das Verhältnis zwischen den den verschiedenen Aktivitäten zugeordneten Zeiten; und zwischen den Orten, an denen sie stattfinden (Arbeit/Wohnung)[104]. Eine neue Zusammensetzung tritt zunehmend an die Stelle der stark sozialisierten, „kontinuierlichen" und sich überlagernden Praxisformen, die vor allem die landwirtschaftliche Produktion und das Handwerk auszeichnen. Diese Entwicklung, die den hier untersuchten Wirtschafts- und Sozialgebilden gemeinsam ist, hat zur Folge, daß sich eine spezifische wohnbezogene Praktik ausbreitet, die zunehmend an Dominanz gewinnt. Sie ist differenziert, hierarchisiert und orientiert.

Baublock und Unterschiede

War der vorhaussmannsche Baublock eine Stätte besonderer Praktiken? Es sei daran erinnert, daß er einen Bereich für nebeneinander bestehende und sich überlagernde Aktivitäten darstellte: Die Arbeit und die verschiedenen Austauschbeziehungen fügten sich hier ineinander. Zolas Beschreibung im *Assomoir* über das Arbeiterviertel La Goutte d'Or am Stadtrand von Paris, das von Haussmann zerlegt wurde, zeigt deutlich, wie im Innenraum des Baublocks verschiedene Formen der Praxis integriert wurden. Während ein Boulevard oder eine Straße am Rande des Stadtviertels – insbesondere am Abend des Zahltages – bevorzugte Stätten für die Höhepunkte des Gemeinschaftslebens darstellen, fügt sich der Block – ohne sich mit *einer* spezifischen Praxis zu identifizieren – nahtlos in einen umfassenderen Komplex ein, in dem sich das gesellschaftliche Leben entfaltet und der hauptsächlich städtische Züge aufweist. Die Wohnung ist zweifellos ein Bestandteil, aber nicht das wichtigste Element dieses Komplexes. Zwischen Wohnung und Außenwelt bestehen keine ausgeprägten Differenzierungen oder gar Gegensätzlichkeiten; diese treten vielmehr zwischen bestimmten Orten auf, die nur von Frauen frequentiert werden (das Waschhaus) oder den von Männern besuchten Stätten, wie der Bar l'Assommoir („Da haben ihm die Weiberröcke im Waschhaus aber zugesetzt", meint Coupeau, als er sich mit Gervaise in der Bar trifft). Trotz der Unterschiedlichkeiten, die innerhalb der Goutte d'Or bestehen, stellt sich doch das Viertel mit seiner Multifunktionalität und der Homogenität seiner Bewohner als einheitliches Gebilde der Stadt Paris entgegen (eine Einheit, die sich darstellt und Urteile fällt: „Das Viertel erklärte ...", schreibt Zola[105], ein Gegensatz, der sich hier auf einen morphologischen Einschnitt, den Boulevard, stützt, allerdings auch eine soziale Distanz enthält (die „Pariser Damen aus der Rue du Faubourg Poissonière" sind nicht die Frauen aus dem Viertel).

Die Praxis der kleinen Geschäftsleute in *Au Bonheur des Dames* ist ebenfalls durch eine Beziehung zwischen Wohnungen, Laden und rückwärtigem Raum sowie Straße gekennzeichnet, die so stetig ist wie die familiäre Bindung, die ihrerseits so weit reicht, daß sie sich auch auf die Beziehung zwischen Arbeitgeber und Angestellte erstreckt. Entsprechend der Behandlung des Stadtzentrums im Rahmen der Urbanisierung sind im Haussmannschen Baublock, zumindest im Innenraum, diversifizierte Aktivitäten ausgeschlossen. Meistens können nur reine Wohnfunktionen im Baublock ausgeübt werden, dessen Status, wie schon festgestellt, der sozialen Konvention unterliegt. Dies wirft für die Bewohner sicher keine allzu großen Probleme auf, weil sich der Baublock einerseits im Zeitverlauf auflöst und die Bewohner der Gebäude großenteils einer sozial homogenen Bevölkerungsgruppe angehören.

Es sei erinnert an die Unterscheidungen zwischen dem Außenbereich, der mit der Straße in Verbindung steht, der sich davon abhebenden Fassade und dem Innenbereich, um folgern zu können, daß dieser Innenraum nur noch die Funktionen eines rückwärtigen Raumes erfüllt. Nur insoweit hält er die Unterscheidung zwischen Gezeigtem und Verborgenem im Wohnbereich aufrecht, als er in bestimmten Fällen Aspekte der Straße fortsetzt (Ställe, Wagenschuppen). Im Bürgerhaus ist der Innenbereich eine Stätte der Sittsamkeit (vgl. *Pot-Bouille* und die Variationen der ersten Seiten über die „unaufdringliche Zurschaustellung" der Fassade – der Maske, die die „innere Kloake" verbirgt). Das Miethaus der unteren Volksschichten hingegen bietet sich weiterhin als Bereich für die offenere Gesellung und für Aktivitäten an, die die Wohnung überschreiten (Kinder im Hof, die zu „Straßenkindern" werden, häusliche Ereignisse, die nach außen dringen).

Eine andere Frage, die sich im 19. Jahrhundert ebenso stellt wie in unserer Zeit: Wird der Haussmannsche Baublock von seinen Bewohnern als städtische Einheit empfunden? Dies wird durch nichts bewiesen. Es wäre auch nur dann zu begründen, wenn der Baublock einer wichtigen Funktion, wie z. B. einem Krankenhaus, einem Gymnasium, einem Rathaus usw., diente. Die Beantwortung dieser Frage hängt also von den Einrichtungen ab, die der Block birgt (und die die anderen benachbarten Einrichtungen ergänzen), die jedoch in bestimmten städtischen „Wüsten" der guten Gesellschaft auch fehlen können. Und der Ausdruck „Häuserkomplex" ist ohne Zweifel weniger für einen gesamten Baublock kennzeichnend als vielmehr für eine seiner Fassadenseiten, entsprechend der aller Wahrscheinlichkeit nach nicht aus der Wahrnehmung auszuschließenden Hierarchisierung durch die den Block begrenzenden Straßen.

Ausgehend vom Haussmannschen Baublock, der räumlich die Trennung der Lebensarten festschreibt, wollen wir nun unser Augenmerk darauf richten, wie der Wohnblock eine Beziehung von innen nach außen, vom privaten zum öffentlichen Bereich ermöglicht[106], wie er eine Praxis trägt, der hierarchisierte und orientierte Differenzierungen zugrunde liegen, wie aber sein Verfall, sein Mangel an bestimmten formalen Qualitäten, hierzu im Widerspruch steht.

Die „Öffnung" des Baublocks

Zunächst begegnen wir in England zwei Formen der physischen Öffnung des Blocks, und zwar wird er zuerst an den Ecken geöffnet, nachdem der Bewohner zuvor der Möglichkeit, das symbolisch als verborgen und rückwärtig Erlebte optisch zu erfassen, entschieden begegnet war, indem er den Raum verschloß. Andererseits ist festzustellen, daß es von den Häusern unabhängige Zugänge zum Innenbereich gab, mit der Folge, daß dieser Innenbereich mehrdeutig wurde. Nur erhebt sich die Frage, ob diese Mehrdeutigkeit nicht zum Teil mit den kulturellen Kriterien zusammenhängt, die wir als außenstehende Beobachter anlegen: in Großbritannien gilt seit langem nicht nur bei der Anordnung des *mews*, sondern auch bei der Arbeiterwohnung ein städtisches System paralleler Stichstraßen mit einem doppelten, hierarchisierten (vorderen und rückwärtigen) Eingang, was vermuten läßt, daß dieses System auf Praktiken gründet, die auf dem Festland so nur selten anzutreffen waren.

Der Typ des „Wohnhofs", dessen vorderer Teil die Straße verbreitert, fungiert oft als sozialisierter Raum. Dies ist u. E. nur möglich, wenn ein „rückwärtiger" Teil die individuelle Aneignung ermöglicht. In sozialer Hinsicht kann einerseits bei den Mittelschichten (middle class), für die die Wohnhausgruppierung zugleich auch die Zugehörigkeit darstellt, ein Konsens über die Zeichen, die ein *Affinitätssystem* ausdrücken, vermutet werden. Andererseits scheinen für die einfacheren Wohnungen (Garden City in Welwyn) die Bemerkungen von M. Young und P. Willmot zuzutreffen: Eine Form kollektiver Gesellung, die weniger durch Institutionen und die Nutzung spezifischer Einrichtungen geregelt wird, entwickelt sich in den günstigsten Fällen aufgrund der Homogenität der Altersklassen; sie wird durch eine Tendenz zur Matrilokalität verstärkt, die sich parallel zur Entwicklung der Logik der dominierenden sozialen Beziehungen behauptet[107].

Die Öffnung des Baublocks, d. h. die vom Standpunkt der Praxis mögliche gegenseitige Durchdringung des vorderen und rückwärtigen Bereichs, ist auch in Amsterdam anzutreffen, und zwar dort, wo in den Jahren vor 1920 statt des Block-Innenraums als Bereich individueller Aneignung der Garten einer Wohnparzelle im Erdgeschoß zur Durchgangspassage wird, die von außen zugänglich ist; oder wenn ein Teil des Hofraums allen gemeinsam ist, weil er die Infrastruktureinrichtungen integriert. Dies würde eine kollektive Praxis im Maßstab des Blocks oder – wie im letzten Fall – im größeren Maßstab des ganzen Viertels voraussetzen. Auch für Mays Frankfurt trifft dies zu, wenn ein aus zwei parallel liegenden Gebäuden gebildeter Block an den Endpunkten nicht geschlossen wird, aber zwischen der Straße – dem vorderen und zentralen Bereich – und dem rückwärtigen Teil eine, wenn auch fast banale Verschiedenheit bestehen bleibt.

Eine solche Durchdringung beruht nicht auf der Beseitigung aller Unterschiede, sondern auf der Aufhebung einiger weniger. Es kommt hier zu einer Doppeldeutigkeit. Und sie wirft eine Frage auf, die implizit in den Praktiken enthalten ist, die durch die zeitliche Markierung hindurch zu beobachten waren: Kann der zentrale Bereich unter günstigen Umständen als Stätte kollektiver Aneignung fungieren, in der die Möglichkeiten einer individuellen Praxis gleichwohl nicht bestritten werden, als ein sozialisierter Ort also? Vermag er eine Rolle zu spielen, die möglicherweise mit der vergleichbar ist, die vom gemeinsam öffentlichen Teil des englischen „Wohnhofs" ausgefüllt wird? Nach den sichtbaren Spuren seiner Nutzung zu urteilen, erscheint der Zentralbereich entweder als kollektive Einrichtung (Grünplatz, Spielplatz) oder als Raum des reinen Scheins, der die individuellen Manifestationen zum „Einfrieren" bringt, oder aber auch als zwiespältiger Ort (bei einem Nebeneinanderbestehen von „schmutziger" und „sauberer" Aneignung). Entweder ist der Innenraum vorherrschend oder der Außenbereich. Die Doppeldeutigkeit erhöht sich noch, wenn die Etagenwohnungen – wie z. B. in Frankfurt (Westhausen) – keine direkte Beziehung zu den Gärtchen haben. Dennoch ist zu unterscheiden zwischen den niedrigen Bauten, die damals im Sinne Ernst Mays vorübergehend von einer Familie und zusätzlich

Amsterdam: Die Ausrichtung des Raums

Die Definition der öffentlichen Räume (van Epen)

Das Innere des Baublocks (Kramer)

im obersten, über eine Innentreppe erreichbaren Geschoß von Bewohnern belegt wurden und nach der Beseitigung der Wohnungsnot wieder zu Einfamilienhäusern werden sollten (auch die zwei Gartenparzellen sollten wieder zu einer werden), andererseits den Mehrfamilienhäusern, deren Grundrißsystem schon beweist, daß sie von vornherein als Anlage übereinanderliegender Wohnungen konzipiert wurden. In diesem Fall sind die Gärten rein dekorativer Natur, dienen als Vorzeigestücke – oder als Gemüsegärten, wie es der ursprünglichen Vorstellung Mays und den Plänen der Theoretiker der Gartenstädte entsprach: Gelegenheit für eine „gesunde" Freizeitbeschäftigung, Quelle zusätzlichen Einkommens oder aber – nach Schreber – als Notbehelf in Zeiten wirtschaftlicher Not (die Bewohner werden immer Möhren zu essen haben).

War es die Doppeldeutigkeit oder der Gegensatz, was die Konflikte verursachen sollte? Da wir uns allein an die Beobachtung zu halten haben, können wir keine Entscheidung fällen[108].

Der Niedergang des Baublocks und die desorientierte Praxis

Was nun folgt, ist nicht nur ein morphologischer Zerfall des Baublocks, dessen Innenbereich als zwiespältiges Terrain für die Ausübung einer Praxis erscheint, deren Unterschiedlichkeiten dort nicht mehr unbedingt zum Tragen kommen. Es handelt sich vielmehr nun um eine wahre Umwälzung, ja, sogar um eine Umkehrung nicht nur des Baublocks selbst als formaler, abstrakter Einheit, sondern auch des Blocks als Stätte für die räumlichen Habitusformen einer hierarchisierten Verknüpfung zwischen Außen und Innen. Dies wird dort deutlich, wo sich der Block „zusammenzieht" und die Gebäude, d. h. jede Wohnzeile, die gleiche Ausrichtung aufweisen: Der Block ist faktisch „desorientiert", weil dem vorderen Bereich des einen Gebäudes der rückwärtige Teil des anderen entspricht. Und dieser Vorderbereich besteht nur durch den Bezug zu sich selbst – er liegt dort, wo sich der Haupteingang befindet. Folglich kann sich die Praxis nur vom Wohnungsinnern her entwickeln und sich innerhalb der Grenzen des Absorptionsvermögens, das sie verbirgt, zur Fassade hin fortsetzen. Das Verborgene kann wie das Gezeigte eingesehen werden: Diesen offensichtlichen Widerspruch vermögen die Nutzungseingriffe nicht ohne weiteres zu lösen. Der „Baublock" ist hier durchaus eine *Einheit*, die über die mehr globalen Beziehungen, denen die konkrete Logik des Wohnens durch die Nähe anderer Einheiten einen Sinn verleiht, die Praxis reduziert, indem sie sie der Neutralität, d. h. dem Gegenteil der konstitutiven Unterschiede des raumsymbolischen Systems des Wohnens unterwirft.

Le Corbusiers *Strahlende Stadt* ist indifferent: Der Dampfer kann den Anker lichten, mit der Sonne als Orientierung. Die Umkehrung ist vollzogen: Die Straße ist im Zentrum, der rückwärtige Teil liegt an der Peripherie. An einer so monumentalen Peripherie, daß sie auch den vorderen Teil umfaßt.

Indifferenz

Wie zu sehen war, kann der Schwund der Unterschiedlichkeiten, ihre Neutralisierung, ja, sogar ihre Umkehrung räumlich beschrieben werden. Die Nutzung hingegen erzeugt Widerspruch und berichtigt: Soweit möglich stellt sie die konkrete Logik wieder her. Denn sie ist nicht nur durch die Art, in der sie einen konstruierten Rahmen ausfüllt, zu definieren, sondern auch durch die Weise, in der sie die Stätten – das müssen nicht immer die von Planern vorgesehenen sein – ausstattet, hervorbringt und qualifiziert. Der Einfluß der Nutzung ist jedoch aufs äußerste bedroht, um so mehr, als zusätzliche Zwänge auf den „leeren" äußeren Raum ausgeübt werden. Es geht dabei um soziale Zwänge: die Kontrolle, die Reglementierung und auch die Ablehnung eines ungünstigen Images, das durch unpassende Äußerungen auf die Bewohner zurückwirken könnte (allein die Neutralität, die Untätigkeit bannen diese Gefahr).
Wir sind vom haussmannschen Baublock ausgegangen, der eine neue Praxis des Raumes durch Kodifizierung festschreibt. Dabei wird die Wohnung zur bevorzugten Stätte eines Teils des sich privatisierenden Lebens, eines Teilbereichs, der zunehmend an Dominanz gewinnt. In dem Maße, wie diese Praxis sich in der Geschichte allgemein durchsetzt, wird sie, wie wir feststellten, durch Lösungen eingeschränkt, deren Konfiguration den Spielraum für die sie charakterisierenden und strukturierenden Unterschiedlichkeiten nicht oder kaum mehr gewährleistet. Die Vervielfachung funktionaler, sozialer und räumlicher Isolate – d. h. morphologisch getrennter Einheiten, deren Äußeres wie Inneres abstrakt konzipiert ist, wobei die Sozialisierung Probleme aufwirft – widerlegt in zunächst paradoxer Weise eine Praxis, deren Entstehung oben dargestellt wurde. Es sei denn, wir hätten den Vollzug des ursprünglichen Bruches miterlebt, die Übersteigerung seiner Prämissen, was bedeutet, daß sich das Wesentliche der Praxis beschränkt.
Wo aber ist die Straße, wo ist die Stadt und wo der städtische Raum? Wo beginnen sie? Gibt es für den Bewohner – zumindest symbolisch – Stätten, die durch schrittweises Vertrautwerden[109] für den Übergang zwischen den verschiedenen Ebenen sorgen? Diese Fragen ziehen eine weitere nach sich: Hat sich eine neue Praxis herausgebildet?
Es erwies sich bei einer Untersuchung des Wohnblocks vom Standpunkt der Praxis, daß der Block nicht für sich selbst, sondern vielmehr als Beziehung zwischen dem diesseits und jenseits des Blocks Gelegenen (Wohnung und städtischer Raum) zu betrachten sei.
Eine Art Neutralität gegenüber der städtischen Situation sowie die Indifferenz, die den letzten Metamorphosen des Blocks anhaftet, scheinen auf das Punktuelle („die Ansiedlung") und auf die Substitution zu verweisen (der Raum ist Tauschwert, also eine tauschbare, auswechselbare Ware) – kennzeichnend dafür, was H. Raymond und Marion Segaud als dominierenden Raum unserer Wirtschafts- und Sozialordnung definieren[110]. Dieser Standpunkt nähert sich den Überlegungen von C. Aymonino[111] über

die „quantitativen Anforderungen" des Baus und ihre Folgen für die banale zeilenförmige Ausrichtung, die Isolierung der Häuser in der Stadt von heute, in der „das Instrument ihrer eigenen Entwicklung – zum meßbaren Ausmaß reduziert, das sich in Zahlen, Kennziffern, Regeln und Funktionen ausdrückt – die bebaubare private Parzelle *(das Baulos)*" ist (Los: Anteil, Parzelle, Lotterieeinsatz).

In dieser Beziehung scheint sich der Wohnblock nicht der *Logik der Produktion* unserer Gesellschaft entziehen zu können, und zwar deshalb, weil er die Projektion der Produktivkräfte und den Reflex der technischen Bedingungen seiner Verwirklichung darstellt (es ist nicht einzusehen, wieso der Zwang einer Kranschiene notwendigerweise zur „Desorientierung" eines Gebäudes führen sollte). Der Baublock gibt Anlaß zur Frage nach der sozialen Funktion und nach den Mitteln der Formgebung; nach der Leistung der Architektur im Rahmen der Produktion des bebauten Raumes, nach den architektonischen Problemen sowie nach der „Rolle der Repräsentation" – Probleme, die C. Aymonino aufwirft, indem er ihre heutige Relevanz und ihr Verhältnis zur Nutzung in Frage stellt.

7 Erarbeitung und Übermittlung von Architekturmodellen

Geschichte und Architekturmodelle

Neben der mehr oder weniger gelungenen Erfüllung eines Auftrages oder eines sozialen Anliegens wird durch die fünf untersuchten Beispiele gezeigt, wie sich ein neuer Raum abzeichnet. Die banale Architektur des Wohnungsbaus und des Alltagslebens, die sich zunehmend ihrer Bezüge zur Stadt entledigt, wird zum Monument, zum Objekt. Diese Entwicklung, die selbstverständlich mit einer bedeutenden Veränderung in der europäischen Wirtschaft in Zusammenhang steht, ist zugleich Folge dieser Veränderung als auch eine ihrer verursachenden Faktoren insofern, als die Architektur, die die täglichen Praktiken der Bewohner bedingt, die sozialen Umwandlungen akzentuiert oder beschleunigt.
Im Laufe dieser Entwicklung, die fast ein ganzes Jahrhundert Architekturgeschichte umfaßt, verändern sich sowohl die Arbeit des Architekten und seine soziale Rolle wie ebenso auch seine Praktiken. Wenn die Geschichte der Architektur nicht unabhängig von der Sozialgeschichte verstanden werden kann, weil die Architektur als Produktionsform im Sinne von Manfredo Tafuri[112] zu einer Geschichte der Arbeit rechnet, so wird uns ein Teil dieser Arbeit unter einem besonderen Aspekt im folgenden zu beschäftigen haben. In jeder der hier betrachteten Planverwirklichungen artikulieren sich Figuren oder Verfahren, die die Komposition strukturieren. Diese Figuren verweisen auf Komplexe von Begriffe, Bezügen und besonderen Techniken, die der Durchführung des Projekts als Grundlage dienen. Wir bezeichnen diese Komplexe als *Architekturmodelle*. Die Architekturgeschichte umfaßt u. a. die Geschichte dieser Modelle, die Untersuchung ihrer Erarbeitung, Übermittlung und Verformung.
Unter diesem Gesichtspunkt wird deutlich, daß wir die umfassende Sicht auf Architektur in zwei wesentlichen Punkten einschränken: Wir berücksichtigen im Rahmen der gesamten Leistungen in der Architektur nur die Arbeit des Architekten und dabei nur jenen Teil, der sich mit der Konzeption befaßt. Dabei gilt es, sich des Risikos der Mythenbildung, die eine solche Einstellung auslösen kann, bewußt zu bleiben, d. h. der Gefahr, einer wirklichkeitsfremden Vorstellung von Architektur zu verfallen, die

sich der traditionellen Kunstgeschichte annähert. Die Geschichte der modernen Architektur, und das ist die Geschichte ihrer Baumeister und Baustellen, ihrer Baubüros und Techniken, hat gerade erst begonnen. Im Rahmen dieser Geschichte, die nicht die Bauwerke selbst, sondern vielmehr die sie verursachenden Prozesse erfaßt, ist es unerläßlich, sich auch mit den Architekturmodellen in unserem Sinne zu befassen. Ihre Untersuchung ist schwierig, weil sie nicht auf eine – falls überhaupt vorhandene – Darstellung expliziter Theorien von Architekten oder ihrer Doktrinen beschränkt sind. Sie bilden die oft unbewußten oder nicht eingestandenen Schemata, auf deren Grundlage sich die Formgebung vollzieht. Sie können von einer Gruppe, einer „Schule" getragen werden oder aber auch einem einzelnen Planer zugeschrieben sein. Sie sind nicht unbeeinflußt von den allgemeinen epochalen Bedingungen (Industrieentwicklung und ihre Auswirkungen auf die Stadtentwicklung, die Wohnverhältnisse und die Lebensweisen), befinden sich jedoch gegenüber den wirtschaftlichen Bedingungen in einer Position *relativer Autonomie*.

Ihre Übermittlung geschieht auf unterschiedliche Weise:
- durch direkten persönlichen Kontakt; unter diesem Aspekt ist es wichtig, über die Gelegenheiten solcher Begegnungen informiert zu sein: Lehre, Gemeinschaftsarbeit, Vorträge, Beteiligung an gemeinsamen Veranstaltungen (Ausstellungen, Kongresse), freundschaftliche Beziehungen;
- über Publikationen, Bücher, Zeitschriften und auch über Ausstellungen, die sowohl die Theorien als auch eine Vorstellung von den Bauten der Architekten vermitteln; zur Vertiefung dieses Punktes erweisen sich die Empfehlungen, die Widmungen und Danksagungen sowie die verschiedenen Anmerkungen oft als ebenso wertvoll wie die ausdrücklichen Belegstellen;
- durch Betrachtung der Bauten; hierbei kommt den Reisen und Aufenthalten im Ausland besondere Bedeutung zu;
- schließlich ist auf die Rolle bestimmter Personen hinzuweisen, die sich als regelrechte Informationsquellen erwiesen haben (Muthesius, Wijdeveld, Mart Stam).

Dieser weite Bereich wird in den klassischen Werken der Architekturgeschichte häufig vernachlässigt. Zur Untersuchung dieses Gebietes haben wir einige Vergleiche angestellt, ohne jedoch im Rahmen dieser Studie den Anspruch zu erheben, immer auf die Originaldokumente zurückgegriffen zu haben. Auch konnten wir keine eingehende historische Forschung betreiben; sie hätte Mittel und Methoden erfordert, über die wir nicht verfügen (Durchsicht der Archive, der persönlichen Korrespondenzen usw.). Hingegen wurde nach Aufdeckung von Ähnlichkeiten oder Verwandtschaften zwischen den räumlichen Konfigurationen versucht, die sich anbietenden Vergleiche zu begründen, wobei wir uns auf tatsächlich bestehende Beziehungen oder stattgefundene Begegnungen zwischen den Autoren stützten. Wir hoffen, damit nicht nur zu beweisen, daß eine wechselseitige Verbindung bestanden hat, sondern auch zu zeigen, auf welche genau zu bezeichnenden Punkte sie sich bezieht. Wenn eine Verbindung nicht eindeutig nachzuweisen war, die chronologisch jedoch möglich schien, gingen wir hypothetisch vor und erschlossen somit ein Forschungsfeld für präzise Historiographie.

Die Untersuchung dieser Begegnungen und Beziehungen bildet sozusagen ein Kapitel in der Geschichte über den Wandel in den Anschauungen. Sie deckt zwei scheinbar widersprüchliche Phänomene auf. Einerseits ist diese Bewegung von wirtschaftlichen und politischen Tatbeständen abhängig: Mays Aufenthalte in England sind zeitlich identisch mit den damaligen Bemühungen der deutschen Industriellen, sich den englischen Erfahrungen anzupassen – ein Bemühen, das offiziell in den Missionen von Muthesius zum Ausdruck kam und seine Vollendung in der Gründung des Deutschen Werkbundes fand.

Andererseits bestehen in den Kreisen der Architektur und der Städteplanung spezielle Verflechtungen, die sich über die allgemeinen Spaltungen hinwegsetzen. Dieses Phänomen ist bei der Analyse der Entwicklung einer Wissenschaft häufig vorzufinden, erlangt jedoch hier besondere Bedeutung, und zwar aufgrund der rein visuellen Übermittlungsmöglichkeiten, die die Sprachbarrieren überschreiten: die Schemata von Howard, die Skizzen von Camillo Sitte oder von Le Corbusier.

Diese Phänomene veranschaulichen die relative Autonomie der weiter oben beschriebenen Form; die Tatsache jedoch, daß es mehrere Übermittlungsarten gibt, verweist auf ein seit der Renaissance verbindliches Statut der Architektur, das die Trennung zwischen geistiger Arbeit (der der Architekten) und technischer Durchführung festschreibt: Auch wenn sich die Erarbeitung und Übermittlung von Architekturmodellen bisweilen noch so autonom gegenüber den wirtschaftlichen Verhältnissen ausnehmen, so stehen sie doch mit einer bestimmten Wirtschaftsstruktur in Zusammenhang.

Die klassische Tradition

Es wurde bereits kurz auf die Einflüsse hingewiesen, die auf Haussmann einwirkten, insbesondere auf seinen Bezug zum französischen 17. und 18. Jahrhundert[113]. Zwischen dem Präfekten, den Beamten der Baubehörde (Alphand, Barillet, Belgrand, Deschamps) und den Architekten der verschiedenen Bauvorhaben scheint eine so weitgehende Übereinstimmung bestanden zu haben, daß man versucht ist, die Umwandlungen der Hauptstadt global mit dem Namen Haussmann zu verbinden[114]. Diese Übereinstimmung ist für die französische Gesellschaft der zweiten Hälfte des 19. Jahrhunderts aufschlußreich. Napoleon III. und Haussmann sind die Vertreter des aufsteigenden Bürgertums, zu dessen Vorteil die Modernisierung von Paris vorgenommen wird. Die Architekten gehören der herrschenden Klasse an, auch wenn ihr freiberuflicher Status diese Zugehörigkeit etwas verschleiert; ihre Ziele und kulturellen Modelle sind mit denen ihrer Klienten identisch. Diese Situation bleibt bis zum Ende des Jahrhunderts bestehen, der französische Städtebau und die städtische Architektur werden

in Paris, aber auch in den wichtigsten Provinzstädten nach Haussmannschen Plänen erarbeitet; erst mit dem *art nouveau* tritt ein Bruch ein.
Eine solche Übereinstimmung könnte zu der Annahme führen, der Haussmannsche Städtebau, der in solchem Umfange von einer bestimmten politischen Situation abhängig war, wäre nur in Städten von Einfluß gewesen, in denen sich ähnliche Probleme stellten. Dies hieße jedoch zu vernachlässigen, daß die räumlichen Modelle neben dem sozialen Inhalt der deraus folgenden baulichen Realisierungen noch andere Informationen befördern und daß die Intervention Haussmanns den Einsatz einer Technik beinhaltet, die sich sowohl mit der administrativen Organisation einer Großstadt als auch mit den gestalterischen Problemen befaßt – eine Technik, die von anderen zu mitunter entgegengesetzten Zwecken wieder angewendet wird.
Welche Mittel dienten zur Übermittlung der Haussmannschen Modelle? Zunächst die Möglichkeit einer unmittelbaren Wahrnehmung der Hauptstadt; Paris ist eine der wichtigsten Städte Europas, die häufig von Regierenden, Politikern und ausländischen Delegationen besucht wird; ab 1855 folgen verschiedene Weltausstellungen aufeinander (1867, 1878, 1889, 1900); Berlage besucht die Ausstellung von 1889.
Lehre und Publikationswesen spielen ebenfalls eine wichtige Rolle. Die offizielle Doktrin der Ecole des Beaux-Arts entspricht in allen Punkten der Haussmannschen Anschauung; Viollet-le-Duc, Choisy, Anatole de Baudot gehören zu ihrer Zeit Randgruppen an, deren Einfluß erst später spürbar wird. César Daly, Charles Garnier, Julien Guadet[115] hingegen führen die Kodifizierung der offiziellen Architektur herbei, wobei sie die Prinzipien der klassischen Komposition und die Achtung vor den Konventionen vermitteln. Der Einfluß wirkt sich schließlich unmittelbar von Stadtverwaltung zu Stadtverwaltung aus, da Haussmanns Einrichtung einer Baubehörde für die Stadt Paris für viele Großstädte, die eines Instruments zur Lenkung ihrer Stadtentwicklung bedurften, beispielhaft war.
Um den Einfluß von Haussmann auf die hier untersuchten Beispiele konkret gewichten zu können, sei zunächst auf die Kritik Raymond Unwins[116] verwiesen.
Unwin beginnt mit einem Rückblick auf die Stadtgeschichte, und zwar weniger aus Gründen geschichtlicher Genauigkeit als vielmehr, um die Quellen auszuwerten. Haussmann tritt dabei als Fortsetzer des barocken Städtebaus auf, der sich den englischen Theorien der Landschaftsgestaltung und den jüngeren Theorien des pangermanisch Malerischen entgegenstellt (Camillo Sitte, Schultze-Naumburg). Unwin übernimmt von Haussmann die Prinzipien einer globalen, deutlich lesbaren, monumentalen und hierarchisierten Komposition auf der Grundlage von Achsen, geraden Linien und Kreuzungen, die ein rationales Funktionieren der Stadt begünstigen. Diese Position ähnelt der Einstellung der deutschsprachigen Theoretiker und Praktiker, die die geistigen Erben Haussmanns sind: O. Wagner, H. J. Stübben[117]. Unwin kritisiert die Monotonie des Details, die unangebrachte Freilegung der Monumente, die Unmöglichkeit, durch Trassen echte Plätze zu gewinnen: „Bei Haussmann gibt es keine geschlossenen Plätze"; er verwirft uneingeschränkt den Haussmannschen Baublock, der,

an eine französische städtische Kultur gebunden, der englischen Tradition allzu fremd und vom Ideal der Gartenstadt zu weit abgerückt ist.
Der Einfluß wirkt auf einer ganz bestimmten Ebene – und hier werden die Schriften durch eine Prüfung der Bauten bestätigt –, und zwar auf der Ebene der globalen Wahrnehmbarkeit; gleichwohl muß man auf den beträchtlichen maßstäblichen Unterschied zwischen den großen Haussmannschen Trassen und den monumentalen Versuchen Unwins hinweisen, die auf das Ausmaß einer dörflichen Anordnung beschränkt bleiben.
Diese Umgestaltung des Stadtgebietes ist indes nicht allein eine Leistung Haussmanns; ohne bis auf das Rom von Sixtus Quintus zurückzugehen, bezeichnet Unwin Karlsruhe, Nancy und insbesondere den Plan für London von Christopher Wren als seine Vorläufer. Es ist in der Tat auffallend, daß sowohl Haussmann als auch Wren eine unmittelbare Lösung für ein Problem vorbringen mußten, dessen Ausmaß keine punktuellen Maßnahmen zuließ.
Somit läßt sich bereits am Ursprung einer Bewegung, die die Physiognomie des Städtebaus des 20. Jahrhunderts am nachhaltigsten prägt, das Weiterwirken einer klassischen Tradition aufspüren, die gerade von denen anerkannt und akzeptiert wurde, von denen zu vermuten stand, sie würden sich in der Fortführung der Ideale der „Arts and Crafts"-Bewegung zunehmend von dieser Tradition wegbewegen – einer klassischen Tradition, die bei Unwin noch zurückhaltend wirkt und sich bei Lutyens stärker ausprägt (der Central Square von Hampstead ist hierfür ein Beweis), um in dessen späteren Arbeiten (Neu-Delhi) geradezu akademische Züge anzunehmen.
Der von Unwin begründete und durch seine Schriften und Vorträge weit verbreitete Kompromiß findet seine natürliche Vollendung in Welwyn Garden City. Der Architekt Louis de Soissons, Verfasser eines Bebauungsplans, dessen große Perspektiven unmittelbar an die französischen Gärten erinnern, vereinigt in seiner Person eine Ausbildung an der „Beaux-Arts" und die englische Tradition. Welwyn veranschaulicht die Prinzipien Unwins noch in höherem Maße als Hampstead: klassische und monumentale Komposition der Gesamtanlage und malerische Gestaltung des Details.
Die mit England kulturell eng verbundenen Niederlande mußten zwangsläufig einen Teil dieser Theorien übernehmen, um so mehr, als das 19. Jahrhundert dank P. J. H. Cuypers durch Versuche monumentaler städtischer Kompositionen geprägt war, mit der Trassierung des Viertels um das Rijksmuseum als vollendetstem Beispiel. Im Gegensatz zu Paris, wo Haussmann in gewisser Weise die großen Linien des Städtebaus Ludwigs XIV. fortsetzte, waren solche Kompositionen neu für die Niederlande, deren vorwiegend kaufmännische Aktivitäten im 17. Jahrhundert zu einem bürgerlichen Städtebau geführt hatten (der Dreikanäleplan), dem jedes Bombastische abging.
Beeinflußt von der Lektüre Ruskins und Viollet-le-Ducs wird Berlage von der Gartenstadt fasziniert, wie sein erstes Projekt für Amsterdam-Süd (1903) und der Bebauungsplan für den Stadtteil Vreewijk in Rotterdam (1914) zu erkennen geben. In diesem Bebauungsplan, der vom Architekten Granpré-Molière verwirklicht wurde, tre-

H.P. Berlage: *Plan für die südliche Erweiterung von Amsterdam (1916)*

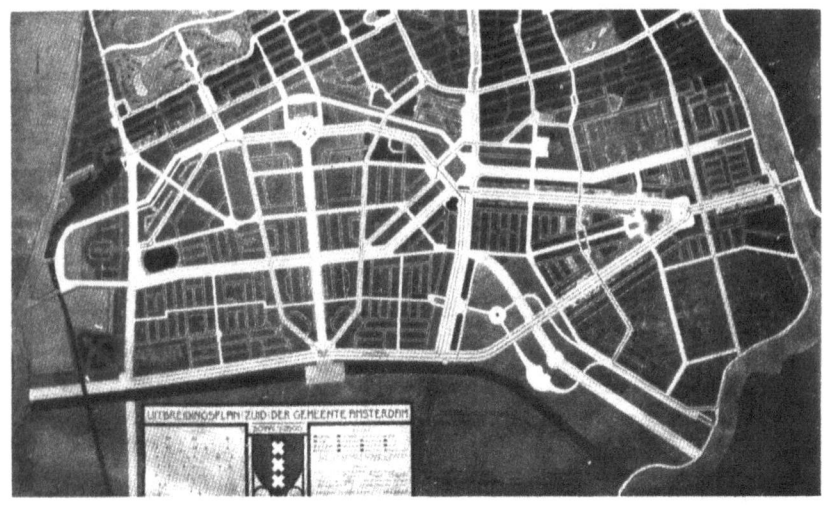

Christopher Wren: *Plan für den Wiederaufbau Londons nach der großen Feuersbrunst (1666)*

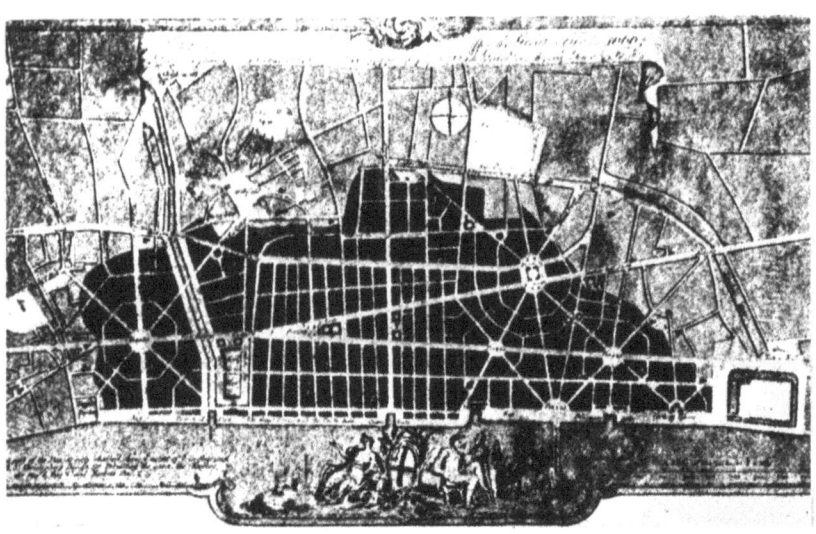

ten erneut die Prinzipien Unwins deutlich hervor, wie auch die zentrale „Knotenpunktanlage" in der klassischen Tradition steht. In Amsterdam konnten sich die eindeutig städtischen Verhältnisse, die sich schließlich durchsetzten, nicht mit dem Unwin'schen Kompromiß zufriedengeben. Berlage schöpft aus den Haussmannschen Quellen. Er kennt das Paris Haussmanns, von dem er im Jahre 1883 schreibt, es sei „die schönste moderne Stadt", und daß die Weltausstellung von 1889 ihm die Möglichkeit zur Wiederkehr geboten habe. Schließlich ist er mit den Theorien Otto Wagners und H. J. Stübbens vertraut, die die in Paris erprobten technischen Verfahren im Kern wieder aufgreifen. Amsterdam-Süd mit seinen baumbestandenen Alleen und der augenfälligen Dichte seiner Bauten mag als das letzte von Haussmann unmittelbar inspirierte Beispiel gelten; wie Giedion mit kaum verborgenem Bedauern feststellt, es sei dort keine „modernere" Architektur anzutreffen[118].
Im Rahmen der klassischen Vorläufer des Berlage-Plans ist schließlich dem Plan Christopher Wrens für den Wiederaufbau Londons nach der großen Feuersbrunst von 1666 besondere Bedeutung einzuräumen. Sowohl Rasmussen als auch Summerson verweisen nachdrücklich auf die Bezugsstellen dieses Plans[119], durch den in einem Zug und innerhalb eines weiträumigen Gebietes Bauvorhaben verwirklicht wurden, die bisher als vereinzelt oder einzigartig galten, wie z. B. die Piazza del Popolo in Rom oder der Platz Berninis vor Sankt-Peter, die Pläne für die Eingänge von Paris – oder aber Gärten (wie die von Le Nôtre) vorbehalten blieben. Wie sein Zeitgenosse John Evelyn, der Urheber eines anderen Projekts für den Wiederaufbau Londons, sieht Wren zwei nebeneinander bestehende Straßennetze vor, wobei das erste banal und rechtwinklig ist und das zweite monumentale Züge aufweist und den von der klassisch-barocken Stadtkultur sanktionierten „Figuren" unterworfen ist: Symmetrie, Knotenpunkte, Perspektivierung und Radialsysteme. Diese Verfahren gehören zum Instrumentarium, das Berlage im Erweiterungsplan für Den Haag (1908) und im Plan Süd für Amsterdam einsetzt. Die Ähnlichkeit beschränkt sich aber nicht auf die Prinzipien. In Amsterdam wie in London beginnt die „Komposition" mit einer Brücke (hier die Amstel; dort der alte Fluß, der auf der Höhe von Blackfriars in die These mündet). Der „hinter der Brücke gelegene Teil weist gegenüber der Gesamtanlage eine gewisse Selbständigkeit auf: Das vom Achteck beeinflußte System in London verweist auf die Gartenstadt Watergraafsmeer bei Amsterdam. Sodann ist bei Berlage wie bei Wren eine monumentale Hauptsequenz festzustellen: Brücke/Allee/Platz/Monument/Zweiteilung der Allee; dem Turm von J. F. Staal kommt dieselbe Bedeutung zu wie der St. Pauls Cathedral: Beide dienen der Auflösung der Perspektive. Diese Hauptsequenz ist mit einer sekundären, senkrecht dazu verlaufenden Sequenz verbunden, deren Ursprung in einem anderen „Eingang" liegt: dem Minerva-Bahnhof und der Brücke über die Themse. Schließlich bilden einige Teile, wie in den klassischen Garten, selbständige Figuren.
Dieser Umweg über den Plan von Wren beweist, daß es eine klassische städtebauliche Strömung gibt, die sich von der französischen Tradition unterscheidet, deren Erbe

Haussmann übernommen hat. Sie ist weniger bombastisch, verwendet aber komplexere Figuren. Die Gartenstädte sind von dieser Tradition geprägt, und wenn Unwin in seiner Abhandlung Haussmann zitiert, so bezieht er sich in der Praxis in gleichem Maße auf den ebenfalls zitierten Wren.
Bei Unwin wie bei Wren offenbaren sich die klassische Tradition und der Einfluß Haussmanns sowohl im Bereich der Prinzipien (klar gegliederte Gesamtkomposition) als auch auf der Ebene der Instrumente (Monumentalität, Symmetrie, Konvergenz und Achsenzentriertheit). Während sich jedoch Haussmann aus finanziellen Gründen und der schnelleren Durchführung wegen auf allen Ebenen der gleichen Verfahren (der gleichen Figuren) bedient, ist nach Unwin und Berlage die Logik der Komposition, die die unteren Ebenen regelt, anderen Gesetzen unterworfen. Unter diesem Aspekt knüpfen sie an einen weniger akademischen Klassizismus an – an den Klassizismus des 17. Jahrhunderts, bei dem die Gesamtgestaltung nicht unbedingt die Ähnlichkeit der Teile erfordert und mehrere Systeme miteinander verflochten sein können. Diese flexible Bauweise, die bei Haussmann fehlt und im Plan von Versailles ausdrucksvoll bekundet wird (Selbständigkeit der Baumgruppen – Figuren, die nur durch ihre Lage und einige perspektivische Entsprechungen mit den monumentalen Trassen verbunden sind), wird in Amsterdam für die Zwecke des Maßstabwechsels angewendet; sie erleichtert die Verteilung der Arbeit unter den verschiedenen Architekten; in England hingegen ermöglicht diese Bauweise malerische Zufälligkeiten im Detail.
Der Einfluß der Haussmannschen Modelle auf den Städtebau des beginnenden Jahrhunderts ist offenkundig. In einer abstrakten Weise trifft man bei Le Corbusier wieder auf ein Bemühen um Ordnung, das an das „strategische" Anliegen Haussmanns erinnert; in den Perspektiven, die den ersten großen Plänen der Stadt für 3 Millionen Einwohner, dem Plan Voisin, beiliegen, ist sogar eine Neuinterpretation der monumentalen Achsenzentriertheit zu erkennen, die dem Präfekten unter Napoleon III. sicher nicht mißfallen hätte; hier endet aber der direkte Bezug. Die moderne Bewegung wird in der Folge nur noch eine indirekte Beeinflussung erfahren, die durch die eben angeführten Erfahrungen mediatisiert oder historisiert wird.

Die Versuchung des Malerischen

Das 19. Jahrhundert ist von Versuchen geprägt, die sich einer Fortführung der klassischen Tradition entgegenstellen, und eine erneute räumliche Umsetzung des ursprünglich Malerischen in den einheimischen Architekturen und mittelalterlichen Städten anstreben. Diese Bewegung, die aus der Literatur und der Kunstkritik hervorgegangen und von Malern unterstützt worden war, knüpft an die naturalistischen Tendenzen des 18. Jahrhunderts, an die Experimente der ersten Gartenstädte mit John Nash und an die Arbeiter-Cottages der Jahrhundertwende an, um in England dauerhafte Formen anzunehmen. Im Jahre 1859 bereitet das Red House von William Morris und Philip Webb den Weg für die „Arts and Crafts"; Godwin, Norman Shaw, Lethaby, Ashbee, Vosyey, Baillie-Scott und Lutyens setzen die neuen Vorstellungen auf Dauer in Architektur um und beherrschen das englische Schaffen bis zum Ende des Jahrhunderts. Ihre Bauten, die der Architekt Muthesius durch seine Veröffentlichungen in Deutschland bekanntmacht[120], beeinflussen entscheidend das deutschsprachige und skandinavische Europa, wirken auf Holland und in geringerem Ausmaß auch auf Frankreich.

Diese Bewegung, die sich durch eine Produktion verschiedener Gegenstände (Gebäude, Möbel, Gebrauchsgegenstände) auszeichnete, befaßte sich in nur theoretischer Weise mit der Stadt. Im Rahmen der Erarbeitung räumlicher Modelle ist eine recht kuriose Verbindung zwischen dem Einfluß dieser Bewegung und der Camillo Sittes festzustellen[121]. Während sich die englischen Architekten häufig auf die ländliche Architektur beziehen, führt Sitte in seinem 1889 veröffentlichten Buch „Der Städtebau nach seinen künstlerischen Grundsätzen" als Beispiel die „Stadtansichten" an, die den Städten des Mittelalters und der Renaissance entlehnt sind. Die Ablehnung der Stadt des 19. Jahrhunderts, der Stadt der Industrialisierung, bleibt die gleiche; doch während die Engländer die Lösung außerhalb der Stadt in einer ländlichen Einfachheit sehen, die ihre Vollendung in der Theorie der Gartenstädte findet, schlägt Sitte, auch wenn er sich dagegen verwahrt, eine Neuinterpretation der alten Städte vor, wodurch er sich faktisch außerhalb der Geschichte ansiedelt. Dennoch übt er sowohl auf Unwin als auch auf Berlage einen großen Einfluß aus, wenn sich auch beide der realen Probleme des Städtebaus in ihrer Zeit wohl bewußt sind.

Die Beeinflussung erfolgt auf zweierlei Weise. Im Bereich der Gestaltung ist sie auf die Einwirkung der in Sittes Buch enthaltenen Skizzen zurückzuführen, die zur Begründung der Theorien formale Lösungen vermitteln, wie z. B. malerische Darstellungen, Zeichnungen von Plätzen und Anordnungen von Monumenten. Im Bereich der Begründung wird der Einfluß derart vermittelt, daß eine systematisch durchgeführte Betrachtung der malerischen Anordnungen für den Entwurf stillschweigend die Möglichkeit unterstellt, sich auf methodische Untersuchungen stützen zu können.

Von Camillo Sitte bis Raymond Unwin

20 Jahre nach Erscheinen des Werks von Sitte zieht Unwin eine Bilanz seiner ersten Erfahrungen. Seine Abhängigkeit wird in den Plänen sichtbar: Die Gestaltung der Ecken, die Behandlung der Kreuzungen und der Abschluß der Perspektiven sind buchstabengetreue Übernahmen der Prinzipien Camillo Sittes, wenngleich die räumlichen Folgen aufgrund der geringeren Baudichte der Gartenstädte nicht so deutlich spürbar werden. Die Abhängigkeit zeigt sich sogar in der Zeichnung der Illustrationen, die bisweilen die im „Städtebau" verwendeten graphischen Mittel wieder aufgrei-

Das Malerische und die Stadtlandschaft

Camillo Sitte: *Illustration für ‚Der Städtebau …'* Raymond Unwin: *Illustration für ‚Town-Planning in Practice'*

Sittes Art zu zeichnen wird von Unwin ebenso direkt übernommen wie die Gliederungsprinzipien der Stadtlandschaft: Perspektiven, die von einem Bauwerk abgeschlossen werden, Ausweitung und Verengung des visuellen Feldes. Die Behandlung der städtischen Räume ist in Amsterdam unmittelbar und in Frankfurt im Wege der Neuinterpretation auf die gleiche Grundidee zurückzuführen

Ernst May: *Hauptstraße der Siedlung Praunheim*

fen (allerdings ist die auf das Reproduktionsverfahren zurückzuführende Ähnlichkeit zu berücksichtigen). Schließlich wird sie im Diskurs sichtbar, der deutlich zeigt, inwieweit Unwin die deutschen Theorien anzuwenden beabsichtigt – Theorien, die seines Erachtens außerstande sind, die Voraussetzungen für eine Gesamtstruktur zu liefern („ein Fremder würde sich in einem solchen Labyrinth verirren"), dafür aber die Vielfalt der Details, die vielseitige Gestaltung der Stadtteile usw. ermöglichen. Die unterschiedlichen Auffassungen zeigen sich in den Bezügen zur mittelalterlichen Stadt. Sitte stellt die Plätze, Straßen und Monumente gesondert in einem langen Inventarium zusammen – faktisch ein Katalog zu beachtender Anordnungen oder eine Sammlung neu zu interpretierender Beispiele; Unwin dagegen will bei der Untersuchung Rothenburgs eine Struktur aufdecken, Prinzipien begreifen – das sind die Differenzierungen der Stadtteile innerhalb einer Gesamtstruktur, die Hervorhebung der wichtigsten Räume, die Unterordnung der Teile – bzw. Kontinuitäten und Gegensätze ermitteln. Es gilt, den bedeutenden Anteil Unwins an der Entwicklung dieser malerischen Richtung gebührend einzuschätzen. Auch wenn er anderweitig formulierte Prinzipien aufgreift, so überträgt er sie doch in ein homogenes und persönliches formales Vokabular, in das er die Errungenschaften der „Arts and Crafts" integriert und die englische Tradition der Landschaftsarchitektur übernimmt. Seit den ersten Anfängen der Gartenstadt-Bewegung steht er im Mittelpunkt und begnügt sich nicht damit, ein städtisches Dekor zu ersinnen, sondern versucht, die sozialen Fragen, das Problem des Wohnungsbaus zu lösen. Daher rührt auch sein Interesse für die Wohnarchitektur, deren Elemente er in Normen fixiert, wobei er auf einer spezifisch englischen Tradition der Typisierung im Wohnungswesen aufbauen kann. In England werden sich während der nächsten 40 Jahre weder die Prinzipien noch die Gebäudeformen wesentlich ändern. Unwin führt Elemente ein, die bei Sitte nicht vorzufinden sind, wie z. B. die Vegetation, die bei Sitte bis auf einige „dekorative" Bepflanzungen den Blicken zu entziehen ist. Sein Hauptbeitrag besteht jedoch darin, bestimmte Formen von Wohnhausgruppen inventarisiert zu haben, insbesondere den „Wohnhof", den von Wohnungen umrahmten und von Verbindungswegen durchteilten kollektiven Raum, der eine Neuinterpretation des traditionellen Innenhofs des Bauernhauses oder des Landsitzes darstellt.

Den deutschen Theoretikern, die sich dem Malerischen der Vergangenheit verschrieben haben, wirft Unwin vor, es handele sich dabei um „eine recht erkünstelte Nachahmung", und folgert, „der richtige Weg" bestehe nicht darin, „Althergebrachtes zu kopieren". Diese Einstellung wird besonders deutlich bei den Vorschlägen zu einer Neuinterpretation der früheren Schranken der traditionellen Städte. Es geht nicht darum, die Wälle neu aufzuführen, sondern nach dem Vorbild des Boulevards, „mit dem die durch die frühere Stadtmauer gebildete Abgrenzung bewahrt bleibt", „auf reizvolle Weise eine Linie zu schaffen, bis zu der sich Stadt und Land jeweils ausdehnen könnten bzw. im Wachstum deutlich aufgehalten würden". Die Parks und Gärten tragen ebenso wie die Bauten dazu bei, die Unterschiede im Raum zu markieren. Die Grenze

169

zwischen den Wohnvierteln und der Erweiterung des Parks von Hampstead mit ihrer einfachen, von den Aussichtsterrassen der Häuser rhythmisch unterbrochenen Ziegelmauer, an der eine baumbestandene Allee vorbeiführt, und ihrem Zugang, den eine kleine, um einige Stufen höher liegende Esplanade markiert, zeigt deutlich den Abstand der Gartenstadt-Bewegung vom germanischen pittoresken Stil. Die Konsequenzen hieraus werden in Amsterdam und in Frankfurt gezogen.

Berlage und die holländische Anpassung

Berlage kennt die Theorien Camillo Sittes, sein Studium in Zürich hat ihm Zugang zu den deutschsprachigen Kreisen verschafft. In den Jahren 1879 bis 1881 besuchte er Deutschland und Italien, hielt sich in Florenz auf und brachte von dort eine unmittelbare Kenntnis des Mittelalters und der Frührenaissance mit. Andererseits gehört auch das Malerische der flämischen Städte zur holländischen Kultur, und er fordert die Nachwelt auf: „Wir müssen eine gewisse Tradition in der Kunst des früheren Hollands bewahren." Schließlich verfolgt er das Experiment der Gartenstädte mit Aufmerksamkeit und greift selbst einige ihrer Prinzipien auf. In den Quellen zum Berlageschen Städtebau finden sich im übrigen die gleichen Namen wie bei Unwin: C. Sitte und Schultze-Naumburg, H. J. Stübben und C. Henrici[122].
Zwei Projekte sind unter diesem Aspekt exemplarisch: Zunächst der Erweiterungsplan für Purmerend (1911), der den Bezug zur Altstadt klar zutage treten läßt. Dabei handelt es sich nicht nur um einen theoretischen, intellektualisierten Bezug, sondern um eine klare morphologische Beziehung zwischen beiden Teilbereichen. Wir wissen nicht, ob Berlage bereits das 1909 erschienene Werk von Unwin gelesen hatte, als er diesen Plan entwarf, doch sind dort die gleichen Prinzipien wiederzufinden. Die Erhaltung der früheren Grenzen ist gewährleistet, die Erweiterung stellt sich als Stadtteil dar, dessen genau abgegrenzte (deutlich viereckige) Form durch eine Umfriedung unterstrichen wird, gebildet auf drei Seiten von einem mit Bäumen bepflanzten Boulevard, während die vierte Seite aus der erhaltenen und mit Bastionen versehenen Stadtmauer der Altstadt besteht. Den Hauptzugang zur Stadt bildet der Bahnhof, der über eine diagonal verlaufende Straße mit der Altstadt verbunden ist; geprägt wird diese Straße durch ein Monument als Markierungspunkt des Zentrums des neuen Stadtteils. Der zentrale Platz ist den Prinzipien Camillo Sittes entsprechend angelegt, wobei die Achsenverlagerung der Diagonalstraße dazu dient, die Perspektive abzuschliessen – die Eingangsperspektive durch ein Monument und die Ausgangsperspektive durch eine kleine öffentliche Anlage.
Der Erweiterungsplan für Den Haag (1908) ist anspruchsvoller. Wenn auch die Trassierung im Kern den Plan wieder aufgreift, den de Bazel für den Wettbewerb der „World Capital Foundation of Internationalism" im Jahre 1905 erarbeitete und der überdies in einigen Teilen an den Plan Christopher Wrens für London erinnert, so

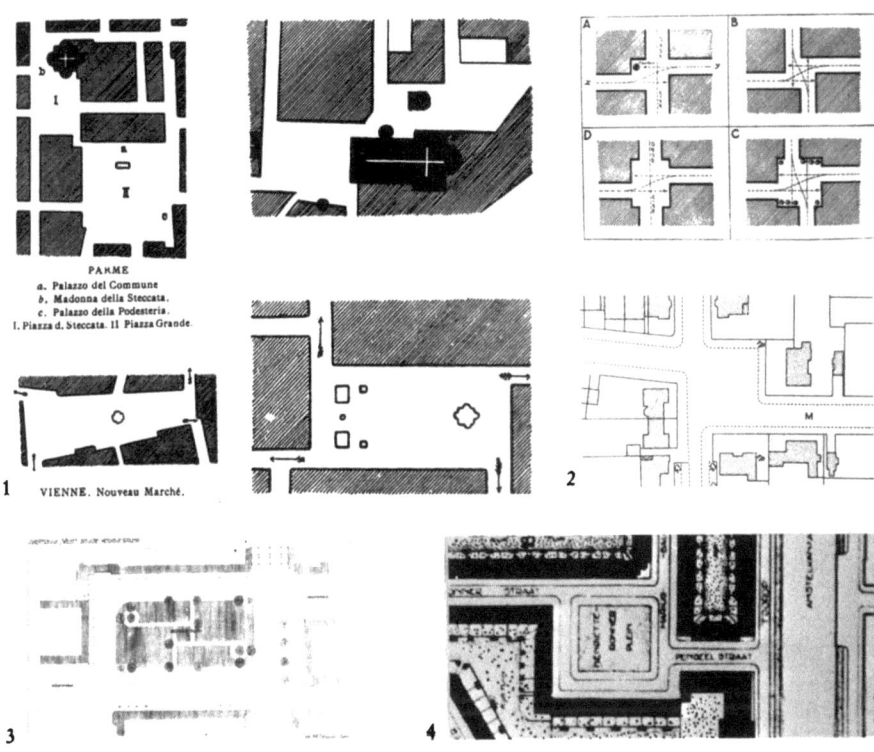

Die Rolle des Platzes in der städtischen Komposition

1 Camillo Sitte: *Zusammenstellung von Plätzen und theoretisches Schema eines städtischen Platzes („Der Städtebau . . .')*
2 Raymond Unwin: *Entwurf unterschiedlicher Kreuzungstypen und Behandlung eines Platzes in Hampstead („Town-Planning in Practice')*
3 H.P. Berlage: *Mercatorplein (Mercatorplatz) in Amsterdam*
4 Michel de Klerk: *Henriette Ronnerplein in Amsterdam*

Unwin & Parker: *Einfahrt in die Gartensiedlung Hampstead bei London (1909). Das ‚Tor', das von zwei Gebäuden mit Arkaden markiert wird, ist die Stelle, wo sich die Geschäfte niederlassen*

G. Rutgers: *Arkadenüberdachte Läden an der Einmündung der Gerrt van der Veenstraat in die Minervalaan in Amsterdam (1926–1928)*

verweist doch eine nähere Prüfung deutlich auf die Funktion des Parks als Einschnitt zwischen der Stadt und ihrer Erweiterung und die des Bahnhofs als neuem Pol in entgegengesetzter Lage zur Altstadt (wie in Purmerend und wie von Berlage für Amsterdam-Süd vorgesehen) sowie auf den Unterschied zwischen einem Zentrum mit dichter und kontinuierlicher Bebauung und einem als Gartenstadt gestalteten Stadtrand. Der Bahnhof als neues Tor zur Stadt, der Boulevard, der das Zentrum vom Stadtrand trennt und an die Trassierung der mit Bastionen versehenen Ringmauer der alten befestigten Städte des 17. Jahrhunderts Hollands wie auch an die Pläne der Idealstädte der Renaissance anknüpft, selbst die Bahnlinie, die als Ring zur Abgrenzung von der Gartenstadt genutzt wird, ja, sogar die Vorstellung, der Bahnhof bilde ein „neues Tor der Stadt" – alle diese Anlagen verweisen auf die Ähnlichkeiten zwischen den englischen und holländischen Theoretikern. Aufs Ganze gesehen, nähern sich die Modelle einander an; es werden nicht nur die gleichen Prinzipien, sondern auch die gleichen Lösungen angewandt. Im Detail sind Unterschiede festzustellen. Die für Holland spezifischen technischen Bedingungen, insbesondere das Problem der Bodenverfestigung, führen zu einer höheren Baudichte als in England; die geringe Bodenfläche bedingt eine sparsame Bodennutzung, die eine direkte Anwendung der Normen der Gartenstadt nicht erlaubt. Im übrigen ist bekannt, daß der erste Plan für die Erweiterung Amsterdams aufgrund einer zu geringen Baudichte abgelehnt wurde. Ausgehend von einem stark städtisch geprägten Gefüge, übernimmt Berlage dennoch eine große Anzahl von Detailprinzipien, die für das Malerische bestimmend sind, wenn auch die Übertragung bedeutende Maßstabsänderungen aufweist.

Die mit Berlage in Amsterdam tätigen Architekten sind alle mehr oder weniger eng der Gruppe der „Amsterdamer Schule" verbunden, die während der Jahre 1915 bis 1925 von Michel de Klerk und P. L. Kramer beherrscht wird. Sie haben beide eine Vorliebe für die malerische Romantik, die sich mit expressionistischen Reminiszenzen und skandinavischen Einflüssen vermischt.

Unmittelbar nach Verlassen der großen Monumentalstraßen zeigen sich deutliche Ansätze, die Perspektiven abzubrechen und geschlossene Plätze zu schaffen. Häufig folgt die Trassierung den von Sitte und Unwin empfohlenen Anordnungen. Dies wird in der Anlage „De Dageraad" deutlich, einer der ersten Verwirklichungen des Plans Süd, wenn auch die Baudichte und die holländische Tradition des Wohnblocks der Anlage eher städtische Züge verleihen, die in den Gartenstädten unbekannt sind.

An den hier untersuchten Beispielen sind die Architekten der „Amsterdamer Schule" ebenso wie Berlage an der Erstellung der Gebäude beteiligt; die Behandlung des Mercatorpleins, für die Berlage allein zuständig ist, veranschaulicht jedoch Bezüge zu Camillo Sitte (Achsenversetzung der Hauptstraße, wodurch Bereiche von den großen Verkehrsströmen ferngehalten werden). Desgleichen werden durch die Verbindung von Arkaden und Geschäften an mehreren Stellen des südlichen Plans (Ecke Minervalaan/Gerrit van der Vveenstraat, Kreuzung Rijnstraat/Victorieplein) die Vorschläge Unwins für eine Geschäftszufahrtstraße von Hampstead wieder aufgegriffen.

Obwohl Berlage und die Architekten der „Amsterdamer Schule" stark von der Logik des Wohnblocks bestimmt sind, die in Holland bis 1934 fortgesetzt wird – dazu sei auf die ersten Bauten J. J. P. Ouds in Rotterdam hingewiesen –, erproben sie dennoch Variationen zu einem Gruppierungstypus, der dem englischen „Wohnhof" ähnelt: Es handelt sich dabei um die „Hofs", die im wesentlichen die flämische Tradition der Beginenhöfe wieder aufnehmen und durch Schaffung eines gemeinsamen Raumes, der von der Straße zurückversetzt liegt, bereits die tiefgreifenden Wandlungen ankündigen, die in der Folge am städtischen Gefüge vorgenommen werden.

Das Problem der Industriestadt: Ernst May und das neue Frankfurt

Frankfurt und die Intervention Ernst Mays nehmen im Rahmen der Erarbeitung von Architekturmodellen der modernen Bewegung eine grundlegende Bedeutung ein. Das wird oft verkannt. Mays berufliche Ausbildung erfolgt zu einem Zeitpunkt, an dem sich die deutsche universitäre Kunstkritik, beherrscht vom Gedankengut Wölfflins, voll entfaltet. Er besucht die Vorlesungen Theodor Fischers, der die klassische Richtung der Architekturtheoretiker fortführt, und erhält damit die gleiche Ausbildung wie viele seiner Mitarbeiter. Zum gleichen Zeitpunkt jedoch, vor Ausbruch des Ersten Weltkriegs, wird er auch von den Fragestellungen der modernen Architekten beeinflußt, die sich im Deutschen Werkbund zusammengeschlossen haben; er steht mit Peter Behrens und Bruno Paul in Verbindung, die den Kampf für die Industrialisierung aufnehmen. Zudem kennt er England, wo er sich zweimal aufgehalten hat, wo er Vorlesungen besucht und insbesondere zwei Jahre bei Raymond Unwin in Hampstead gearbeitet hat. Er kennt und schätzt London.
Er ist sich, mehr noch als Berlage, der unabwendbaren Auflösung der städtischen Zentren bewußt. Die forcierte Industrialisierung Deutschlands zu Beginn des 20. Jahrhunderts veranlaßt ihn, Erweiterungspläne zu konzipieren, die die Prinzipien Howards wieder aufgreifen: diskontinuierliches Wachstum, landwirtschaftliche Einschnitte usw. Als er im Jahre 1925 mit der Leitung des Hochbau- und Siedlungsamtes der Stadt Frankfurt beauftragt wird, verfügt er bereits über Erfahrungen in Breslau, kennt London und die Gartenstädte; außerdem hat er an den internationalen Städtebaukongressen in Amsterdam (1924) und New York (1925) teilgenommen und bei diesen beiden Gelegenheiten die wichtigsten Theoretiker und Praktiker der Stunde kennengelernt. Aufgrund seiner sozialistischen Überzeugungen und der Situation in Deutschland nach Beendigung der ersten Währungskrise in der Weimarer Republik sieht er die Probleme der Stadtentwicklung nicht unter einem malerischen Aspekt wie Camillo Sitte und seine Schüler. Eine Prüfung der Siedlungen Frankfurts zeigt jedoch deutlich, zumindest bis 1928, daß sich die eingesetzten Architekturmodelle nicht ausschließlich auf „rationalistische Prinzipien" zurückführen lassen, wie sie in den anderen realisier-

ten Planungen aus dieser Zeit, z. B. in der Dammerstock-Siedlung von Gropius in Karlsruhe oder der Siedlung Hellerhof von Mart Stam in Frankfurt selbst, zu beobachten sind.
Für May stellt sich zunächst die Frage nach der städtischen Form, nach der Stadt in ihrer Gesamtheit.
Giorgio Grassi[123] macht auf den Dialog zwischen der „europäischen Stadt der Geschichte" und dem neuen Frankfurt aufmerksam, „einer Stadt, in der keine Entwicklungsphase und kein Moment der spezifischen Experimente, die zu ihrer Charakterisierung beigetragen haben, unbekannt bleiben". Er bringt die Konzeption der Parks und die Behandlung ihrer Randbereiche „mit der Idee der Verschönerung der klassischen Stadt" in Zusammenhang; er stützt sich dabei auf Mays Projekt zur Gestaltung der Mainufer, das er mit dem Plan Robert de Cottes für die Place Bellecourt in Lyon und dem Plan J. Gabriels für die Place Royale in Bordeaux vergleicht, und bezieht sich auch auf das Bebauungsprojekt des Niddatals, das er mit den Palästen und Villen vergleicht, die den klassischen Städten zugekehrt sind (das Belvedere in Wien, die Villa Borghese und die Villa Farnese in Rom). Zahlreiche Vergleiche bieten sich an:
- Frankfurt 1925/Bordeaux und Lyon im 18. Jahrhundert; Grassi zufolge versucht May zwischen der Stadt und dem Fluß eine morphologische Beziehung in der klassischen Tradition herzustellen; wie Bordeaux im 18. Jahrhundert ist Frankfurt im 20. Jahrhundert „die europäische Stadt der Geschichte".
- Römerstadt, Praunheim/Belvedere, Villa Farnese ...; die öffentliche Grünfläche des 20. Jahrhunderts strukturiert die Beziehung zur Stadt wie einst der klassische Garten.
- Main/Nidda; in beiden Fällen stellt das Tal eine mögliche Beziehung zwischen den Stadtteilen zu beiden Seiten her – eine Beziehung, die es architektonisch zu behandeln gilt: „Die Gestaltung der Uferstraße eines Flusses gehört ebenso zur Architektur wie ein Gebäude oder ein öffentlicher Platz."

Es ist durchaus einzuräumen, daß der eigenwillige Aspekt der für Frankfurt geplanten städtebaulichen Trassierungen an den klassischen Städtebau erinnert[124], auch daß die Neuordnung der Stadt des 20. Jahrhunderts gegenüber der Stadt des 19. Jahrhunderts die gleichen Probleme aufwirft wie die Erweiterungen und Gestaltungen der klassischen Stadt für die mittelalterliche Stadt; ebenso gilt, daß sich durch die abstrakte Definition „der europäischen Stadt der Geschichte" hindurch das Problem des Fortschreitens der städtischen Form ausleuchten läßt; doch im Überschwang seiner Beweisführung räumt Grassi zu schnell das Problem des englischen Einflusses aus. Zu rasch insofern, als er behauptete, „daß das Problem der Grünflächen im neuen Frankfurt ohne Bezug zur Frage der Gartenstadt steht".
Bei May läßt die Gesamtkonzeption der Stadt, die auf einem Bewußtsein der Auflösung beruht (Trabantenprinzip), auf eine Ableitung des Frankfurter Städtebaus von der Gartenstadt schließen. Wir stellen die Hypothese auf, daß diese Ableitung über die unmittelbare Kenntnis und die praktischen Erfahrungen Mays bei Unwin[125] sich

über ganz bestimmte Marksteine vollzieht, die den Einfluß Englands auf Deutschland zu Beginn des Jahrhunderts kennzeichnen.

Direkter Einfluß: Im Zeitraum zwischen 1890 und 1910 üben die mit der Arts and Crafts-Bewegung verbundenen englischen Architekten beratende Funktionen in Deutschland und Österreich aus. Sie entwerfen dort Gebäude, führen Gestaltungen durch, entwerfen Möbel und Gebrauchsgegenstände für die Handwerkervereinigungen, die nach dem Vorbild der englischen Gilden organisierte sind (Deutsche Werkstätten, Wiener Werkstätten). So hatte C. R. Ashbee häufige Beziehungen zu Deutschland; er gibt im Jahr 1911 die in 2. Auflage bei Wasmuth erschienenen Werke F. L. Wrights heraus. Nach Baillie Scott war er von Ernst Ludwig von Hessen als Berater bei der Einrichtung der Künstlerkolonie Darmstadt herangezogen worden; diese Kolonie war von J. M. Olbrich projektiert worden und machte auf May im Jahre 1908 einen starken Eindruck („Ich verbrachte jede freie Stunde in der Künstlerkolonie auf der Mathildenhöhe (...)" Der terrassenförmige Garten mit Blick auf die Stadt, der die verschiedenen Gebäude „ordnet", mag durchaus einige Anlagen des Niddatalprojekts inspiriert haben.

Indirekter Einfluß: durch Veröffentlichungen und Ausstellungen und in erster Linie durch die Berichte von Hermann Muthesius, die rasch aufeinanderfolgten (1900, 1902, 1904) und den Theorien des Deutschen Werkbundes als Grundlage dienen werden. Die von Heinrich Tessenow auf Anregung des Werkbundes im Jahre 1908 erbaute Gartenstadt Hellerau verdeutlicht die Absicht, englische Lösungen zu erproben. Baillie Scott verwirklicht im Jahre 1909 während der Zeit, in der er in Hampstead tätig ist, verschiedene Wohnhäuser in dieser Gartenstadt, die für den Kreis der modernen Architekten einen wichtigen Bezugspunkt darstellt (Le Corbusier wird Hampstead wenig später besichtigen). Franz Schuster, der am Bau der Siedlungen Westhausen, Römerstadt u. a. mitwirkt, war von Tessenow ausgebildet worden[126]. Die Rückkehr zu malerischen Prinzipien, die nun auf dem Umweg über England auf die Gartenstadt angewendet wurden, trifft in Deutschland auf lebhafte Zustimmung, es sind ja auch die Vorstellungen Camillo Sittes, die von seinen Schülern umgesetzt werden. Als Beispiel sei die Gartenvorstadt von Darmstadt angeführt, die ab 1904 von F. Pützer, einem Zeichner von Sitte aus der Zeit von „Der Städtebau ...", gebaut wurde.

Schließlich ist die Periode in Breslau (1919–1925) für diese Frage sehr aufschlußreich. May steht zunächst unter dem Einfluß von Fritz Schumacher – dem Städtebauer von Hamburg und Verfechter eines allmählichen Übergangs von einem Verwaltungs- und Einkaufszentrum zu einem Wohngebiet am Stadtrand mit Einfamilienhäusern –, knüpft aber anläßlich des Wettbewerbs für den Erweiterungsplan der Stadt Breslau (1921) wieder an die Theorien der Gartenstadt an. Dieser Wettbewerbsentwurf, für den er nur einen Anerkennungspreis erhält, ist geprägt vom Prinzip der Trabantenstädte sowie von der Absage an die Fortführung einer kreisförmig um einen Mittelpunkt der Stadt angeordneten Entwicklung. In seinen Artikeln für die Zeitschrift „Schlesisches Heim" betont er mit Nachdruck die Bedeutung des im Jahre 1921 veröf-

fentlichten Werkes von Unwin und Lethaby: „Theorie und Praxis im Städtebau"[127].
Mit dem Entwicklungsplan für den Raum Breslau (1924) unterstreicht er noch deutlicher die Notwendigkeit, das städtische Wachstum in einem die traditionellen Grenzen der Stadt überschreitenden Rahmen durch Trabantenstädte zu erfassen, die durch schnelle Nahverkehrsmittel miteinander zu verbinden sind.
May hat jedoch nicht nur ein theoretisches und globales Verhältnis zur englischen Gartenstadt, sondern wird unmittelbar durch seine praktischen Erfahrungen in Hampstead angeregt. Die Siedlungen werden nicht als unabhängige Städte gesehen, sondern im Rahmen einer präzisen morphologischen Beziehung zur alten Stadt geplant. Wie bei Berlage wirkt der Stadtpark trennend wie auch verbindend, d. h. seine Rolle ist mehr mit der des Londoner Parks zu vergleichen. Unwillkürlich wird man an das Beispiel von Hampstead mit dem „landwirtschaftlichen Gürtel" von Howard erinnert. Wie bereits gezeigt wurde, stellt der Entwicklungsplan des Niddatals im Westen und das Gesamtprojekt des Bornheimer Hangs im Osten deutlich auf den Dialog der neuen Stadtteile mit der Altstadt ab.
In der Römerstadt entspricht die befestigte Mauer, die die Nidda überragt, den aneinandergereihten Festungsbauten der Innenstadt. Desgleichen wiederholen die unterhalb der Mauer gelegenen Gemüsegärten das Motiv der außerhalb der mittelalterlichen Städte gelegenen Gärten, die sich wie in Rothenburg, einem bevorzugten Beispiel Unwins, an die Schutzwälle anschmiegen. Die Römerstadt hat engere Bezüge zur Ziegelmauer, die die Wohnhäuser am Rand der Erweiterung von Hampstead abgrenzt, als zu den Terrassen der Villa Medici.
Die Konzeption eines Parks als Bindeglied zwischen der Stadt und ihren Erweiterungen hat ihre Auswirkungen. Für May bedeutet die Auflösung nicht den Verlust der städtischen Form; er versucht vielmehr, die für das 19. Jahrhundert charakteristischen unkontrollierten Auswüchse der Vorstädte zu beseitigen, indem er eine einpolige Struktur, die den Bedingungen der Stadtentwicklung im 20. Jahrhundert nicht mehr entspricht, durch eine mehrpolige Struktur ersetzt, die nach dem Vorbild Londons rund um die Parks angeordnet ist. Zu diesem Zweck sieht er für die Stadt einen geschlossenen Randbereich vor, der den neuen Einheiten zugekehrt ist. Gegenüber den großen Siedlungen, die mit den alten, von der Stadtentwicklung einbezogenen Dörfern periphere Einheiten darstellen, wird also gleichzeitig auf die Stadt des 19. Jahrhunderts in der Weise eingewirkt, daß kleine Siedlungen in das Stadtgefüge eingeschoben werden, um eine klare Grenze zur Altstadt festlegen zu können.
May bleibt nicht lange genug in Frankfurt, um diese Intervention zu einem so vollständigen Abschluß zu bringen, daß sie typmässig mit dem Eingriff Berlages in Amsterdam vergleichbar wäre. Dort konnte die Stadtentwicklung des Alten Südens im Norden des Noorder Amstelkanaals zum Abschluß gebracht werden, bevor die neuen Stadtteile gebaut wurden, wenngleich sich der Einschnitt in Amsterdam aufgrund der besonderen Bedingungen der Bodenverfestigung auf die Ausmaße des Amstelkanals reduzierte.

Die Anleihen an den ‚Rationalismus'

Raymond Unwin:
Theoretisches Verteilungsschema der Wohnzeilen (1909)
(‚Town-Planning in Practice')

Ernst May:
Gliederung der Wohnzeilen in der Siedlung Westhausen (1929)

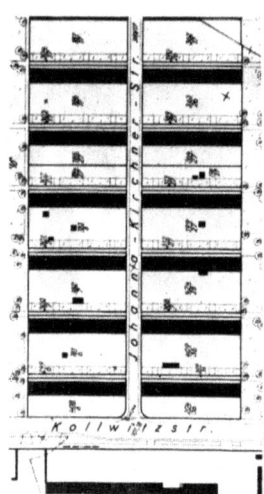

Schließlich erinnert die Konzeption einer sehr großen, mehrpoligen Industriestadt, die eine bestimmte Zonierung sanktioniert und ihre in Stadtparks umgewandelten natürlichen Grenzen überschritten hat, an Berlin (Frankfurt als ehemalige Freie Reichsstadt läßt sich nur ungern auf den zweiten Platz verweisen), aber auch an London, das May während seines ersten Aufenthalts im Alter von 20 Jahren entdeckt hatte: „(...) die englische Metropole (hatte mich) zunächst durch ihre gewaltige Ausdehnung, durch ihren gigantischen Verkehr (...) überwältigt, (...). Ich fühlte mich zum erstenmal in meinem Leben von dem kräftigen Pulsschlag einer Riesenstadt mitgerissen"[128]. Diese Konzeption der modernen, von Parks strukturierten Stadt, in der sich die verschiedenen strategischen Punkte räumlich artikulieren, trägt die Handschrift Unwins, die vornehmlich bei den frühen Bauten, auch in der Detailbehandlung, spürbar wird. Die in Hampstead erprobten und in „Town planning in practice" zusammengefaßten Prinzipien finden sich im Niddatal- und Niederradprojekt wieder: Differenzierung der Stadtteile durch unterschiedliche Netzdichte, morphologische Hervorhebung der Zentren durch höhere Gebäude (Römerstadt), durch Plätze (Praunheim) oder durch eine Verbindung von beiden (Niederrad); Anlage von „Bosketten", die das Motiv ‚Obstgarten' durch Zusammenfassung von Einzelgärten wieder aufgreifen (Römerstadt); Nutzung des Innenbereichs der Baublöcke für Spielplätze und Gemeinschafts-

Dick Greiner:
Zentraler Platz der Gartenstadt Watergraafsmeer in Amsterdam (1922–1924)

Ernst May:
Siedlung Praunheim in Frankfurt (1926–1930)

einrichtungen (Niederrad, Praunheim). May macht sich das ganze Arsenal der von Unwin propagierten Dispositionen zueigen, von der bereits erwähnten Mauer und den Bastionen der Römerstadt bis hin zu den bepflanzten Esplanaden, die die Nebenstraßen gliedern, und der hierarchischen Klassifizierung des Straßennetzes.

Aus England übernimmt er auch die Vorstellung einer gruppierenden Konzeption, nach der nicht mehr das einzelne Wohnhaus, sondern die Zeile als Einheit gilt, die systematischen Untersuchungen unterworfen werden kann. Aus Gründen, die mit der Wirtschaftslage Deutschlands nach der Mitte der zwanziger Jahre zusammenhängen, wird der private Garten möglichst immer direkt mit der Wohnzeile verknüpft, eine den „terraces" und „cottages" sehr verwandte Vorstellung, die aber auch weitgehend mit den deutschen Arbeitersiedlungen zu Beginn des Jahrhunderts zusammenhängt.

Damit endet jedoch die Ähnlichkeit. Zwar sind in Breslau die Form der Gebäude und die Trassierung dem Rustikal-Malerischen der Gartenstadt noch sehr verwandt, doch wird in Frankfurt der Bruch vollzogen. An den Gründen für diesen Bruch ist die wirtschaftliche Entwicklung der Weimarer Republik nicht unbeteiligt. In Zeiten von Währungskrisen ist der Bezug zur rustikalen Architektur durchaus keine Seltenheit. Es ist die Zeit, in der Gropius das Sommerfeldhaus aus Holz baut, in der jede industrielle Bautechnik unmöglich ist und die deutsche Architektur sich im Vergleich zu den Vorkriegsjahren regressiv zu entwickeln scheint, sofern sie sich nicht in die Utopie flüchtet. Mit dem wirtschaftlichen Aufschwung wird erneut die Hoffnung auf eine moderne, wissenschaftliche und rationelle Architektur geweckt; zugleich wird die Nachfrage nach einer Massenarchitektur immer dringlicher.

Wir werden uns weiter unten mit dieser „Rationalisierung" befassen und uns hier auf die formalen Bezüge beschränken. Der Wandel in der Einstellung Mays ist kein Einzelfall. In Deutschland entspricht er einer deutlichen Veränderung in den theoretischen und ideologischen Positionen der modernen Architekten als Folge der Gesundung der wirtschaftlichen und politischen Situation und des Fortschritts der modernen Bewegung im Ausland – insbesondere in Holland und der Schweiz, die vom Krieg nicht unmittelbar betroffen waren[129].

Der Frankfurter Städtebau ist dieser Bewegung verschrieben. Es gilt, die Agglomeration in ihrer Gesamtheit nach neuen städtebaulichen Prinzipien umzuwandeln, um sie den Bedingungen einer großen Industriestadt anzupassen und das Vokabular der modernen Architektur in den Dienst dieses Projekts zu stellen. Bei der Lektüre der Zeitschrift „das neue frankfurt" wird deutlich, daß May genau über diese Versuche, die in diesem Zeitraum unternommen wurden, unterrichtet war; die Anwesenheit in Frankfurt von Persönlichkeiten wie Adolf Meyer, F. Roeckle, Mart Stam und E. Kaufmann verweist auf seine Verbindung zu den Gruppen bedeutender Theoretiker (Bauhaus, ABC, usw.). Die besonderen Bedingungen der Aktivitäten Mays in Frankfurt ermöglichen ihm besser als anderswo, die Einheitlichkeit von Architektur und Städtebau zu beweisen. Er ist praktisch der einzige, der in großem Maßstab diese Synthese verwirklicht, der, wie Le Corbusiers Schriften weitgehend bezeugen, das große Ziel der modernen Architekten der 20er Jahre darstellt.

Die enge Verbindung, die May zur englischen Gartenstadt empfindet, kommt in einem Artikel, der 1928 zum Tode von Howard in der Zeitschrift „das neue frankfurt" erschien, klar zum Ausdruck[130]. Für May ist dies nicht nur eine Gelegenheit, das Andenken des Gründers der Gartenstädte zu ehren – er will damit auch Howards Wirken in den Gesamtzusammenhang der modernen Bewegung eingliedern. Für May und die Redakteure des „neuen frankfurt" sind Adolf Loos, Camillo Sitte und Ebenezer Howard die wichtigsten Persönlichkeiten der Jahre 1890 bis 1900, „die den Städtebau und die rationelle Bauweise vorbereiteten". Einfacher läßt sich die Absicht von Ernst May nicht zusammenfassen als mit einem Hinweis auf seine drei Bezüge: nämlich sein „Plan", die Architektur zu vereinheitlichen, die Anlage von Freiflächen und die Meisterung der städtischen Entwicklung.

Rationalisierung des Baublocks
und rationalistische Architektur

Da das Beiwort ‚funktionalistisch' heutzutage abwertend verwendet wird, ist die Wiederentdeckung der Architektur der 20er und 30er Jahre mit einer Aufwertung des Modeworts „Rationalismus" verbunden. Jede Architektur, die nicht den Regeln der CIAM huldigt, wird implizit als irrational bezeichnet; dagegen ist jede Architektur, die heute das formale Repertoire der CIAM fortführt, auch wenn die theoretischen, wirtschaftlichen und technischen Bedingungen völlig andere sind als vor 50 Jahren, durch den Bezug zum heroischen Zeitalter von vornherein sanktioniert. Diese Mode führt zu Verwirrungen. Wer Le Corbusiers Häuser für Pessac analysiert hat, insbesondere die Reihe der sogenannten „Wolkenkratzer", wird schwerlich behaupten können, damit die rationale und logische Antwort auf die Wohnungsprobleme der Bordelaiser Arbeiter von 1925 erhalten zu haben, noch für die damals aufgeworfene Frage der Serienbauweise eine Lösung vorgefunden zu haben, wie groß auch der Reiz und die Bedeutung dieses Experiments gewesen sein mögen.
Bei den Überlegungen zur Rationalisierung des Baublocks gilt unsere Aufmerksamkeit nicht in erster Linie der „rationalistischen Architektur". Rationalität kommt dann in einer städtischen Ordnung zum Vorschein, sobald zwei Faktoren zusammentreffen, nämlich die Notwendigkeit bzw. Möglichkeit, rasch eine große Anzahl von Häusern zu bauen, und eine Autorität, die diese Aufgabe übernehmen kann. Ohne bis zu den römischen Städten oder die Landhäuschen in der Provinz Guyenne zurückgehen zu müssen, wird das Problem – um nur zwei Beispiele zu nennen – in England und Frankreich seit dem 17. Jahrhundert gestellt und durchgängig gemeistert: In Frankreich erfolgt die Lösung punktuell bei begrenzten Spekulationsvorhaben (die Place des Vosges und später die Parzellierung des Palais Royal), die nur sehr selten an die Rationalisierung des Gefüges rühren (Richelieu). In England geschieht dies in großem Maßstab mit dem Wiederaufbau Londons nach der großen Feuersbrunst und der systematischen Parzellierung von „Estates", bei der ganz bewußt der Baublock als Einheit der städtischen Kombinatorik verstanden wird.
Unsere Untersuchung, die mit dem Haussmannschen Paris begann, erfaßt somit nicht die Ursachen für die Rationalisierung des Baublocks. Paradoxerweise hat Haussmann trotz der Vorliebe Napoleons III. für London das englische Beispiel nicht aufgenommen. Bis auf wenige Ausnahmen bleibt der Pariser Baublock aus unabhängigen Teilen zusammengefügt, die von verschiedenen Unternehmern errichtet werden. Seine Rationalisierung, eine Folge der maximalen Rentabilisierung des genehmigten und verfügbaren Raumes, manifestiert sich im Verlust der Autonomie der Parzelle – die Höfe werden zusammengelegt, um so wenig Fläche wie möglich zu belegen – sowie in der Homogenisierung der Typen, gefolgt von der Einförmigkeit der Fassaden.
Während in der Gartenstadt – in Abkehr von der Stadt – am Wohnhof experimentiert und die spätere Umwandlung des Raumes vorbereitet wird, erneuern die

Stadtteil Landlust, Bos en Lommer, Amsterdam

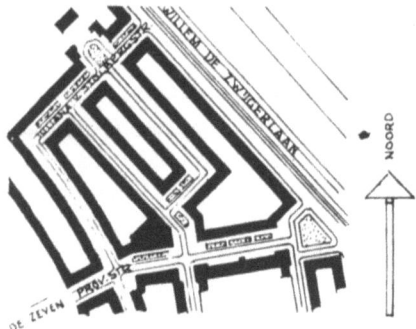
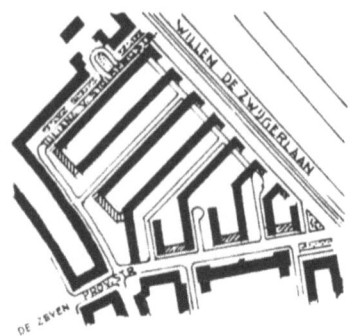

Projekt von Berlage (Ausschnitt aus dem Gesamtplan der westlichen Erweiterung 1925–1926)

Durchgeführtes Projekt, Architekten Karsten und Merkelbach (1932–1936)

Giedion, der die wertenden Festlegungen der CIAM getreu überliefert hat, setzt mit diesem Projekt den Übergang zum ‚Fortschritt' im Städtebau von Amsterdam an

Holländer, insbesondere in Amsterdam und Rotterdam, die Tradition des städtischen Baublocks mit einer letzten und spektakulären Darbietung seiner Möglichkeiten. Von 1913 bis 1934, also während einer Zeitdauer von 20 Jahren, *bietet Holland das vollendetste Beispiel der Rationalisierung des Baublocks.* Durch eine strenge und lesbare Hierarchie der Straßen, die weder das Monumentale noch das Malerische ausschließt, eine durchgängige Komposition der Fassaden, Behandlung der Ecken, Gestaltung des Innenbereichs zeugt der Amsterdamer Baublock von einem besonders klug durchdachten Verhältnis zwischen Architektur und Stadt.

Die sich in Deutschland entwickelnde rationalistische Architektur geht von einer völlig anderen Analyse aus; sie stellt eine andere, eine mehr abstrakte und labile Beziehung zur alten Stadt her. Der Standort des Baublocks ist nur zufällig und wird schnell aufgegeben, auch wenn zwischen Gebäude und Baugrund noch eine Beziehung besteht, die in den Wohnzeilen auf das Erbe des traditionellen Gefüges hinweist. Nach 1928 werden diese letzten Bindungen durch das Einwirken der CIAM beseitigt, indem die Früchte der Erfahrungen der Avantgarde theoretisch auf den Maßstab der Stadt bezogen werden. Der Baublock löst sich nun endgültig auf, und das formale Vokabular vereinfacht sich immer mehr. Die Beseitigung von Unterschieden zwischen den Gebäudeseiten und den Stockwerken – eine Folge der Homogenisierung des Raumes – äußert sich in der ähnlichen Behandlung der Fassaden, in der modulen Wiederholung eines Zellentyps, bei dem die einmal festgelegten Durchbrüche keinen Dialog mehr mit dem städtischen Raum artikulieren. Das Gebäude wird zum Objekt, das die vollständige Auflösung des städtischen Gefüges vorbereitet.

Auf dem Wege zu einer städtischen Architektur

Wie sich unschwer erkennen ließ, will diese Untersuchung nicht nur klärenden Aufschluß über den modernen architektonischen Raum vermitteln – sie befaßt sich auch mit der gegenwärtigen Produktion der Architektur.

Der Baublock gibt sich zunächst als Ergebnis einer Unterteilung, eines Ablesens zu erkennen. Obgleich sich der traditionelle städtische Baublock isoliert als ein von Straßen begrenzter Parzellenkomplex darstellt, der durch die Kontinuität seiner Außenhülle und den Gegensatz der Seiten gekennzeichnet ist (nach außen: zur Straße, nach innen: zum Kern), läßt er sich nicht auf diese Definition beschränken. Als konstitutive Einheit des städtischen Gefüges *ist der Baublock eine Gruppierung von Gebäuden, angeordnet nach einer bestimmten Logik, die jedem Raum einen von der Praxis anerkannten Status sichert.* Die Untersuchung des traditionellen Baublocks und einiger seiner jüngeren Abwandlungen bedeutet nicht nur, die Logik früherer Städte zu erkennen oder das eine oder andere Kapitel der Architekturgeschichte zu vertiefen. Es geht dabei vielmehr um das aktuelle Problem des Verhältnisses der Gebäude zu den von

*Der Innenbereich: Ankündigung der Großanlage; Rasenflächen,
die nicht betreten werden dürfen, kümmerliche Bäume*

ihnen festgelegten Räumen sowie um die Frage nach den Auswirkungen dieser Dispositionen auf die Praktiken der Bewohner.

Der Begriff *Architekturmodell* stellt auf die Tatsache ab, daß die Erarbeitung der Form nicht auf die direkte Umsetzung des sozialen Auftrags beschränkt ist, sondern daß sie der Zeit des Projekts architekturspezifische Vermittlungen entlehnt, deren Geschichte sich zu schreiben lohnt. In dem Abstand zwischen dieser spezifischen Geschichte und der allgemeineren Gesellschaftsgeschichte ist zeitlich der mögliche Beitrag eines Disziplin angesiedelt: der Architektur und ihrer Grenzen.

Die moderne Architektur hat sich gegen die Stadt durchgesetzt. Vom „Plan Voisin de Paris" bis zur Sanierung des XIII. Arrondissements ersetzt dieselbe Logik der Zerstörung ein Stück der Stadt durch eine Ansammlung von Objekten. Wir durchleben die letzte Phase, die vom Widerstand der Bewohner und vom schlechten Gewissen der Architekten selbst geprägt ist – eine Krise der Stadt und eine Krise der Architektur, die dem heroischen Ideal der 20er Jahre nachfolgt. Eine solche Situation rechtfertigt unsere Fragestellung, unseren Wunsch nach einer anderen, städtischen Architektur. Mit diesen Bedenken schließen wir uns entschlossen einer Strömung an, nach der das architektonische Objekt vom ästhetischen Standpunkt nicht so sehr um seiner selbst willen relevant ist, sondern Bedeutung erlangt aufgrund seiner Befähigung, die Räume festzulegen, Unterscheidungen zu bewirken und Praktiken aufzunehmen, ja, manchmal sogar erst zu veranlassen. Die Forderung nach einer städtischen Architektur ist nicht gleichbedeutend mit dem Bestreben, das Dekor früherer Städte zu wiederholen, sondern mit dem Versuch, räumliche Beziehungen, die mit den uns bekannten städtischen Praktiken vereinbar sind, zu definieren.

Eine Neudeutung der Etappen auf dem Wege zur modernen Architektur oder zumindest eine Reinterpretation einiger dieser Schritte würde vielleicht Möglichkeiten eröffnen, planerisch anders zu verfahren. Teilt man die Ansicht, daß sich kreatives Schaffen auf erworbene Kenntnisse stützt und sich durch fortlaufendes Experimentieren vollzieht, so eröffnet sich damit eine Möglichkeit, die Bezugspunkte anders als nach der jeweils kurzfristigen Mode zu wählen – eine Möglichkeit also, sie der Planungsarbeit zugrunde zu legen, und zwar nach ihren städtischen Qualitäten und Dispositionen, die sie auslösen, sowie nach den Manipulationen, zu denen sie sich eignen.

Anmerkungen

Anmerkungen zu Kapitel 1: Das Haussmannsche Paris 1853-1882

1 M. Tafuri: „lo spazie e le cose", in *lo spazie visivo della Citta*, Capelli 1969.
2 Georges Eugène Haussmann wurde am 27. März 1809 als Sohn einer lutherischen Familie geboren, die aus dem Erzbistum Köln stammte, sich seit 1703 im Elsaß niedergelassen hatte und später in Versailles und in Paris lebte.
 – Besuch des Lycée Henri IV., Schulgefährte ist der Herzog von Chartres, der älteste Sohn des zukünftigen Louis Philippe.
 – Frühjahr 1831: Doktor der Jurisprudenz.
 – 22. Mai 1831: Generalsekretär der Präfektur von Vienne.
 – 15. Juni 1832: Unterpräfekt von Yssingeaux.
 – Oktober 1832: Unterpräfekt von Nérac; Haussmann gewinnt die Mitarbeit des Tiefbauingenieurs Alphand und legt das Straßennetz der Unterpräfektur an.
 – 1. März 1840: Unterpräfekt von Saint-Girons, beteiligt sich am Bau der Irrenanstalt von Saint-Lizier.
 – 23. November 1840: Unterpräfekt von Blaye; Straßen und Schulen; unterhält regelmäßige Beziehungen zum Bürgertum von Bordeaux.
 – Nach den historischen Tagen von 1848: Februar 1848, Ratsmitglied der Präfektur von Bordeaux; im Herbst 1848 unterstützt Haussmann die Kandidatur Bonapartes zur Präsidentschaft der Republik.
 – Januar 1849: Präfekt des Var-Departements mit einer politischen Rolle, nämlich die Wahlen „umzugestalten"; organisiert die Parzellierung von Cannes.
 – Mai 1850: Präfekt des Yonne-Departements, „Umgestaltung" der Gemeinderäte, Unterstützung der Kampagne zugunsten der Wiedereinsetzung des Empires; gewinnt die Mitarbeit des Tiefbauingenieurs Belgrand für die Bauarbeiten der Wasserversorgung von Auxerre.
 – 26. November 1851: Präfekt des Departements Gironde mit dem Auftrag, den „Beitritt von Bordeaux" zum Staatsstreich vom 2. Dezember 1851 herbeizuführen; bereitet mit Alphand die offiziellen Empfänge vor, darunter auch den Empfang vom 7. Oktober 1852, bei dem Louis Napoléon die programmatische Rede des Empires hält, die unter der Bezeichnung ‚Rede von Bordeaux' bekannt wird; bereitet den Erfolg der Volksabstimmung vom 21./22. November 1852 für die Wiedereinsetzung des Empires vor.
 – 23. Juni 1853: Präfekt des Seine-Departements.
3 Eine große Anzahl präziser Angaben verdanken wir H. Malet, *Le baron Haussmann et la rénovation de Paris*, Editions municipales, Paris 1973.

Haussmann bot sich später sogar als „Minister von Paris" an und schrieb an Napoleon III. einen Brief, der sogar die Formulierung der Ernennungsurkunde enthielt (Dezember 1860). Napoleon III. begnügte sich damit, ihm das Recht zur Teilnahme am Ministerrat einzuräumen und ließ später auf Verordnung vom 2. März 1864 eine der Hauptachsen des neuen Paris nach ihm benennen (die Achse, die sein Geburtshaus im Quartier du Roule anschnitt).
4 R. Cameron: *La France et le développement économique de l'Europe,* 1800-1914, Le Seuil, Paris 1971.
5 H. Malet, a.a.O.
6 Im Jahre 1867 schuldete die Stadt der Crédit Foncier aufgrund des Systems der übertragbaren Obligationen (bons de délégation) – faktisch eine verschleierte Anleihe – annähernd 400 Millionen Francs, rückzahlbar in 10 Jahren; der Schuldentilgungsplan sah eine sechzigjährige Anleihe zu einem Zinssatz von 5,41 % vor (vgl. Malet, a.a.O.)
7 H. Malet, a.a.O.
8 Baron Haussmann, „Confession d'un lion devenu vieux", zitiert bei Walter Benjamin: Paris, die Hauptstadt des XIX. Jahrhunderts, in: Illuminationen, Frankfurt 1980.
9 A. Dansette: *Du 2 décembre au 4 septembre,* Hachette, Paris 1972.
10 Es kann davon ausgegangen werden, daß sich das Problem der Versorgungseinrichtungen nach der Revolution und während des Empires durch die Enteignung der Besitztümer des Adels und der Kirche weitgehend von selbst löste. Jedenfalls verfügte Paris im Jahre 1848 nur über wenige Einrichtungen und war eine übermäßig verdichtete Stadt; Versorgungseinrichtungen und Durchbrüche gehen in der Vorstellung Haussmanns Hand in Hand.
11 R. Cameron, a.a.O.
12 Pinkney: *Napoléon III. and the rebuilding of Paris*
13 Pinkney (a.a.O.) erzählt von der Unbill, die diesem berühmten „farbigen" Plan widerfuhr, von dem Wilhelm I. ein Exemplar erhielt und dessen Originale bei einem Brand in den Tuilerien verlorengingen. Napoleon III. soll nach dem Sturz des Empires den Plan aus dem Gedächtnis neu gezeichnet haben, um Merruau, dem ehemaligen Sekretär der Präfektur, die Abfassung seiner Memoiren zu erleichtern. Der Inhalt dieses Plans bleibt sehr hypothetischer Natur, da es Haussmann mit meisterlicher Schläue bewerkstelligte, nachträglich alle möglichen Innovationen und Veränderungen in den Plan einzubringen.
14 Insbesondere Lavedan: *L'oeuvre du Baron Haussmann,* PUF Paris 1954, und Hautecoeur: *Histoire de l'architecture classique en France,* Picard, Paris 1957.
15 Die räumliche Trennung von Versailles und Paris erklärt weitgehend die mangelnde Anpassungsfähigkeit der städtischen Struktur von Paris: Die neuen Straßenanlagen haben vor allem im Westen die räumliche Ausdehnung begünstigt, indem sie sich auf die Parks und die Gärten der 17. Jahrhunderts stützten. Abgesehen von der Idee einer Ost-West-Achse, die von allen späteren Regierungen wiederaufgenommen wurde, ist der für den Konvent von verschiedenen Künstlern erstellte Plan noch ein Katalog fragmentarischer Eingriffe, der auf seltsame Art zwischen einem verspäteten Barock und den Konzeptionen der Aufklärung hin- und herschwankt. Das erste Empire hat weder die Mittel noch das Verständnis für eine durchgreifende Intervention: Es begnügt sich damit, anhand eines widersprüchlichen architektonischen Komplexes einen der alten Stadtstruktur wesensfremden semantischen Wert zu manifestieren und diese Struktur damit global zurückzuweisen; das Palais des Königs von Rom von Percier und Fontaine nimmt in seiner stadtfremden Isolierung am Hang von Chaillot diese Stellung ein, in etwa wie der anschaulichere Plan des Forums von Antolini in Mailand aus dem Jahre 1807 (vgl. M. Tafuri, a.a.O.). Im übrigen herrscht eine große Vorliebe für das „städtische Fragment", und diese Vorliebe hält die ganze Restauration und Julimonarchie hindurch an.

16 Vgl. Morini, *Atlante di storia dell'urbanistica*, Hoepli, Mailand 1963. Bei der Abfassung des Plans durch Haussmann kommt ein viertes Ziel, das der (militärischen) Sicherheit hinzu, über das wir jedoch nicht polemisieren wollten.

17 Der Begriff ‚klassische Kultur' verweist u. E. noch weit über den französischen Klassizismus des 17. und 18. Jahrhunderts auf die formale Sprache und die operativen Verfahrensweisen, die sich im Zeitpunkt der Renaissance in der Architektur und in der Stadt herausbilden. Der Barock ist eine kritische Anpassung dieser Kultur nach der Krise des 17. Jahrhunderts. Vgl. M. Tafuri: *L'Architettura dell'Umanismo*, Laterza, Bari 1969.
Vgl. Argan: *L'Europe des Capitales*, Skira, Genf 1964.

18 M. Tafuri: *lo spazio e le cose*, a.a.O.

19 J. Summerson: *Georgian London*, London 1945 und 1962.
Es gibt vier Steuerveranlassungsklassen zur Bemessung der bebauten Fläche und der Baukosten. Innerhalb dieser Grenzen sind nur wenige Lösungen möglich, die in Modellform von einigen Architekten mühelos erstellt werden konnten, wie z. B. von Georges Dance, der mit Robert Taylor die Modelle für den Building Act von 1774 festgelegt hat.
Jedes klassenmäßig eingestufte Gebäude wird durch seine assoziativen Eigenschaften, eine Zeile zu bilden (*row* oder *terrace*), bestimmt. Die Gruppierung von Gebäuden in der Zeile ist ebenfalls eigenen, wenn auch unverbindlicheren Vorschriften unterworfen; die Verfahren der Markierung und des Abschlusses der Wohnzeile sind genauestens bekannt, einschließlich subtiler Berichtigungen der öffentlich-privaten Achse an den Endpunkten, wenn der private Raum nicht mehr länger vollständig verborgen bleibt. Die Zeile ist ein begrenztes und regelmäßiges Fragment der unteren Ebene; von der Wohnzeile gelangt man zum Fragment der höheren Ebene, der Siedlung oder dem „Estate", über eine bestimmte Anzahl ebenfalls in Normen fixierter Figuren: dem *crescent*, dem *square*, der Eck- oder Rücken-an-Rücken-Verbindung von zwei oder mehreren Zeilen, die einen mehr oder weniger offenen Baublock bilden. Die Methode ist durchweg rein additiver Natur.
Der Kreis der Interessenten reicht „vom bescheidenen Maurer oder Zimmermann, die sich mit der Mütze in der Hand um einige Parzellen zum Preis von fünf Shilling pro Fuß in einer Hinterstraße bemühen, bis zu den großen Herren, die durchaus bereit sind, sich um eine oder mehrere Seiten eines Squares zu streiten und um 15 Shilling bis zu einem Pfund dafür zu zahlen". Trotz der Kontrollbemühungen der Behörden, „jeden Spekulanten daran zu hindern, mehr als einen gemäßigten Anteil am Baugrund zu übernehmen", bilden sich riesige Monopole, die diese hierarchisierten Interventionseinheiten zusammenfassen.

20 G. C. Argan: *The Renaissance City*, Braziller, New York 1969.

21 M. Tafuri: *L'Architettura dell'Umanismo*, Laterza, Bari 1969.

22 Tafuri (a.a.O.) beurteilt damit die ersten Manifestationen der neuen städtischen Ordnung, die Brunelleschi erwogen hatte. Die Vorstellung von einem unorganischen, isomorphen und außerhalb jeder Wachstumsmöglichkeit fixierten Raum, in dem die Bauwerke über keine assoziativen Eigenschaften mehr verfügten und gewollt isoliert auf Vorplätzen standen, erwies sich alsbald als undurchführbar. Die Renaissance ist reich an Beispielen, die den Widerstand der alten Gefüge gegen diese neue Morphologie veranschaulichen.

23 Nach Hautecoeur (a.a.O.) wurden zwischen 1852 und 1870 27 488 Häuser abgerissen und dafür 102 487 Häuser neu erbaut.

24 Die im Jahre 1881 klassifizierte Rue de Berne wurde von einem Grundbesitzer namens Mosnier in einem Teil des Quartier de l'Europe erschlossen, der durch Durchsticharbeiten an der West-Bahnlinie aus dem Jahre 1837 beeinträchtigt worden war. Der Block zwischen der Rue de Berne und der Rue de Moscou wurde dennoch nicht vollständig in einem Zug erstellt, weil die der Rue de Léningrad zugewandte Seite bereits vorhanden war.

25 Zu erwähnen wären die auf dem Gelände erhaltenen baulichen Überreste, doch bildet dieser tatsächlich vorhandene Fall im Rahmen der kleinen homogenen Baublöcke, mit denen wir uns hier zu befassen haben, die Ausnahme.

26 Vgl. unsere vorangegangenen Untersuchungen, insbesondere *Analyse du tissu du Nord-Est parisien,* Forschungsauftrag APUR, 1971.
„Marcillac, autopsie d'un village", in: l'Architecture d'Aujourd'hui, Paris, Oktober/November 1972.

27 C. Daly: *L'Architecture privée au XIXe siècle sous Napoléon III,* Nouvelles maisons de Paris et de ses environs, A. Morel et Cie, Paris 1864.

28 Groß-London (Greater London) ist bis 1963 nur ein administrativer Zählbezirk. Für den untersuchten Zeitraum sind folgenden Zahlen festzustellen:

	London	Vorortgürtel	Groß-London
1840	225000		
1891	4227000	1405000	5632000
1901	4536000	2045000	6581000
1939	4000000		8650000

Anmerkungen zu Kapitel 2: London: Die Gartenstädte von 1905-1925

29 „... Den Prototyp (der Estates) richtet Lord Southampton im Jahre 1661 auf seinem Landgut Bloomsbury ein. Er gewährt *Building leases*, d. h. daß der Pächter gegen eine jährliche *ground rent* wohnen oder vermieten kann und bei Vertragsende der Boden und alle Gebäude an den Eigentümer zurückfallen. Es handelt sich um die sog. *leasehold*, um ein System, das für Zeiträume zwischen 42 und 99 Jahren eingesetzt werden kann."
C. Chaline, *Londres*, collection U2, Armand Collin, 1968. Diese Spekulationsform, die eine Zerstückelung des Grundeigentums vermeidet, wird zu Verstädterungsprozessen führen, die Baublöcke und ganze Stadtviertel erfassen. Im 17. Jahrhundert erleichtert das Bündnis zwischen Großgrundbesitzern und Bauherren mit dem Ziel einer maximalen Rentabilisierung bestimmter Grundstücke die Einführung des Typs georgianischer Estates, die aus Effizienzgründen rasch in Normen fixiert wurden.

30 Seit 1851 erleichterte eine Reihe von Gesetzen die städtische Intervention. Zunächst können die Stadtverwaltungen aufgrund des Common Lodging Housing Act den sanitären Zustand alter und neuer Wohnungen kontrollieren. Sodann wird durch das Labouring Class Lodging Houses Act die Finanzierung von Wohnungen für sozial benachteiligte Schichten gefördert. Im Jahre 1890 wird der Metropolitan Board of Works gegründet, der die Instandsetzung von Elendsquartieren und den Bau von Sozialwohnungen durchführt. So werden bis zum Jahre 1890 30 000 Menschen ausgesiedelt und umquartiert und 30 000 Wohnungen neu errichtet. Eine ähnliche Vereinigung, die Metropolitan Association, baut im gleichen Zeitraum 70 000 Wohnungen; verschiedene andere karitative Einrichtungen und private Verbände erstellen 150 000 Wohnungen.

31 Vgl. diesbezüglich den Artikel von G. Teyssot: „cottages et pittoresque: les origines du logement ouvrier en Angleterre 1781-1818", in Architecture Mouvement Continuité Nr. 34. Ausgehend von den wichtigsten englischen Publikationen zur ländlichen Architektur dieser Periode, zeigt G. Teyssot, wie im ausgehenden 18. Jahrhundert die Architekten dem aufkommenden Gegensatz zwischen Architektur als Erkenntnisbereich und der Stadt als Produktivkraft begegnen: „... Soll die Architektur ihre Eigenständigkeit als Erkenntniszweig verlieren, sich in der Stadt auflösen, auf die Gefahr hin, selbst zu verschwinden?" Diese Antwort mündet in eine Kodifizierung (Typisierung) der ländlichen Architektur. So zeigt Teyssot „... jenen, die im Arbeiterwohnungsbau 19. Jahrhunderts ein ‚natürliches', nicht gekünsteltes Modell sehen wollten, das im Gegensatz zur sogenannten ‚gelehrten' Architektur steht, daß diese vereinfachte und äußerst rationalisierte Typologie ebenso, wenn nicht sogar stärker mit kulturellen Konnotationen belastet ist.
Die herrschende bürgerliche Kultur legt die Raumgegebenheiten der Arbeiterklasse fest, und zwar schon seit Ende des 18. Jahrhunderts."

32 Veröffentlichung des ersten Buches von E. Howard im Jahre 1898: *To-morrow: a peaceful path to real reform*, Neuauflage im Jahre 1902 unter dem Titel „Garden cities of to-morrow" (deutsch: Gartenstädte von morgen, Hrsg. von J. Posener, Berlin, Frankfurt, Wien 1968). Howard erläutert im Rahmen eines staatsbürgerlichen und hygienistischen (körperliche und moralische Gesundheit propagierenden) Diskurses die wirtschaftlichen Vorteile der Gartenstadt. Mit der Darstellung seines Projektes als Lösung des städtischen Problems und mit der Einführung einer klaren und präzisen Planung stellt Howard die Idee der Trabantenstadt vor. Die Bedeutung seines Buches liegt vor allem in der Zusammenführung einer Reihe von Untersuchungen und Ideen zur Gartenstadt. Die Ausdauer und feste Überzeugung, die Howard zum Handeln antreiben, ermöglichen die Entwicklung von städtischen Theorien, die Unwin systematisieren wird.

33 „... Durch das ‚Town Planning Act' wird jedes von einer Stadt oder einer Privatperson vorgelegte Siedlungsprojekt rechtsverbindlich, sofern es vom ‚Local Government Board' (L. G. B.) genehmigt worden ist.
In Übereinstimmung mit diesen Regelungen erhalten der beantragende Magistrat bzw. die Privatperson im Falle der Genehmigung des Projektes allgemeine Vollmachten für die Enteignungen im Zusammenhang mit dem Straßennetz, mit Freiflächen, Natur- und Denkmalschutz.
Der Definition des Gesetzes entsprechend besteht der Zweck der Stadtentwicklungspläne darin, angemessene sanitäre Verhältnisse und die rationale Entwicklung aller oder eines Teils der projektierten Städte und ihrer angrenzenden Flächen zu sichern.
Zu den allgemeinen Vorschriften, die der L. G. B. vor Gewährung einer Genehmigung geltend machen kann, gehört die Begrenzung der Anzahl von Bauten, ihrer Höhe und ihrer Merkmale."
Anmerkung aus „Villages-Jardins et Banlieues-Jardins" von Benoît Levy, éd. des cités-jardins de France.
34 In Deutschland erschienen unter dem Titel: Grundlagen des Städtebaus. Eine Anleitung zum Entwerfen städtebaulicher Anlagen, Berlin 1910.
35 Die *Housing estates* verwenden bei der Ausführung zwei Typen: die Gartenstadt und die Gemeinschaftswohnanlage. Die kapitalistische Politik des Sozialwohnungsbaus vermochte die in den Gartenstädten von Howard und Unwin entwickelten Theorien nicht aufzunehmen; diese Gartenstädte richteten sich eher an die *middle class* als an die Arbeiterklasse. Somit entfernen sich die vom LCC erstellten Siedlungen recht weit von den idealen Gartenstädten Howards. Das berühmteste Beispiel ist Dagenham (in der Nähe von Ilford im Vorortgürtel von London), eine Siedlung mit 90 000 Einwohnern, davon überwiegend Arbeiter (82 %). Die monotone Wiederholung des gleichen Haustyps, das Bemühen um „ästhetische" und „kompositorische" Effekte, die die lokalen Gegebenheiten und die spezifische Praxis der Wohnung unberücksichtigt lassen, zeugen von der Zurückhaltung (und Mißachtung) der Verantwortlichen des Sozialen Wohnungsbaus gegenüber der Wohnbevölkerung, und zwar sowohl in den Gartenstädten als auch in den Gemeinschaftswohnanlagen.
Erwähnenswert ist außerdem, daß die Entwicklung des Klassenverhältnisses und die immer offener zutage tretenden Widersprüchlichkeiten des Kapitalismus nach dem Kriege den LCC dazu zwangen, seine Wohnungsbaupolitik zu ändern, und daß die *housing estates* heutzutage jungen Architekten interessante, wenn auch vereinzelte experimentelle Realisierungen ermöglichen.
36 „... so dürfen wir auch das Stadttor nicht vergessen und die Wichtigkeit, die Einfahrten zu unseren Städten, Vorstädten und Stadtvierteln in irgendeiner Art und Weise zu markieren ... Aber in vieler Hinsicht würde es geeignet sein, die Punkte hervorzuheben, wo Hauptstraßen unsere Grenzen kreuzen und in Städte oder neue Stadtviertel innerhalb der Städte einlaufen." R. Unwin, a.a.O.
37 In Letchworth und insbesondere auf dem Landsitz „Bird's Hill" ermöglicht der *Wohnhof* (noch im Entwicklungsstadium) die Lösung zweier Probleme: einer maximalen Anzahl von Häusern eine freie Sicht zu bieten und wirtschaftlich, d. h. ohne das Straßennetz zu sehr auszudehnen, einen sehr großen Raum zu erschließen.
Der Entwurf von 1905 verwendet offensichtlich wieder die gleiche Lösung, um dem Wunsche Henriette Barnetts zu entsprechen. Doch wenn auch im Plan von 1909 – vornehmlich am Park entlang – das gleiche Bemühen vorzufinden ist, besteht doch die Schwierigkeit, den *Wohnhof* in seinem endgültigen Zustand als die (sogar beabsichtigte) Weiterentwicklung des Wohnhofs von „Bird's Hill" zu sehen. Wenn auch das ökonomische Argument (Ersparnis

an Straßen) sicherlich eine wichtige Rolle gespielt hat, so darf doch der Beitrag der „Nachbarschafts"-Soziologie und der Einfluß der damaligen ruralistischen Architekturkultur nicht übersehen werden.
38 Das Gelände gehört der „Garden Suburb Hampstead Limited", die es im Hinblick auf die Bebauung verpachtet.
Die meisten Häuser wurden von Mietervereinigungen errichtet. Diese Vereinigungen treten auf Wunsch für alle Grundstückskonzessionäre ein und treffen in ihrem Auftrag Vereinbarungen mit den Architekten bezüglich der Häuser, die nach Serienplänen erbaut werden. Mit einem Baukapital von 13 750 000 Francs (1922) verbauten die Mietervereinigungen 9 250 000 F, die Garden Suburb Development Cie. Ltd. 3 500 000 F. und die Improved Industrial Dwelling Cie. (Baugesellschaft für Sozialwohnungen) 1 000 000 Francs, also weniger als 10 %. Das Ansehen Unwins und Parkers, der experimentelle Aspekt der Realisierung und die Lage in einem wohlhabenden Viertel führten dazu, daß die herrschende Klasse die Mehrzahl der Wohnungen für sich in Anspruch nehmen konnte.
(Die Zahlen sind dem in Anm. 33 zitierten Buch von B. Levy entnommen).
39 J. D. Kornwolf: *M. H. Baillie Scott and the Arts and Crafts movement*", The John Hopkins Press, Baltimore and London, 1972.
40 Vgl. H. Raymond, N. Haumont, M. G. Raymond, A. Haumont. *L'habitat pavillionaire*, ISU. CRU Paris 1966.
41 Ab 1917 wird eine Reihe von Vereinigungen und Gesellschaften gegründet, um den Start neuer Gartenstädte vorzubereiten. Während des gleichen Zeitraums wird mit Hilfe zahlreicher Publikationen und in Verbindung mit diesen Vereinigungen eine Werbekampagne geführt. So erscheinen im Jahre 1917 „the garden city after the war" von C. B. Purdom, „New towns after the war" im Jahre 1918 von F. J. Osborn, W. G. Taylor und Purdom sowie „A national housing" von Purdom im Jahre 1919.
C. B. Purdom veröffentlicht im Jahre 1925: *The building of a satellite town. A contribution to the study of development and regional planning*". J. M. Dent & Sons Ltd, London, (neu herausgegeben und ergänzt im Jahre 1947) als hervorragenden Dokumentarband über Letchworth und Welwyn.
42 Vgl. die Nachweise im Anhang der Originalausgabe.
43 Zu den Einzelheiten der Finanzierung vgl. das in Anm. 41 zitierte Buch von C. B. Purdom.
44 Bei der Prüfung des Plans der Innenstadt von Welwyn denkt man zwangsläufig an bestimmte axial verlaufende Kompositionen, an die uns die Schönen Künste, insbesondere im Zusammenhang mit den Preisen von Rom gewöhnt haben. So findet man hier eine große und nicht fertiggestellte Achse vor, die das Verwaltungszentrum einordnet und zur Geltung bringt; daran angeklammert sind „begrenzte" Kompositionen, die damit einen zentralen Punkt bestimmen, der selbst zwar nicht Brennpunkt des Interesses ist, von dem aus jedoch solche Punkte entdeckt werden können. Somit wird das von Guadet hoch eingeschätzte oberste Prinzip der architektonischen Komposition eingehalten: „Als oberstes Prinzip muß uns gewärtig sein, daß eine Komposition eine Ausrichtung hat und nur eine haben darf. Ihre Achse ist nur in einer Richtung begrenzt ... Wir wollen einen Plan auf den ersten Blick begreifen; was zuallererst in einem Werk geschätzt wird, ist geistige Klarheit, Offenheit und Entschiedenheit."
Diese Geisteshaltung der Schönen Künste, die D. van Zanten definierte (in „le système des Beaux-Arts", *L'Architecture d'Aujourd'hui*, Nr. 182, S. 97–106, Paris 1975) erkennen wir in Welwyn wieder.
45 Welwyns Bevölkerung ist sicherlich nicht so wohlhabend wie die von Hampstead. Dies wird in dem Wunsch deutlich, eine ökonomische Stadt zu bauen, ein Bestreben, das durch die

staatlichen Subventionen und den sich ständig wiederholenden Bautyp gefördert wird (tatsächlich gibt es nur wenige unterschiedliche Haustypen, außerdem wurden die *Wohnhöfe* und Viertel insgesamt erstellt und erst nach Fertigstellung vermietet; dies war in Hampstead nicht der Fall); dies wird auch durch die relative Entfernung vom Zentrum Londons verständlich, die eine intensive Spekulation verhinderte, während sie in Hampstead freien Lauf hatte. Und schließlich wird dieser Aspekt durch den Charakter oder vielmehr durch den mangelnden „Charakter" in der Architektur von Welwyn deutlich, die allzu systematisch oder eben nicht geordnet genug war, um die herrschende intellektuelle Klasse anzureizen.

46 P. Willmott und M. Young: *The evolution of a community (a study of Dagenham after forty years)* Routledge and Hegan Paul, London 1903.

Willmott und Young bemerken (S. 78), daß die räumlich abgegrenzten Straßen – mit einem Anfang und einem Ende – einer Identifizierung als Grundlage dienen können, die auf dem Gegensatz zwischen „unserer Straße" und den „anderen" beruht. Das gleiche gilt für die Anordnung der Häuser: Dieses Phänomen ist in den „Banjos" (den banjo-förmigen Wohnhöfen) vorzufinden, um so mehr, als die Bevölkerung jung ist und der Arbeiterklasse angehört.

In Dagenham, dessen Bevölkerung zu einem wesentlichen Teil aus Arbeitern besteht (82 %) und dort seit 40 Jahren mit der Erinnerung an die Herkunft vom East End lebt, begünstigt die Raumkonzeption insofern den Gemeinschaftssinn, als eine soziale Homogenität besteht und sich keine Klassenantagonismen entwickeln, die zu „ablehnenden Empfindungen" führen. Es werden aber auch negative räumliche Momente angeführt: z.B. können durch die für zwei Familien gemeinsame Eingangstür – die aus Sparsamkeitsgründen oder der Ästhetik wegen so konzipiert wurde – Konflikte entstehen.

Im öffentlichen und privaten Leben stehen für die Arbeiterklasse weniger Klubs und Gesellschaften zur Verfügung als für die Mittelschicht, die vornehmlich im Vorortgürtel mehr zur organisierten Geselligkeit neigt (ein Phänomen, das die räumliche Trennung von der Großfamilie ausgleicht). Ebenso werden Pubs, Kirchen und Geschäfte im Zentrum von der Arbeiterklasse nur wenig frequentiert. Denn im Unterschied zur *middle class* bewegen sich die Arbeiter nicht zu anderen Orten, um einen Pub oder ein Geschäft aufzusuchen.

Eine Bemerkung zu Haus und Garten: Die Autoren verzeichnen den Gegensatz vorderer Garten = gezeigt/rückwärtiger Garten = Raum für Abfall. Somit bedeutet Gartenarbeit vor allem, den Garten instandzuhalten. Den Interviews zufolge wünschten sich die Bewohner einen kleineren und mehr privaten Garten (einen höheren Zaun).

Anmerkungen zu Kapitel 3: Die Erweiterungen von Amsterdam 1913–1934

47 S. Giedion: Raum, Zeit, Architektur, Ravensburg 1965.
48 Pevsner und H.-R. Hitchcock, die zu den wenigen gehören, die sie erwähnen, sehen darin nur den dekorativen Aspekt des Ziegelbaus und der Behandlung der Ecken.
49 Von seiner Beweisführung völlig eingenommen, bemerkt Giedion, daß „J.J. Oud als erster den Innenhof dazu benutzte, um den Gebäuden seiner Tausschendijken-Siedlung (1919) einen humanen Aspekt zu verleihen" (a.a.O., S. 528). Giedion vernachlässigt damit die vorangegangenen Experimente in Amsterdam.
50 Obwohl sich die Zahlen nach den Quellen unterscheiden, kann die Bevölkerungszunahme Amsterdams folgender Tabelle entnommen werden:

1800	220000 Einwohner	1890	425000 Einwohner
1850	230000 Einwohner	1900	528000 Einwohner
1860	250700 Einwohner	1910	590900 Einwohner
1870	273900 Einwohner	1920	683000 Einwohner
1880	330000 Einwohner	1930	750000 Einwohner

51 Das im Jahre 1967 von van Niftrik dem Stadtrat vorgelegte Projekt wurde niemals verwirklicht.
52 Ab 1917 übernimmt die Gemeinde direkt den Wohnungsbau. Ihr Bemühen gilt vor allem dem Bau von Einfamilienhäusern in den „Gartenstädten", während die Stadtwohnung Privatpersonen oder Gesellschaften überlassen bleibt. Für den Zeitraum 1906–1923 sind folgende Zahlen verfügbar:

	Privatpersonen	*Gesellschaften*	*Gemeinden*
Einfamilienhäuser	303	82	2836
Maisonette-Wohnungen mit separatem Eingang	1989	2282	1564
Geschoßwohnungen	23017	9429	760
insgesamt	25309	11793	4710

Es ist jedoch festzuhalten, daß ab 1917 der größte Teil der von Privatpersonen oder Gesellschaften erstellten Wohnungen in den Genuß von Subventionen und Krediten kommt und einer sehr strengen Kontrolle unterworfen wird.
Für das Jahr 1922 beläuft sich der Anteil der nicht geförderten Wohnungen auf weniger als 2 % der begonnenen Bauarbeiten.
Nach: *Amsterdam: développement de la ville, habitations populaires*, Magistrat Amsterdam, 1924.
53 Die toponymische Untersuchung erleichtert die Feststellung der Ursprünge:
Damm: *dam* oder *schans*
Kai: *kade*
Deich: *dijk*
Graben: *gracht* (Kanal für Verkehrs- und Abflußwecke)
54 Am 1. Januar 1921 wird sie auf 17455 Hektar erweitert (Eingliederung von Watergraafsmeer, Sloter, Buiksloot, Nieuwendam).
55 G. Fanelli: *Architettura moderna in Olanda 1900–1940*, Marchi e Bertolli, Florenz 1968.
Nederlandse Architectuur 1893–1918, Architectura, Ausstellungskatalog des Museums für Architektur, Amsterdam 1975.
56 Der Beschluß, 504 Wohnungen in viergeschossigen Gebäuden zu erstellen und zu einem niedrigeren Preis als den Gestehungskosten zu vermieten (zu einer Miete von 2,40 Gulden pro Woche, während die Wohnungen bei Zugrundelegung der Baukosten von 1914 3,66 Gulden

wöchentlich hätten erbringen müssen), wurde im Jahre 1917 infolge des durch den Ersten Weltkrieg ausgelösten Preisanstiegs zurückgenommen.
Nach *Amsterdam: développement de la ville, habitations populaires*, a.a.O.
57 Der ursprüngliche Grundriß des Platzes vor der Umgestaltung durch A. van Eyck zeigte dies viel deutlicher.
58 Alles spricht für eine Übereinstimmung mit H.-R. Hitchcock, daß die verschiedenen von Michel de Klerk erstellten Gebäude schon im Jahre 1913 als Gesamtheit geplant wurden, wobei zunächst der Nordrand des Platzes, sodann der Südrand und schließlich der Block des Postamtes selbst unter Einbeziehung der Schule abschnittsweise verwirklicht wurde.
Nach H.-R. Hitchcock: *Architecture: nineteenth and twentieth centuries*, Pelican history of art, Penguin Books, Baltimore 1958, Paperback ed. 1971, und mehrere Nummern der Zeitschrift *Wendingen*, Amsterdam.
59 Werden 1913 noch 3 772 Wohnungen gebaut, so sind es 1920 aufgrund des Krieges nur noch 737; von diesem Zeitpunkt an wird die Wirtschaft wieder angekurbelt: 3 178 Wohnungen im Jahre 1921, 6 385 Wohnungen im Jahre 1922, usw.
Amsterdam: développement de la ville, habitations populaires, a.a.O.
60 Der Bericht über einen gleichen Plan für Projekte, die für die verschiedenen Viertel erarbeitet worden waren und in dem anläßlich der 700-Jahr-Feier Amsterdams herausgegebenen Sammelband veröffentlicht wurden, bestätigt in diesem Punkt unsere Hypothesen.
61 Neben den großen Bauvorhaben der Umrandung des Amstel-Kanals (1918–1920) werden die „Auffüllarbeiten" in zwei Abschnitten ausgeführt, wobei der erste Teil vor der Inangriffnahme der großen Arbeiten im bereits erwähnten Zeitraum von 1917–1920 und vor der Vollendung der älteren Projekte, wie des Komplexes des Willems Park und einiger vereinzelter Vorhaben (1910–1920), verwirklicht wurde. Der 2. Teil, wie z. B. die Fertigstellung des Roelof Hartplein, wurde danach (1925–1929) ausgeführt.
62 Die Baugesellschaften wenden die Bestimmungen des Wohnungsbaugesetzes von 1901 an. Die diesem Gesetz folgenden städtischen Verordnungen bestimmten für das gesamte Stadtgebiet eine Geschoßhöhe von nicht mehr als 4 Stockwerken (Verordnung von 1905). Danach sollte das Übereinanderwohnen einer zu großen Anzahl von Familien vermieden werden, die stets im Verdacht eines anstandswidrigen Beisammenwohnens standen. In der Folge (Verordnung von 1912) werden die Bauten von Amsterdam Nord auf drei Stockwerke, in den Gartenstädten sogar auf zwei Stockwerke (Verordnung von 1919) begrenzt.
Parallel dazu stellt der Magistrat „Standardmodelle" für die Wohnungsaufteilung auf, um die „flats" zu vermeiden, die wegen der von mehreren Familien gemeinsam benutzten Treppe als gefährlich angesehen werden, und um verschachtelte Formen zu fördern, bei denen jede Wohnung im Erdgeschoß einen eigenen Eingang besitzt.
63 Das Statut des „rückwärtigen" Gartens ist vielfältig; er ist zugleich ein zusätzlicher Raum im Freien, gekennzeichnet durch Steinplatten, eine Bank und Statuen, d. h. eine Repräsentation der Natur und ein Ort für die Gartenarbeit (ein Abstell- und Bastelraum (Werkzeugschuppen, Wäscheleinen, Kaninchenställe . . .). Die holländische Tradition erlaubt eine Integration dieser verschiedenen Aspekte innerhalb eines sehr begrenzten, minutiös organisierten und vom allem sehr gepflegten Bereichs. Während sich in Frankreich der Gegensatz schmutzig/sauber mit dem Unterschied verborgen/gezeigt überschneidet, wird in Holland, abgesehen von den Randgruppen, der schmutzige Bereich jedes Jahr neu überstrichen.
64 Der Fall des Turms von J. F. Staal auf dem Victorieplein (1929–1932) ist doppeldeutig: Als Abschluß der monumentalen Perspektive führt er zu einem sehr ausgeprägten Gegensatz zwischen den Gebäudeseiten, wobei die Rückseite auf einen fast privaten kleinen Platz führt. Der Baublock wird zwar aufgegeben, die städtische Integration dafür aber eindeutig gestärkt.

Anmerkungen zu Kapitel 4: Das neue Frankfurt und Ernst May: 1925-1930

65 Die Unterdrückung der Sozialisten und Kommunisten, die nach dem Vorbild der jungen UdSSR eine sozialistische Republik aufbauen wollen, sanktioniert die Allianz der Sozialdemokratie und der Rechten. In den großen Städten steuert alles auf einen Bürgerkrieg zu: Aufstände (Spartakisten und Kommunisten und Berlin, Januar 1919, März 1919, Bayern 1919, extreme Rechte in Bayern 1920), grausame Unterdrückung durch die Armee und die Bürgermiliz von Noske (1 200 Tote in Berlin im März 1919, 500 Tote durch Erschießen in München im April), Ermordungen (Rosa Luxemburg und Karl Liebknecht, Kurt Eisner, Gustav Landauer 1919; Erzberger 1921, Walter Rathenau 1922). Zu den Beziehungen zwischen der politischen Lage und den Architekturbewegungen siehe: B. Miller Lane, *Architecture and politics in Germany 1918-1945*, Harvard University Press, Cambridge Mass. 1968.
66 Anfang Juni 1922 steht der Dollar bei 317 Mark, im Dezember bei 8 000, im Juni 1923 bei 100 000, Anfang September 1923 bei 100 000 000 und im November bei 4 200 Milliarden Mark.
67 Siehe hierzu die Analysen von M. Tafuri in der Zeitschrift VH 191, Nr. 7-8, Paris 1972, und sein Referat über *le premier Bauhaus et l'avant-garde allemande*, in: Amsterdam-Frankfurt 1910-1930, UP 3, Versailles 1974.
68 Beauftragt mit der Erstellung des Flächenverteilungsplans für den Großraum, sieht er sich durch die kommunalen Gebietsgrenzen eingeengt; dies erklärt den „unvollendeten Zustand" einiger Siedlungen. Das Prinzip der Dezentralisierung nähert ihn jedoch der Regionalplanung an und führt ihn zur Planung von Trabantenstädten in einem Gebiet, das sich von Wiesbaden bis Hanau und von Darmstadt bis Bad Nauheim erstreckt.
69 Das Siedlungsamt definiert 18 Zellentypen und sieht ihre Weiterentwicklung vor: Um der Krise unmittelbar zu begegnen, sind viele kleine Zweizimmerwohnungen zu bauen, die später, zusammengelegt, größere (Vierzimmer-)Wohnungen ergeben; außerdem lassen sich einige Zimmer von den Familienwohnungen abtrennen, um in der ersten Zeit eine Untervermietung zu ermöglichen.
Vgl. E. May, „La politique de l'habitation à Francfort" in: *l'architecte*, Januar 1930, Paris. E. May: „Fünf Jahre Wohnungsbautätigkeit", in: *das neue frankfurt*, Nr. 7-8 Februar/März 1930, Frankfurt.
70 Nach dem Vorbild Frankfurts werden auch in anderen Städten Zeitschriften gegründet: Das Neue München, Das Neue Leipzig, Das Neue Berlin, Das Bild (Hamburg); die ersten Jahrgänge von l'Architecture d'Aujourd'hui (bis zum Krieg) haben dem neuen frankfurt viel zu verdanken.
71 Nach dem gerichtlichen Schiedspruch wird der Boden statt zu einem Preis von 15 Mark pro m², wie gefordert, zu 3,50 Mark enteignet, wobei die Gärtner die Grundstücke in der Lage der zukünftigen Siedlungen gegen neue umgruppierte Parzellen, die zwischen der Altstadt und den Erweiterungen landwirtschaftliche Einschnitte bilden, im Tal abtreten; der Fluß war kanalisiert und begradigt worden.
72 Die Aufteilung ist wie folgt:
   1926   2200 Wohnungen
   1927   3000 Wohnungen   + 200 provisorische Wohnungen
   1928   2500 Wohnungen   + 100 provisorische Wohnungen
   Insgesamt 7700 Wohnungen + 300 provisorische Wohnungen
Das Programm von 1928 wurde im Jahre 1930 aufgrund der Auswirkungen der Weltwirtschaftskrise rigoris gebremst, und zwar zu dem Zeitpunkt, an dem die Veränderungen in der politischen Zusammensetzung des Magistrats MAY veranlassen, ins Exil zu gehen.

73 Vgl. C. Purdom, *The building of satellite cities*, P. Wolf: *Wohnung und Siedlung*. E. Wasmuth, Berlin 1926

74 Aufteilung der Wohnungen in der Römerstadt:

Anzahl der Räume					m²	Monatliche Miete Rentenmark 1930	Wohnungstyp
1	2	3	4	5			
240					48	52	Geschoßwohnung
	308				65	69	Geschoßwohnung
		226			75	90	Einfamilienhaus
		395			88	100	Einfamilienhaus
			42		106	125	Einfamilienhaus
				9	130	160	Einfamilienhaus

75 Aufteilung der Wohnungen in Westhausen:

	Anzahl der Räume					m²	Wohnungstyp
	1	2	3	4	5		
1929			210			41	2-Familienhäuser
			216			47	Geschoßwohnung
1930			754			41	2-Familienhäuser
			180			47	Geschoßwohnung
1931			190			45	Geschoßwohnung
				40		61	Einfamilienhäuser
				32		57	Einfamilienhäuser

Die monatliche Miete entspricht einem Quadratmeter-Preis von 1,20 M; die Wohnflächen sind im Vergleich zur Römerstadt deutlich geringer; vgl. *das neue frankfurt*, Nr. 2-3, Februar/März 1930.

76 Die Unterbringung mehrerer Familien unter einem „Dach" gehört zu den Traditionen deutscher Arbeiter-Wohnverhältnisse. Es sei im übrigen an die Entscheidung erinnert, die May zur Lösung der Wohnungskrise getroffen hat: so rasch wie möglich eine Vielzahl kleiner Wohnungen zu bauen, um sie später zu größeren Wohnungen zusammenlegen zu können.

77 Im Zuge der vor kurzem durchgeführten Instandsetzungsarbeiten wurden nach und nach die Schuppen, Veranden und Pergolas beseitigt, die an den Rückfassaden „ins Kraut geschossen" und 1973 noch zu sehen waren.

78 An den Endpunkten der Wohnzeilen, die den Messel-Weg, den Camillo-Sitte-Weg, den Heinrich-Tessenow-Weg u. a. säumen, sind das letzte, bzw. die beiden letzten Häuser etwas größer als die gängigen Elemente; dies wird durch einen Vorsprung auf der rückwärtigen Seite deutlich. Eine Betonmauer von ungefähr 2 x 2 m verlängert die Giebelwand und versperrt die Seitenansicht. Die Bewohner haben die Mauer oft verlängert und damit den nicht einzusehenden Bereich vergrößert. Andererseits wurde diese Mauer auch als Ausgangspunkt für eine Bedachung genutzt, um eine überdachte Terrasse oder sogar ein zusätzliches Zimmer zu gewinnen.

79 Diese Verwirklichung, die einen wesentlichen Fortschritt in der Entwicklung der Wohnungsarchitektur der 20er Jahre kennzeichnet, hat May möglicherweise inspiriert; da die Siedlung für den Kongreß von 1924 fertiggestellt und allenthalben als aktuelles Experiment präsentiert wurde, ist es wahrscheinlich, daß er sie besichtigt hat.

80 Hannes Meyer hielt sich wie E. May von 1912-1913 in England auf. Er interessierte sich hauptsächlich für das Problem der Gartenstädte.

C. Schnaidt: *Hannes Meyer, bauten projekte und schriften*. A. Niggli Teufen 1965.

81 *das neue frankfurt*, Nr. 2-3, Februar/März 1930.

Anmerkungen zu Kapitel 5: Le Corbusier und die Strahlende Stadt

82 H. Raymond und M. Segaud: *Analyse de l'espace architectural*, Rauc, Paris 1970.
83 Zu den Belegstellen über Le Corbusier siehe: S. von Moos, *Le Corbusier, Elemente einer Synthese*, Frauenfeld und Stuttgart 1968.
84 Für Le Corbusier ist das freistehende Gebäude zunächst nur das Bürohochhaus. In dem Projekt der zeitgenössischen Stadt für 3 Millionen Einwohner sind die Wohnungen in den Gebäuden in Zahnschnittform oder in den Wohnbauten (immeubles-villas) vorgesehen, bei denen die Prinzipien des Baublocks wieder aufgegriffen werden; dies gilt für alle Städtebauprojekte bis zum Krieg. Erst mit dem Gebäude Clarté in Genf (1930-1932) taucht das freistehende Gebäude als Wohnhaus auf, gleichzeitig mit dem Pavillon Suisse der Pariser Universitätsstadt. Erst nach 1945 wird dieser Gebäudetyp im Städtebauprojekt von Saint-Dié gleichzeitig mit den ersten Entwürfen für Marseille systematisiert und mit den Städtebauprojekten von La Rochelle-Pallice (1946), Marseille-Veyres (1947) usw. weiterentwickelt; von diesem Zeitpunkt an erhält auch das Prinzip der Wohneinheit seine endgültige Form. Allerdings ist bereits im Projekt der Studentenstadt von Rio de Janeiro (1936) eine erste systematische Anordnung einer Reihe von freistehenden Gebäuden zu erkennen. Jedenfalls tritt dies erst nach der von den Deutschen eingeleiteten Rationalisierung und nach den Kontakten mit den CIAM und der UdSSR ein.
Vgl. Le Corbusier: *Oeuvres complètes*, éd.d'Architecture, Zürich, 8 Bände.
85 Le Corbusier: *Les trois établissements humains*, éd. du Minuit, Paris 1959.
86 Le Corbusier: *Der Modulor*, Stuttgart 1978 und 1979 (2 Bde.).
87 Für diese Umkehrung der Perspektive liegt ein Äquivalent nicht weiter zurück als die sowjetischen Projekte der Gemeinschaftshäuser (1929), von denen sich Le Corbusier offensichtlich bei der Definition der Wohneinheit inspirieren ließ; dies gilt, wenn auch in geringerem Maße, für die scheibenförmigen Wohnhochbauten von Gropius (1931).
88 1 600 Bewohner auf einer Fläche von 4 Hektar beanspruchen bei einer traditionellen städtischen Wohndichte einen Wohnblock von 200 x 200 m. Ein solches Blockschema taucht in den Texten der CIAM häufig auf.
89 H. Raymond und N. Haumont: *Habitat et pratique de l'espace.* (hektographiert), ISU, Paris 1972.
90 Le Corbusier, *Der Modulor*, a.a.O.
91 J. Ion: *Production et pratiques sociales de l'espace du logement* (hektographiert), Saint-Etienne Cresal 1975, S. 109-110.
92 R. Banham, *Brutalismus in der Architektur*, Stuttgart und Bern 1966.
93 Über den Ursprung des Laubenganges und die ersten Versuche vgl.: J. N. Tarn: *Working class Housing in 19th c. Britain*, AA paper, Lund & Humphries, London 1971.

Anmerkungen zu Kapitel 6:
Die Wandlungen des Baublocks und die Raumpraxis

94 Henri Lefebvre: *Die Revolution der Städte*, München 1972, S. 192.
95 Vgl. P. Bourdieu: *Entwurf einer Theorie der Praxis*, Frankfurt 1976. Er schreibt: „Die Bezeichnung ‚Disposition' scheint in besonderem Maß geeignet, das auszudrücken, was der (als System von Dispositionen definierte) Begriff des Habitus umfaßt: Sie bringt zunächst das Resultat einer *organisierenden Aktion* zum Ausdruck und führt damit einen Worten wie Struktur verwandten Sinn ein: Sie benennt im weiteren eine *Seinsweise*, einen *habituellen Zustand* (darunter des Körpers) und insbesondere eine *Prädisposition, eine Tendenz, einen Hang oder eine Neigung.*" (S. 446, Anm. 39).
96 B. Pingaud: *Hollande*, Le Seuil, Paris 1954. Zum Vergleich siehe für Frankreich: M. G. Raymond, N. Haumont, R. Raymond, A. Haumont, *L'habitat pavillonnaire*, Paris CRU, 1966.
97 A. Daumard, *Conditions de logement et position sociale*, in: „Le Parisien chez lui au XICe siècle (Ausstellungskatalog), Paris, Archives Nationales, 1976. Vgl. auch P. Bleton, *La vie sociale sous le second Empire*, Paris, Editions ouvrières, 1963.
„Entgegen dem, was oft über das Paris von Haussmann geschrieben wurde, scheinen der Comtesse (de Ségur) zufolge Großbürger, schlichte Angestellte und einfache Arbeiter nicht die gleichen Gebäude bewohnt zu haben. Eine Integration der Mieter läßt sich höchstens auf der Stufe Kaufleute/Angestellte denken, die beide ihrer Arbeitsstätte nahe sein müssen" (S. 21).
98 In *Les Bourgeois de Paris au XIXe siècle*, Flammarion, Paris 1970, zeigt A. Daumard, wie sich in Paris der damalige Begriff „Bürger" (vom „ganz kleinen Bürger" bis zum Financier) erweiterte. Wenn der hier angesprochene Prozeß auch das Bürgertum in seiner ganzen Vielfalt betrifft, so scheinen doch die Regeln des täglichen Lebens besonders streng von den mittleren Bürgerschichten (Beamte, Angehörige der freien Berufe) eingehalten worden zu sein.
Vgl. auch das Kapitel *En 1848, en France, la petite bourgeoisie, c'est la boutique*, in: *La petite bourgeoisie en France*, von C. Baudelot, R. Establet und Malemort (Paris, Maspèro 1974).
99 Somit wird in *Pot Bouille* durch „unerhebliche" Kommentare hindurch ein ganzes ethisches und symbolisches Universum sichtbar.
100 P. Aries: *Geschichte der Kindheit*, München 1975.
101 Vgl. W. Benjamin, Paris, die Hauptstadt des 19. Jahrhunderts, a.a.O., S. 192.
102 Adeline Daumard, a.a.O.
103 J. Ion, a.a.O.
104 Vgl. Susanna Magri: *Politique du logement et besoins en main-d'oeuvre*, Paris, C.S.U. 1972.
105 Vgl. G. Duveau: *La vie ouvrière en France au Second Empire*, Paris, Gallimard, 1946.
106 Der Haussmannsche Wohnblock ermöglicht dies insofern, als er deutlich die gezeigte Seite, nämlich die Straßen- oder Vorderseite, der nichtgezeigten rückwärtigen Seite oder Hofseite entgegensetzt und dieser Gegensatz einer inneren Aufteilung zwischen den mehr öffentlichen und den mehr privaten Räumen, zwischen den „mehr sauberen" und mehr „schmutzigen" Räumen (die mit den Lüftungsöffnungen übereinstimmen können) entspricht. Dies setzt einen Außen- und Innenbereich, eine Peripherie und einen zentralen Bereich (nämlich die Gesamtheit der nebeneinanderliegenden Höfe) voraus. Eine bereits festgestellte Schwierigkeit besteht jedoch weiterhin: sie tritt in anderen verstärkten Formen dann auf, wenn der Hof selbst als Durchgang zu einem Gebäude im Hintergrund des Hofes dient.
107 Vgl. die Arbeiten des „Institute of Community Studies", und R. Hoggart: *La Culture du pauvre*, Paris, éd. de Minuit 1970.

108 Sicherlich ist die Antwort zum Teil von der Homogenität der Bevölkerung und der Wohndichte des Blocks abhängig. Diese Anmerkungen scheinen sich der Beobachtung von Jean Rémy und Liliane Voyé anzunähern, wonach die Beseitigung von Hecken und Mauern zwischen Privatgärten in einigen holländischen Siedlungen zu einer individuellen Abkapselung und nicht zu einer kollektiven Aneignung führt (*La ville et l'urbanisation*, Gembloux, Duculot, 1974, S. 102)).
109 Vgl. H. Raymond: *Espace urbain et image de la ville.* Paris I.S.U. 1975.
110 H. Raymond und M. Segaud: „L'espace architectural: approche sociologique", in: *Une nouvelle civilation*, Paris Gallimard 1973.
111 C. Aymonino, M. Brusati, G. Fabbri, M. Lens, P. Lovero, S. Lucianetti, A. Rossi: *La Citta di Padova*, Roma. Officina edizioni, 1970 (S. 57).

Anmerkungen zu Kapitel 7:
Erarbeitung und Übermittlung von Architekturmodellen

112 Manfredo Tafuri: *Theories et Histoire.*
113 Haussmann, seit 1851 Präfekt von Bordeaux und seit seiner Heirat (1838) mit der Stadt vertraut, war mit Sicherheit von den gestalterischen Eingriffen beeindruckt, die im vorangegangenen Jahrhundert auf Anregung des Intendanten Tourny (1690–1760) durchgeführt worden waren: Ersetzung der Stadtmauer durch eine von Plätzen unterbrochene Folge von „Höfen", Beseitigung des Château-Trompette und Anlage der Place des Quinconces. Bemerkenswert ist auch die frühere, im Jahre 1733 durchgeführte Anlage der Placa Royale von Jacques Gabriel.

„Dies ist eine Hauptstadt", soll der Prinz und Präsident, beeindruckt von der Weite der zu diesem Anlaß von Alphand geschmückten Alleen, auf seiner Reise im Oktober 1852 bemerkt haben.
Haussmann selbst hat in seiner Rede am 6. Juni 1961 vor dem Senat eine Parallele zwischen seiner Tätigkeit in Paris und der Tournys in Bordeaux festgestellt.
114 Wenn auch die Initiative Napoleons III. bedeutend genannt werden muß, weil in der Tat er es war, der über die wichtigsten Trassen und die Dringlichkeit ihrer Durchführung entschied, so ist Haussmann doch die „Art" dieser Durchführung zu verdanken. Napoleon III. ist vor allem Praktiker, außerdem kennt er Paris nur wenig; von England beeinflußt, wirft er dem Präfekten seine Vorliebe für architektonische Gestaltung und Perspektiven vor, für Haussmann hingegen sind „die drei Prinzipien des klassischen Städtebaus – Geradlinigkeit, architektonische Gestaltung und Perspektive – heilig".
P. Lavedan: *Les villes françaises,* Vincent et Freal, Paris 1960.
115 C. Daly: *L'architecture privée sous Napoléon III.,* ed. A. Morel, Paris 1864.
C. Garnier: *L'habitation humaine,* Paris 1889, Amman, Hachette.
J. Guadet: *Element et théorie de l'architecture.* Librairie de la construction moderne, Paris o. J.
116 R. Unwin; Grundlagen des Städtebaus, a.a.O.
117 Unwin stand mit H. J. Stübben in Verbindung, der die Entwicklungspläne von Köln, Anvers... erstellte und dessen Theorien veröffentlicht worden waren (Der Städtebau 1890); nach der 1907 erfolgten Gründung eines Seminars für Städtebau an der Technischen Hochschule Berlin-Charlottenburg fanden sie weite Verbreitung,
118 S. Giedion: Raum, Zeit, Architektur, a.a.O.
119 Steen Eiler Rasmussen: *London, the unique city,* MIT Press, Cambridge (Mass.) 1967 (1. Aufl. 1934).
120 Der Architekt Hermann Muthesius (1861–1927) spielt bei der Erarbeitung von Modellen in der deutschen Architektur eine wichtige Rolle. Nach einem Aufenthalt in Japan wird er als Kulturattaché an die deutsche Botschaft in London gesandt (1896–1903) und von der preussischen Regierung mit einer regelrechten Industriespionage auf dem Gebiet des Bauwesens, der Architektur und des Designs beauftragt. Dieser Auftrag schlägt sich in drei Werken nieder, die in Berlin erschienen:
Die englische Baukunst der Gegenwart, 1900–1904,
Die neuere kirchliche Baukunst in England, 1902,
Das englische Haus, 1904–1905.
Muthesius ist 1907 mit P. Behrens, Th. Fischer u. a. an der Gründung des Deutschen Werkbundes beteiligt.

121 C. Sitte (1843-1903), Architekt, Direktor der Kaiserlichen Staatsgewerbeschule in Wien: *Der Städtebau nach seinen künstlerischen Grundsätzen*, Wien 1889; Reprint der 4. Aufl. (1909): Wiesbaden 1983.
122 P. Singelenberg, M. Bock, K. Boos: *H. P. Berlage, bouwmeester, 1856-1934*, a.a.O.
123 G. Grassi: „Das neue Frankfurt et l'architecture du nouveau Francfort", in: *Neues Bauen in Deutschland*, ETH Zürich 1973.
124 In seinem Kommentar zu Mays Projekt für die Stadterweiterung von Breslau (1921) verweist der Baurat Behrendt auf die grundlegende Übereinstimmung zwischen dem Denken des Städtebauers und den formalen Vorschlägen, die an die Idealstädte der Renaissance erinnern.
125 Über seine in England erworbenen Kenntnisse äußert sich May ganz klar: „Im Jahre 1910 begab ich mich wieder nach England, diesmal mit der Absicht, meine oberflächlichen Kenntnisse des englischen Wohnungsbaus durch praktische Mitarbeit in einem der führenden Architektenateliers zu vertiefen. Ich fand Aufnahme in dem Baubüro von Sir Raymond Unwin in Hampstead (...) Damals wurde in seinem Atelier die Gartenvorstadt Hampstead bearbeitet. Ich machte mich hier mit der Planung und Ausführung eines Projektes vertraut, das bereits in jenen Tagen die europäische Architektur maßgebend beeinflußte und heute als Markstein auf dem Wege zu einem zeitgemäßen Städtebau angesprochen werden muß." Berichtet von J. Buekschmitt: *Ernst May*, Stuttgart 1963, a.a.O.
126 Heinrich Tessenow (1876-1950) wird nach seinen Studien in München Assistent bei Professor Schultze-Naumburg, einem Theoretiker des pangermanischen Pittoresken, dessen Einfluß sich bei Unwin und Berlage wiederfindet.
127 Die enge Beziehung zwischen May und Unwin, die nach der Unterbrechung des Ersten Weltkriegs wieder aufgenommen wird, läßt sich an folgender Begebenheit ermessen: Als Unwin im Jahre 1922 in Berlin eine Vortragsreihe über „neuzeitlichen Städtebau" hält, veranschaulicht er seine Theorien am Beispiel des Mayschen Entwurfs für den Entwicklungsplan von Breslau. Es sei auch daran erinnert, daß May während seines Aufenthalts in Hampstead Unwins Buch „Town plannung in practice" im Hinblick auf eine deutsche Ausgabe übersetzt hatte.
128 Berichtet von J. Buekschmitt: *Ernst May*, a.a.O.
129 Das kollektive Bewußtwerden einer Verbindung zwischen Architektur und Städtebau bei den Architekten der modernen Bewegung läßt sich an der Entwicklung der Kongreßthemen der CIAM beobachten.
Der erste Kongreß in La Sarraz (1928) ist eine Zusammenkunft moderner Architekten als Reaktion auf das Urteil im Wettbewerb um den Völkerbundpalast; der Zusammenschluß erfolgt aufgrund einer ethisch/ästhetischen Position zu den Gestaltungsproblemen. Vom 2. Kongreß in Frankfurt an, der sich mit dem Sozialen Wohnungsbau befaßt („Die Wohnung für das Existenzminimum") widmen sich die CIAM in zunehmendem Maße den Problemen des Städtebaus: die CIAM 3 mit Gruppierungen von Wohngebäuden (Brüssel 1930); CIAM 4 mit Prinzipien des Städtebaus (Athen 1933). May und Frankfurt sind an dieser Entwicklung nicht unbeteiligt.
130 *das neue frankfurt*, Nr. 7/8, Juli/August 1928.

Bauwelt Fundamente

Gilles Barbey

WohnHaft

Essay über die innere Geschichte der Massenwohnung. (Aus dem Französischen von Lothar Kurzawa.) 1984. 129 S. mit 23 Abb. 14 X 19 cm. (Bauwelt Fundamente, Bd. 67.) Br.

Gilles Barbeys Thema ist die Ermittlung der Lebenszusammenhänge in den Mietskasernen. Er zeigt, wie der Wohnungsgrundriß über Lebensgeschichten entscheidet. Ausgehend von den jeweils besonderen Bedingungen in den großen Städten New York, Paris und Berlin, behandelt er die simultane Entstehung der Industriestädte und des Massenwohnungsbaus, die den Mietskasernen eigenen Bildungselemente.
Die Abhandlung beansprucht eine sozialgeschichtliche Orientierung. Ihre Stationen gleichen Schocks, wie sie die Geschichtsschreibung in der Regel zu vermeiden sucht: Wohnungen nicht als Gegenstände kühler Beobachtung, sondern als Instrument der Deformation.

Friedr. Vieweg & Sohn Verlagsgesellschaft mbH · Braunschweig/Wiesbaden

Bauwelt Fundamente

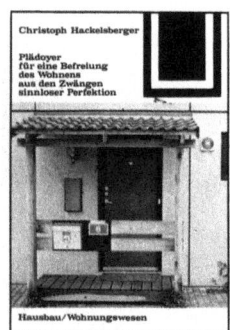

Christoph Hackelsberger

Plädoyer für eine Befreiung des Wohnens aus den Zwängen sinnloser Perfektion

1983. 118 S. 14 X 19 cm. (Bauwelt Fundamente, Bd. 68). Br.

Fenster in Einfamilienhäusern, die sich mühelos von außen putzen ließen, mit komplizierten Beschlägen ausgerüstet; Küchen, deren Ausstattung die Versorgung eines mittleren Hotelbetriebes gestattetete; Bäder, die man ohne Übertreibung als Feuchtraum-Wohnzimmer bezeichnen könnte; Wohnräume, in denen üppige Polstergarnituren um Hifi-Altäre gruppiert sind — mehr als ein Anlaß, sich zu mokieren. Christoph Hackelsberger geht es in erster Linie nicht um die Frage des sogenannten Geschmacks (um den diejenigen am liebsten streiten, die einander an Geschmacklosigkeit überbieten), sondern um die sorgfältige Prüfung einer Frage, die in Vergessenheit geriet: Wozu? Um Spontaneität durch Perfektion zu ersticken? Um uns zu Opfern von in hohem Maße fragwürdigen Standards zu machen?

Friedr. Vieweg & Sohn Verlagsgesellschaft mbH · Braunschweig/Wiesbaden

Bei Fragen zur Produktsicherheit wenden Sie sich bitte an:
If you have any questions regarding product safety,
please contact:

Birkhäuser Verlag GmbH
Im Westfeld 8
4055 Basel, Schweiz
productsafety@degruyterbrill.com